21世纪 经济管理新形态教材 经济学系列

Sports Economics

体育经济学

马天平◎著

清华大学出版社
北京

内 容 简 介

随着社会的发展,人们对体育的功能更加关注,希望了解更多与体育经济活动有关的理论。体育经济学作为一门研究发生在体育场景下的经济活动规律的科学,其跨领域性、新颖性、时代性,使其成为经济学的重要分支。本书从体育资源配置角度出发,给出理论分析、原理解释和问题解答,构建了体育经济学的初步内容体系。本书主要面向相关专业学生和对经济学感兴趣的体育爱好者,也可作为体育经济学研究者的参考用书。

本书封面贴有清华大学出版社防伪标签,无标签者不得销售。

版权所有,侵权必究。举报:010-62782989,beiqinquan@tup.tsinghua.edu.cn。

图书在版编目(CIP)数据

体育经济学/马天平著. —北京: 清华大学出版社,2021.10(2024.2重印)
21世纪经济管理新形态教材. 经济学系列
ISBN 978-7-302-59064-4

Ⅰ. ①体… Ⅱ. ①马… Ⅲ. ①体育经济学–高等学校–教材 Ⅳ. ①G80-05

中国版本图书馆 CIP 数据核字(2021)第 176201 号

责任编辑:刘志彬　朱晓瑞
封面设计:李召霞
责任校对:宋玉莲
责任印制:曹婉颖

出版发行:清华大学出版社
    网　　　址:https://www.tup.com.cn, https://www.wqxuetang.com
    地　　　址:北京清华大学学研大厦 A 座　　　邮　　编:100084
    社 总 机:010- 83470000　　　　　　　　邮　　购:010-62786544
    投稿与读者服务:010-62776969, c-service@tup.tsinghua.edu.cn
    质 量 反 馈:010-62772015, zhiliang@tup.tsinghua.edu.cn
    课 件 下 载:https://www.tup.com.cn, 010-83470332
印 装 者:三河市君旺印务有限公司
经　　销:全国新华书店
开　　本:185mm×260mm　　　印　张:12.75　　　字　数:258 千字
版　　次:2021 年 12 月第 1 版　　　　　　　印　次:2024 年 2 月第 2 次印刷
定　　价:49.00 元

产品编号:092854-01

前言

随着社会的发展，人们对体育的功能更加关注，希望了解更多与体育经济活动有关的理论。

体育既是一个行业，也是一项事业，还是一类产业。本书的体育经济学关注点，分布在体育事业、体育产业等各项体育场景的活动中。

本书的目的，在于为体育经济实践活动提供理论分析，为体育领域的经济资源配置问题提供相关答案。

本书强调经济学概念，区别于其他竞技体育书籍，并不解释各项运动技能或者运动规则，而是将经济学理论应用于体育基础场景层、体育核心场景层和体育衍生场景层，以解决不同体育场景下产生的经济实践问题。

本书的特点包括：

（1）具有实践拓展性。本书在每个章节后面都设有案例，方便读者将理论和实践相结合，更加深刻地理解体育经济学。

（2）具有导向性。本书每个章节都以问题开头，旨在启发读者带着问题去学习研究，使得阅读的方向能够更加清晰。

（3）具有可读性。本书通过大量的图表，将经济学理论知识直观呈现，以文字辅助说明，让读者更容易理解和掌握。

本书从经济视角，审视体育的各种经济概念。本书分为十章，分别为体育经济学导论、体育消费、体育厂商、体育价格、体育赛事、体育场馆、体育运动员、体育教育、体育彩票和国际体育。每章包含 1～2 节。具体章节如下：

第一章是体育经济学导论。该部分是对体育经济学的理论溯源和对基本概念的分析，以便读者清晰认识体育经济学的目标、内容、特点。

第二章是体育消费。针对体育产品、设施和服务的供需，既包括一般性体育用品的供给和需求，也包括具有特色的体育健康、体育休闲的选择和供需平衡。

第三章是体育厂商。主要分析体育厂商作为供给者，在供给体育产品和服务中遇到的各种问题。既包括营利性俱乐部的成本收益问题，也包括非营利性体育机构的经济特征。

第四章是体育价格。体育价格聚焦了体育产品和服务的定价。其包含体育企业如何设定价格以实现利润最大化，以及在竞争性和垄断性市场下，体育机构在非利润最大化目标下的定价策略。

第五章是体育赛事。体育赛事场景是体育的核心场景。分析体育赛事的成本收益、体育赛事的竞争平衡性，衡量竞争平衡的度量方法，是体育经济学的重要部分。

第六章是体育场馆。本章分析了体育场馆的作用、正负外部性以及规模效应等，也包括政府如何筹集资金来支付体育场馆的费用。

第七章是体育运动员。体育运动员是体育市场的核心要素。本章着力于分析职业体育的劳动经济，分析市场如何决定运动员的就业和薪酬水平，如为什么明星运动员能得到如此高的薪水。

第八章是体育教育。体育教育是一种重要的教育培训类型。在学校教育以及体育培训等教育市场中，如何实现教育者的经济激励，如何让被教育者不被诱导，是需要被考虑的教育问题。

第九章是体育彩票。体育彩票是体育经济学的特色内容。体育彩票具有一定的金融属性，对体育彩票公益价值的认知，是体育彩票经济理论方面需要注意的地方。

第十章是国际体育。体育中存在跨国运动员合作或跨国资金流动等现象，其中包括运动员的工资以及跨国税率等问题，是需要被关注的对象。

阅读本书的读者，可以是具有基础经济学知识的读者，也可以是对经济学感兴趣的体育爱好者。本书主要面向对体育经济学、体育金融学、体育经济与管理、体育人文社会学等内容感兴趣的读者，可以作为"体育经济学"课程的教材，也可以作为体育经济学研究者的参考文献。

本书由北京体育大学马天平执笔撰写。本书参考了国内外的体育经济学论文、教材和评论，在此向这些文献的作者表示衷心的感谢。同时，感谢诸多知名经济学教授和知名体育学教授的支持以及北京体育大学体育商学院同事的帮助，也特别感谢清华大学出版社对本书出版的支持。

由于作者水平有限，不足之处在所难免，恳请读者不吝赐教。

最后，本书献给即将召开的 2022 年北京冬季奥运会，让我们共同见证中华民族的这一盛事。

马天平

2021 年 2 月 22 日

目 录

第一章

体育经济学导论

当下，体育成为中国经济增长的新动力和新引擎。体育作为一种新经济，在推动消费升级、全民健康、市场化改革、从体育大国向体育强国转变等方面发挥了哪些作用？体育经济学作为研究体育经济社会活动的经济学，具有什么价值？

一、为什么要了解体育经济学

2019 年 9 月 29 日，中国女排以 3∶0 完胜阿根廷队，从而以 11 连胜的完美战绩夺得第十三届女排世界杯冠军。媒体评论，中国女排的影响力早已超越体育本身的意义，不仅是时代的集体记忆，更是激励国人继续奋斗、自强不息的精神符号。尽管成绩有起伏，但团结协作、顽强拼搏的女排精神代代相传，极大地激发了中国人的自豪、自尊和自信。

2019 年 12 月 9 日，世界反兴奋剂机构执行委员会在瑞士洛桑举行会议，通过了"对俄罗斯禁赛四年"的提案。这意味着，俄罗斯未来四年将不得参加包括奥运会在内的国际重大赛事，包括卡塔尔世界杯、北京冬奥会和东京奥运会等，也不得申办和举办国际重大赛事。可以说，体育运动在人类活动中占有独特的地位。世界各地的体育竞赛一直以来都是个人、机构、城市和国家定义自己的一种方式。体育运动可以激发人们最好的一面，也可以激发人们最坏的一面。

不仅如此，体育运动也可以作为国家执行外交政策的工具。它把人们团结在一起，就像 1971 年的情况一样，中国乒乓球运动员的"小球转大球"，以"乒乓外交"的方式，打开中美关系重新开放的大门。但也如 1980 年美国等发起抵制莫斯科奥运会和 1984 年苏联发起抵制洛杉矶奥运会一样，体育把人们分裂开来。

体育的影响力，可能会使人们认为体育产业主导着世界经济。事实上，整体体育产业产值收入，可能比不过个别大型公司的收入。Wind 数据库显示，2019 年中国 A 股体育类指数公司的主营业务收入为 7 839 亿元，大约是中国上海证券交易所上市公司主营业务收入 10.6 万亿元的 7.4%。另外，与其他行业，如钢铁行业相比，2019 年体育产业公司的主营业务收入只是钢铁产业公司的一半。然而，与体育产业不同的是，钢铁产业在电视媒体上并没有自己的频道，在互联网门户或移动手机 APP 上也没有自己的专栏。

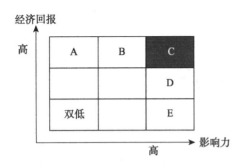

图 1-1   经济回报和影响力

一般而言，对某项事业、某个行业或产业按照经济回报程度和影响力，可以做出如图 1-1 所示的划分。

如图 1-1 所示，体育属于 D 或 E 的区域，纯公益的慈善等行业属于 E 区域，部分私人企业项目属于 A 区域。可见，体育具有一定的公益性。体育经济有许多重大的影响和价值，但在全社会的经济活动中，可能处于边缘性的角落。

从金融市场看，实体经济中企业对应的股票，总是可以按照行业进行分类，如按照中国证监会的行业或一些证券投行公司，可以分为航空股、钢铁股、煤炭股、汽车股等，但唯独没有体育股。之所以会出现这一情况，正是因为体育具有不同于其他行业的特殊性。

体育的这种经济社会特性，使得其具有内涵差异性，体育不只是产业，也不只是事业。可以说，体育是一种特殊的商品，又是一种特殊的公益。广义上，体育是人类保持生存水平的特有措施。

体育经济所呈现的现象较为丰富。通过了解体育联赛联盟如何竞争，可以更深入地认知体育价格和体育要素资源的分配机制；了解俱乐部运动队[①]之间的竞争，也可以看到产业组织理论在体育市场的落地。

学习体育经济学不仅是对体育产业的了解，还可以通过经济思维帮助我们理解我们周围的世界。本书强调经济学概念，而不是体育运动。本书没有解释每一项运动的细节，如足球的越位，但这不影响读者对经济学的学习。

二、体育经济学的溯源

现代体育源于西方，中国的"体育"一词经由日本传入中国，最初的概念等同于体操，而后逐步被赋予"运动""健康""教育"的内涵，并从"physical"传统视角扩展至"sport"现代活动，强调竞赛性、社会性等特征。从竞技运动的历史看，古代奥运会"运动员"这个词来自希腊语，意思是"冲突"或"斗争"，但用橄榄树树枝制成的王冠，表示参赛者只寻求比赛的快乐和荣耀的纯粹动机。冠军被视为英雄。一旦成为英雄，就可能获得金钱和美满的婚姻。根据雅典碑文记载，雅典奖励赢得奥运会项目的公民，保证他们的余生每天都有免费的一餐。慢慢地，随着奥运会奖金不断增加，运动员的收入足以保证他们进行全职训练，体育运动员可以靠参赛来养活自己。

---

① 严格来说，运动队与俱乐部之间存在不同。本书为了简化分析，将俱乐部形态的运动队或非俱乐部形态的运动队，统称为俱乐部运动队。

从近代看，英国大力推广体育，认为诸多战役的胜利归功于士兵在学校所进行的体育锻炼。对欧洲其他国家来说，推动体育项目发展可以扭转在战场上的失利。例如顾拜旦是教育家出身，认为法国应该像英国一样提倡体育锻炼，使法国青年恢复到拿破仑时代的精神和身体活力。顾拜旦还提出复兴奥运会，激励法国年轻人效仿英国和美国的优秀运动员进行锻炼。可以说，体育活动直接影响居民的身体素质、智力发展及心理健康，对个体和家庭发展发挥价值与功能。从宏观上看，体育在国家综合实力、国际交流等多个方面发挥作用，是具有公共投资属性的社会化活动。随着经济发展，一般国家人均 GDP（国内生产总值）突破 1 万美元时，体育作为一种社会资源配置和福利促进方式会受到更多关注，政府也将越来越深地介入体育设施、体育赛事等。可以说，体育经济是一国经济发展到一定阶段的产物，是一种新经济。在中国经济进入"新常态"的阶段，人均 GDP 超过 1 万美元，经济结构优化升级、经济增长方式多元的宏观经济背景下，体育因能显著增进社会的经济福利、人力资本而产生正外部性，具有重要的经济意义。同时，体育也能够促进社会的和谐稳定，为经济发展提供稳定可靠的精神力量。因此，体育经济日益受到关注。

从关注范围来看，如果以"sports economics""体育经济学"及"奥运经济""体育经济""足球经济"等为"主题词"进行检索，各年文献数量如图 1-2 所示。

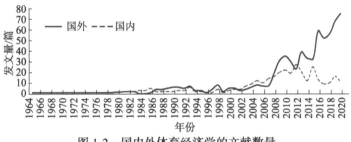

图 1-2　国内外体育经济学的文献数量

截至 2020 年，国外体育经济学的发文量总体呈上升趋势。具体而言，从国外文献看，对体育经济学的研究开始于 20 世纪 50—60 年代。1956 年发表的《棒球运动员的劳动力市场》一文，被公认为是第一篇体育经济学研究领域的文献。其主要关注了职业棒球劳动力市场的一些经济特征，提出了比赛结果的不确定性假设、竞争平衡理论、不变性原理和保留条款是限制球员市场自由的核心问题等观点。1964 年，学界开始从经济学角度分析职业体育联盟的特征，提出了路易斯-斯凯姆林悖论、联盟排名效应等一系列研究成果，将职业体育中的市场竞争从一般市场竞争中区分开来。若按关键词分析可以看出，以"economics"（经济学）为核心的词，与"baseball"（棒球）、"football"（橄榄球）、"soccer"（足球）以及"sports"（体育运动）等关键词联系密切，体现出国外体育经济学与经济学理论和体育运动紧密相关。同时，"professional sports"（职业体育）、"performance"（表现）、"competitive balance"（竞争平衡）、"attendance"（上座）等关键词，反映出国外体育经济学界较多关注体育实践中的职业体育竞争及其相关体育赛事。

从国内文献分析来看，国内对体育经济学的关注开始于 20 世纪 80 年代，最早关于体育经济学的文献始于 1982 年，对体育经济学的任务、研究对象和研究方法等问题进行了探讨。1984 年在福建泉州召开的体育哲学社会科学论文报告会，首次提出了创建中国体育经济学的倡议。2000—2010 年，对中国体育经济学的关注逐渐增多。2014 年国务院 46 号文（《国务院关于加快发展体育产业促进体育消费的若干意见》）的发布，使得对体育经济学的关注和研究迎来新高潮。

体育经济学为什么存在？从全球看，体育经济学的出现和发展源于体育广泛的社会影响以及其对应用微观经济学提出的理论和实证挑战。而体育经济学的重要意义在于其有助于解决体育产业领域的一系列公共政策问题，包括竞争政策、转播授权、劳资关系和政府补贴等。一般而言，体育经济学的存在主要出于以下原因：体育能够带来一定的经济收益，创造就业岗位，同时能够产生广泛的社会影响，体育经济学也能阐释如劳动力市场、公司运营的一些基本经济问题。回溯中国体育经济学的发展，早期体育经济学是为了解决中国体育事业发展中遇到的经济问题。在体育经费有限的情况下，需要对我国体育投资和投资的效果进行分析，以实现投入效果最大化，从而促进群众性体育活动开展，增强人民体质，促进中国现代化建设。随着中国市场经济体制逐步建立，体育经济学的关注重点也逐渐从体育事业过渡到体育产业。一方面，要在社会主义市场经济理论的指导下，提高全社会对体育产业的认识，推进中国的体育产业化进程。另一方面，如何在培育体育市场，实现体育的经济功能的同时充分考虑"市场失灵"的问题，制定和选择体育政策，实现体育的社会文化功能，是体育经济学亟须解决的问题。

可以看出，无论是国内还是国外，体育经济学的诞生均源于广泛的体育实践，均是为了分析和解决体育实践中产生的问题。

三、体育经济学的研究

（一）国内外的研究内容

理论源于实践，体育经济学作为体育经济的支撑理论也不例外，其关注点来源于体育实践。从全球体育实践角度看，体育经济学的关注内容随着体育实践的发展而扩展。在实践中，体育经济学围绕体育资源的优化配置、体育的商业价值开发、体育产业组织发展、体育产业优化发展、政府提供体育服务的必要性和有效性等方面展开。

在理论上，体育经济学已经覆盖主流经济学忽略的部分领域，跳出了单一行业属性的经济学的分析思路。例如体育作为非劳动性的休闲活动，如何把休闲活动作为资源进行配置，又如体育赛事作为 IP（intellectual property，知识产权）的无形资产，如何进行资产定价，以及体育作为公共产品，其具有的由市场失灵引起的外部性效应如何消除等内容。

从国外对体育经济学关注对象的界定来看，体育经济学涵盖的三个主要问题是各个场景中的公共财政、产业组织和劳动力市场。其中，由于数据的可得性，对体育劳动力市场的研究相较于其他类型经济学研究具有较大的优势。但也有观点认为体育经济学是研究一个只适用于体育背景的相对较小的理论体系，主要包括体育联盟的竞争和其他行为模式。不管如何，"新"是体育经济学的重要特点，包括体育创业、体育创新和市场创造等领域。

从国内的关注点来看，体育经济学的关注对象主要集中在对体育资源配置的概念探讨上。具体而言，可以说体育经济学关注的是体育运动领域中的经济关系和经济规律，包含体育工作者在满足人们需要的过程中，所形成的经济关系及其发生、发展和变化的规律，以及体育部门和国民经济各部门的相互关系以及体育部门内在的经济关系和人、财、物合理组织的规律。在这种既定的规律下，如何将稀缺的体育资源进行有效配置是体育经济学关注的重要对象，即体育产品（劳务）的生产、流通、分配和消费，如何在不同主体之间得到合理利用。可以说，体育经济学关注的是市场经济条件下，如何建立有效的体育体制和体育运行机制、现代体育与经济之间的规律性联系以及如何优化体育资源配置这三个具体问题。

国外体育经济学的研究内容，主要聚焦于职业体育的研究，包含两个方面，一是职业体育联盟的经济目标研究，二是竞争平衡理论的研究。

职业体育联盟是由职业体育俱乐部运动队基于共同的利益而建立的合作组织，其经济目标关系到联盟的稳定和俱乐部运动队的发展。关于职业体育联盟的经济目标，存在利润最大化、效用最大化和球迷福利最大化三种观点。如果从职业体育联盟的短期定价模型看，类似门票价格的定位追求利润最大化，这说明了联盟保持利润最大化目标。但如果只追求联赛精彩，拥有更多的观众出勤和更高质量的球队，而不在乎利润，那么职业体育联盟可能以球迷福利最大化作为目标，而不是以利润最大化为目标。当然，如果将联盟作为一个企业而将俱乐部运动队作为其中的一部分，当俱乐部运动队之间联系较多而冲突较少，此时，利润不是联盟追求的唯一目标，减少俱乐部运动队之间的冲突，维持俱乐部运动队的效用最大化可能才是联盟的目标。

对职业体育俱乐部运动队的研究，主要集中于球队表现的影响因素。球员作为职业体育领域中关键的人力资源，包括多个方面的内容，如球员薪资、球员转会、明星球员对球迷行为的影响。

球员领导能力对个人薪资有显著影响，如作为队长，工资会上涨 21%～35%。除此之外，球员出生地、球员在球队中的位置，也会对球员薪资水平产生影响。而球员表现、受欢迎程度以及议价能力，对球员收入的影响尤为显著。

在球员转会方面，取消球员转会费后，俱乐部运动队之间的收入潜力各不相同，从而导致了竞争的不平衡，可能会降低联赛的质量，将使小型俱乐部运动队与大型俱乐部运动队竞争的联赛结构难以维持。比如欧洲足球联盟的转会新规提出，球员可以在支付违约金并根据其年龄支付教育费用补偿金后，不经俱乐部运动队批准而离开，这使得超级球星与普通球员在转会时的工资差异增加。此外，由于培训产生了可以在其他俱乐部运动队中使用的综合技能，那么反过来，俱乐部运动队将减少用于年轻球员培养方面的投资。

在明星球员所产生影响方面，研究发现，NBA（美国职业篮球联赛）等的超级明星球员存在外部性影响，这种影响力会驱动消费者需求，但呈现出边际递减的情况。超级球星在主场和客场都增加了上座率，而普通球员的吸引力仅限于主场比赛。这说明，明星球员与普通球员不同，对外部利益相关者具有更积极的影响，其对所在主队球场附近的经济发展水平和就业率产生了显著的积极影响。

观众效应是体育经济学研究球迷的重要理论，因为在体育赛事中，观众的数量、密度都对运动员的表现以及比赛结果产生影响。例如人群效应对于提高主队获得金牌的可能性有时候效果较为显著。

体育赛事上座率和电视收视率的影响因素，可以分为三方面——赛事、消费者偏好以及外部因素，如表 1-1 所示。

表 1-1　赛事上座率和电视收视率影响因素

分类	影响因素
赛事	竞争强度
	结果不确定性
	比赛时间
	明星效应
消费者偏好	主场偏好
	爱国主义
外部因素	联盟劳资纠纷引起的罢工
	其他赛事

赛事所产生的影响主要分为经济影响和社会影响两方面。从经济影响上看，世界杯、奥运会等大型体育赛事对赛事举办地的就业水平、住房销售的累积平均超额收益产生影响。赛事中，不同类型的观众在举办城市的逗留天数和消费额不同。从社会影响来看，奥运会等对当地居民主观幸福感产生影响，奥运会在短期内提高了当地居民的生活满意度和幸福感，特别是在开幕式以及闭幕式前后。不仅如此，赛事的"遗产效应"对举办城市当地居民、其他城市居民在环境、体育与健康等维度上的感知也会产生较大影响。

体育赛事相关的体育经济学理论如图 1-3 所示。

由图 1-3 可以看出，职业体育经济理论作为热点，体系非常丰富，主要包括职业体育联盟、职业体育俱乐部运动队、球员、球迷和体育赛事等五个方面，细分场景较

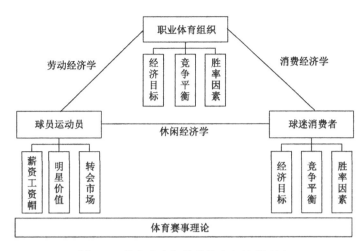

图 1-3　体育赛事相关的体育经济学理论

多。未来，随着中国全民健康、体育强国等战略的实施，体育场景会更加丰富，以体育实践数据为导向，体育场景和经济将进一步深度结合。同时，随着体育彩票、体育场馆、体育赛事等场景深化，体育学与金融经济学、城市经济学、产业经济学等学科的交叉性将更加明显，体育经济学将大力发展。

（二）体育经济学的交叉性特点

由前述的理论渊源和关注对象可以看出，体育经济学不仅具有体育科学属性，还具有经济科学属性，尤其是具有二者学科交叉的属性。与劳动经济学、产业组织经济学等领域的研究角度不同，体育经济学是一个新兴的学术领域，体育是经济学研究中的一类场景，涉及多个交叉的经济学领域，包括应用于体育和产业组织的微观经济学、劳动经济学和公共财政学。

若梳理体育经济学的学科特征，可以表示为如图 1-4 所示的结构。

由图 1-4 可见，体育经济学是体育社会科学与应用经济学的交叉子学科，其母学科体育社会科学隶属体育科学，应用经济学隶属经济科学。体育经济学与航空经济学、城市经济学等部门经济学类似，主要是针对体育领域中各个场景的经济关系、问题和规律，开展交叉性研究。从侧重点看，体育经济学虽属于经济科学与体育科学的交叉学科，但体育经济学内部交叉各方的地位并不平衡，其主要研究对象为体育领域的经济问题，因此居于主要地位的是经济科学，体育经济学是经济学的一个分支。

从中国现状来看，体育经济学的交叉性也较为明显。一是与体育社会学的交叉，体育社会学将体育领域作为一个社会整体来研究，其中可能包括经济关系，但这不代表体育社会学包含体育经济学，社会学属于法学学科门类下的二级学科，而经济学本身为一个门类，两者不属于同一个类别和层次。二是与体育管理学的交叉，体育经济学主要讨论资源的有效配置，侧重"解释"，而体育管理学旨在通过理论指导体育组织提高管

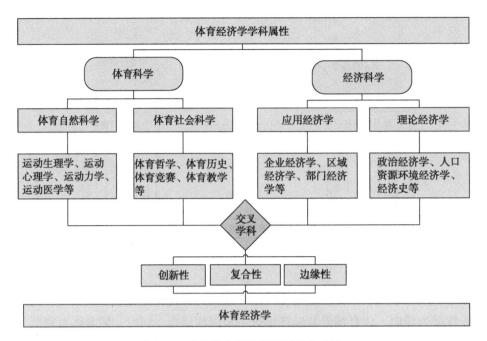

图 1-4   当前体育经济学学科的交叉性

理效率，侧重"指导"，但二者面对的体育问题是相同的。三是与其他非部门经济学的交叉，政治经济学、劳动经济学、产业经济学等非部门经济学研究的是整个经济中的某种经济关系及其规律，是体育经济学的基础方法，与体育经济学在方法论上交叉。

实践中，1992 年、2009 年中华人民共和国学科分类与代码国家标准，将体育经济学作为二级学科划分到体育学的范围内，在中国的应用经济学二级学科下，并没有设立体育经济学这一子学科，由此人们可能认为体育经济学具有单一的体育科学属性。这样的好处是体育经济学在发展之初借助体育学科的发展而得到快速发展，但坏处是体育学科的不完善性使体育经济学的发展受到限制。而经济学科具有"可证伪"的科学性质、成熟的实证研究方法等优势。

由此可以看出，体育经济学不同于劳动经济学或金融经济学，不是对经济学中某一要素的深化细化研究，而是将经济学应用于体育领域的不同场景，以解决不同体育场景下产生的实践问题，不仅包括宏观经济层面的财政、就业等问题，也包括中观层面的产业发展问题，还包括微观层面的企业经济、俱乐部运动队竞争、劳动力工资限薪等资源配置问题。针对这些不同的体育场景，应当调用劳动经济学、金融经济学、财政经济学等理论体系，解决相关主体的经济关系与经济行为等经济问题。可以说，体育经济学是不同体育场景下的应用经济学。体育经济学作为应用经济学的一个分支，类似一个部门经济学，和农业经济学、教育经济学、航空经济学、旅游经济学等相似，只是聚焦于解决体育场景中的问题。

（三）体育经济学的研究方法

当前的体育经济学，相关的研究方法以新古典福利经济学、应用微观经济学、统计学、博弈论、产业组织学及公共选择等作为理论基础，具体包括增长理论、中观经济学、熊彼特经济学、新制度经济学、进化博弈论等方法。与其他经济学一样，体育经济学注重经济模型的构建和数据的假设检验，如包括固定效应模型、Tobit 模型、Probit 模型、双重差分模型、分位数回归等计量经济学方法。

从国内看，早期认为体育经济学与其他部门经济学一样，必须以马克思主义政治经济学作为经济理论基础，而对于西方的人力资本理论，因其代表了资产阶级自身的利益，可以有所借鉴但不能作为我国体育经济学研究的理论基础。我国早期体育经济学强调马克思主义劳动价值理论、马克思关于生产劳动和非生产劳动的理论以及社会再生产理论等方法。随着中国市场化程度不断加深以及体育实践不断深入，现代经济学的基础理论和研究方法被普遍接受，包括宏观经济学、微观经济学等理论经济学。可以发现，在一般意义上，经济学研究的所有方法都能运用在体育经济学的研究中，包含实证分析与规范分析、宏观分析与微观分析、定量分析与定性分析以及博弈论等。

四、体育经济学涵盖的体育场景

体育经济学，源于广泛的体育场景与经济学理论的结合，使之具有交叉性的特点。具体而言，有哪些交叉的场景？应该如何划分？按照体育活动发展的先后顺序和支撑体育的场景顺序，根据经济学"底层基础设施—中间主体及主题—衍生服务品类"的思路，体育场景体系可以分为三层，即体育基础场景层、体育核心场景层和体育衍生场景层，如图 1-5 所示。

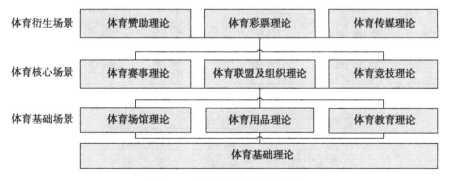

图 1-5 当前体育的场景分类

如图 1-5 所示，体育场馆、体育用品制造和体育教育作为体育的基础支撑层，首先为体育活动的开展提供了设施设备和人力支撑。在此基础之上，体育赛事和体育竞技活动才得以开展。体育赛事和体育竞技活动是体育的核心场景层，是社会和人们最关注的点，其主要是通过职业联盟、职业俱乐部运动队等主体产生相互关联。基于此，体育赞助、体育彩票和体育传媒等衍生服务的开展才有了依托的载体。同时，体育衍生服务活动的开展也会对体育赛事和体育竞技活动的开展产生影响，体育赛事种类多样化和体育竞技活动水平的提升，也会对体育场馆的建设和体育人才培养实施反馈性影响。由此，以基础场景层、核心场景层和衍生场景层为基础的体育场景分类对应其体育理论分类。

如果以此三层体育场景、九个体育基础理论继续细分，体育经济学理论体系有着更加明细的内容，如图 1-6 所示。

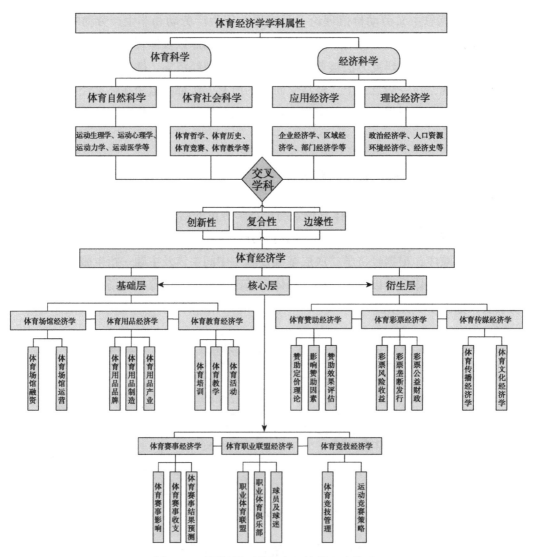

图 1-6　不同场景下的体育经济学理论体系

从图 1-6 中可以看出，场景可以再细分为体育场馆、体育用品、体育教育、体育赛事、体育职业联盟、体育竞技、体育赞助、体育彩票和体育传媒，可以再细分到 24 个微小方面。例如可以细分为职业体育联盟研究、体育赛事结果预测研究、职业体育俱乐部研究、球员及球迷研究等明细内容。

加码 10 个亿！王者荣耀剑指全民电竞

2021 年 1 月，在腾讯电竞·2021 天美电竞项目计划发布会上，王者荣耀电竞赛事体系放了一记重磅猛招：2021 年投入 10 亿元完善全民电竞生态。

现如今，越来越多的人意识到"电竞赛事越来越像传统体育赛事了"，尤其是王者荣耀电竞赛事体系。

KPL（王者荣耀职业联赛）自 2017 年组建开始，便采用传统体育的联赛理念，以联盟的形式统一管理战队，搭建职业生态；2018 年又开始正式实施为期 3 年的主场计划，开启上海、成都双城主客场时代；2020 年，随着 Hero 久竞落地南京，KPL 开启真正意义上的城市主场时代，包括这次对建设全民电竞生态的 10 亿元大手笔投入，都有些传统体育的味道。

在向传统体育靠拢的 4 年间，王者荣耀赛事生态经历了从无到有的过程：KPL 战队逐步扩充至 16 支，其中 11 支战队获得主场冠名；赛事体系方面，拥有王者荣耀世界冠军杯、KPL、KGL（王者荣耀职业发展联赛）、冬季冠军杯、高校赛、全国大赛六大赛事，搭建起相对完善的人才选拔与培养机制；人才方面，涌现出梦泪、久诚、诺言等一批明星选手。

奖金方面，各项赛事奖金投入总额大幅提升，特别是大幅增加了大众赛事的奖金和用户激励。其中，全国大赛总奖金从 150 万元提升至 680 万元，KGL 总奖金从 318 万元提升至 600 万元，KPL 总奖金从 1 600 万元提升至 3 760 万元，王者荣耀世界冠军杯奖金从 3 200 万元提升至 5 000 万元。当前，KPL 采取固定席位制度，更高的奖金将有助于保障赛事的精彩程度，大众赛事奖金的提高也有助于吸引更多业余选手和路人选手参与到赛事中，最终借以实现"全民电竞"愿景。

俱乐部方面，随着 WB.TS 俱乐部落地北京主场、DYG 俱乐部落地深圳主场，已经有 11 支 KPL 俱乐部完成城市主场的冠名，毫无疑问下一阶段俱乐部将进入主场时代，联盟此时提供资金便是为了帮助俱乐部打造本地的电竞生活圈。同时联盟在游戏内多渠道布局，为电竞俱乐部打造"线上主场"，通过这样"线上＋线下"的双端扶持，帮助俱乐部快速建立社区文化，为俱乐部带来收益。对拥有主场的俱乐部来说，可以通过打造城市电竞赛事体系、与本地电竞资源深度合作等方式深耕本土化运营，全方位融入本土文化和生活，在为"全民线下观赛"提供可能的同时，将主场场馆打造成城市地标性建筑，进而形成"电竞＋全产业链"商业生态，助力俱乐部长线发展。

参赛方面，2021年上半年王者荣耀将推出全新的自办赛工具，让办赛方能够更方便地组织赛事，让参赛用户能够更便捷地找到适合自己的比赛；在八大赛区建立海量线下赛点，提供更下沉更便捷的参赛渠道。此举同样将有助于进一步实现"全民电竞"，扩充核心电竞用户群体。同时，随着更多路人选手的加入，王者荣耀赛事生态将涌现出更多天才选手，呈现众星云集的状态。就好像 NBA 一样，除了 NCAA（全国大学体育协会）为核心的 NBA 选秀以外，还可以从各国联赛中发掘有天赋的选手。

内容生态方面，KPL 联动斗鱼、虎牙、B 站、企鹅、快手、腾讯体育、腾讯视频、云视听极光八大版权平台，覆盖多人群和多场景，并共同建立更好的内容生态，满足不同类型的用户需求；赛事制作方面，王者荣耀将在深圳成立云制播中心连接全国各地场馆，与上海制作中心共同打造全球领先的电竞制播与办赛生态集群，同时与腾讯云深度合作，推出电竞场景下的 5G 转播方式，为观众带来更加精彩和稳定的比赛。

在传统体育赛事发展历程中，广泛的媒介传播起到了至关重要的作用，传播内容和技术甚至直接影响着赛事的传播效果。特别是在 5G 时代，人们对内容提出了更高要求，因此电竞赛事应提供更优质的内容，提高赛事的精彩程度，借用内容输出扩大赛事在年轻人中的影响力。

资料来源：体育大生意。

小　结

体育是一种特殊的商品，也是一种公益活动。体育事业和体育产业都存在于社会中，体育组织可以是营利机构，也可以是非营利机构。体育经济学具有增加经济收益来源、解决阻碍发展的问题、实现投入效果最大化和增强国民体质等功能，这些功能为体育经济学的诞生创造了条件。

体育经济学的研究内容主要包括如何建立有效的体育运行机制、掌握现代体育与经济之间的联系规律以及如何优化体育资源配置。国外体育经济学的研究内容主要包含两个方面，一是职业体育联盟的经济目标研究，二是竞争平衡理论的研究。

体育经济学不仅具有体育科学属性，还具有经济科学属性，尤其是具有二者学科交叉的属性。与劳动经济学、产业组织经济学等领域的研究角度不同，体育经济学是一个新兴的学术领域。根据经济学"底层基础设施—中间主体及主题—衍生服务品类"的思路，体育场景体系可以分为三层，即体育基础场景层、体育核心场景层和体育衍生场景层。在一般意义上，经济学研究的所有方法都能运用在体育经济学研究中，包含实证分析与规范分析、宏观分析与微观分析、定量分析与定性分析以及博弈论的应用。

讨论问题

1. 为什么体育产生的影响力，比其他同等经济规模的行业大得多？

2. 对体育产业的投资，与对其他产业的投资有什么不同？

3. 经济学解决资源配置问题。学习体育经济学可以解决哪些具体问题？

自学自测      扫描此码

第二章

体 育 消 费

第一节 体育产品与服务的供需

在体育产品和服务消费市场中，体育经济活动满足经济学的供需关系。请从供需关系角度思考下列问题：为什么俱乐部为足球运动员贝克汉姆支付的钱比为短跑运动员博尔特支付的多得多，尽管博尔特有更高的成就？为什么安踏比其他不知名的体育运动品牌更受欢迎？

一、体育的需求属性

体育是人们生命和生活的重要需求。若按照工作和不工作场景划分，体育属于不工作的休闲消费活动；若按照需求的有限和无限划分，因为人们孜孜不倦地追求健康和乐趣目标，所以体育属于无限的需求。

体育对于一般非体育工作从事者，一般属于不工作的休闲活动。工作是为了获取资源，这种资源可以被用于体育消费。在地点上，如果分为本地和外地，则休闲体育活动既包含去外地的旅游活动，也包含在本地的锻炼、参赛、观赛等。人们对于不工作的需求可能是无限的。但无限的需求总是对应着有限的资源。体育作为无限的需求，面临着有限资源的约束，这些约束包括购买力、闲暇时间、厂家生产技术等。人们对体育健康产品和其他产品的选择如图 2-1 所示。

图 2-1 中，横轴为对体育健康产品的需求 S，纵轴为对其他产品的需求 Q，AB 线表示消费者的消费可能性曲线。对于一个消费者，可以选择体育健康产品和其他商品。但在最优效用下，消费者不仅要选择合适的时间来完成体育任务，如去跑步健身或休闲度假，而且还要选择时间去工作获得收入，用获得的收入才能购买其他产品 Q 和体育健康产品 S。因此消费者选择体育健康产品时，背后面临着双重选择和配置，既需要配置自己的时间，还需要配置收入，且需要考虑背后时间和收入之间

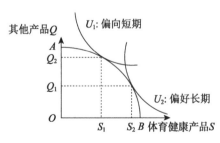

图 2-1 对体育健康产品和
其他产品的选择

的关系。

图 2-1 中无差异效用曲线 U_1 和 U_2，既可以表示不同的人在收入约束的前提下，对体育健康产品和其他产品的选择，也可以表示同一个人在时间的约束下，对现在投入体育健身和未来投入体育健身的时间选择。如果是时间约束下对时间的选择，则曲线 U_1 表明对把时间投入非体育健康的偏好较强，偏向短期不锻炼，选择把时间投入其他产品 Q_2，选择相对较低的体育休闲 S_1，比如少去锻炼。相反，曲线 U_2 表示对把时间投入非体育健康的偏好较弱，相对于现在把时间花在其他方面，更重视未来的健康，更愿意将时间投入体育健康方面，选择 Q_1 和 S_2。

二、体育产品的供需均衡

不管如何，体育需求与资源约束的矛盾，均可以通过供求关系来化解。供求关系表达为供求模型，供给和需求内部的均衡过程，是生产者和消费者对价格的反应变化。供给和需求，共同决定了一种商品或服务的产量和价格。

个人消费者存在体育产品需求，市场体育产品需求即所有消费者在每个价格时的总购买量，通过对个别需求求和，可得市场体育需求曲线，如图 2-2 所示。

从图 2-2 中可以发现，体育产品曲线 D 是向下倾斜的，因为价格与数量的关系总是负相关。随着价格的下跌，消费者购买的数量上升。因此，价格与数量之间的负向关系称为需求定律。体育商品价格的变化，导致需求数量的变化，数量随着需求曲线向上移动。

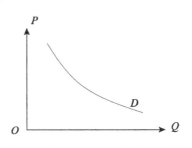

图 2-2 体育产品市场的需求曲线[①]

体育产品的供应，即体育产品价格与供给者愿意并能够提供的体育产品数量之间的关系。与消费者不同，生产者将价格视为回报。结果是，更高的价格鼓励体育生产者提供更多的产品。价格的上涨，给体育生产者提供了更多的出售动机和生产动机，市场供应曲线向上倾斜。因此，价格与数量之间的正向关系称为供给定律。与市场需求类似，市场供给曲线是个体体育生产者的总和。如图 2-3 所示。

如果体育产品的价格发生变化，则数量沿着供给曲线的变动称为供给量的变化。将需求曲线和供给曲线组合起来，如图 2-4 所示。

图 2-4 中，体育供给曲线 S 和体育需求曲线 D，两条曲线在 E 点相交，E 点为均衡点。因为在这一点上，体育消费者和体育生产者实现了平衡。体育消费者愿意并且

---

① 本书涉及价格与数量的分析图形，为了简化，横轴通常为数量变量，如产品数量、运动员数量、工作量等；纵轴通常为价值变量，如价格、成本、回报金额等。

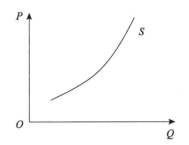
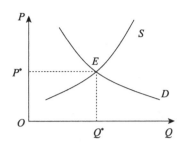

图 2-3　体育产品市场的供给曲线　　　图 2-4　体育产品的供需均衡曲线

能够以 P^* 的价格购买，正好是体育生产者愿意和能够以这个价格出售的数量 Q^*。E 点之所以为均衡点，是因为体育消费者和体育生产者都不想改变他们的行为，保持价格在 P^*、数量在 Q^* 是最有利的。尽管在现实中，体育消费者和体育生产者看不到产品的供需曲线，却能看到均衡价格。

在均衡时，消费者一般存在剩余，被称为消费者剩余。消费者剩余，即"得到与付出之间的剩余额"，是消费者觉得"占了便宜"的程度。当消费者从一件商品中得到的只是为之付出的，并没有觉得"很划算"或"占了便宜、很值"，则消费者不会快乐，因为没有剩余。如果说消费者剩余是流向消费者的净值，与此对应，生产者剩余是流向生产者的净值。图 2-4 中，消费者剩余是需求曲线 D 以下、价格 P^* 以上的面积。

以 4 个球迷为例，张三很喜欢北京队，而且愿意也有能力花 160 元买一张门票去看他们的赛事。李四也喜欢看北京队赛事，虽然没有张三那么喜欢，他也有意愿支付 100 元。王五热情更少，他只愿意支付 40 元。赵六对看北京队赛事压根没有兴趣，他只愿意付费 10 元。如果消费者只需支付 10 元，即说明市场中竞争性的价格为 10 元。价格为 10 元意味着，上述 4 个消费者都可以观看北京队的赛事，但他们对自己购买的东西的感觉都不一样。由于张三愿意并能够为这张票支付 160 元，但实际支付 10 元，他得到了 150 元的奖励，或者说消费者剩余的"占便宜部分"为 150 元。李四也有 90 元的盈余。同理，王五有 30 元的盈余，赵六没有任何盈余。赵六是唯一一个"无剩余"的消费者。他愿意而且有能力支付北京队的费用，买了这张票，他的福利不比以前好，也不比以前差。赵六这样的人，被称为边际消费者，因为 10 元的价格是其底线。

反之，假设赛事门票价格是 100 元，赵六一买门票就会遭受损失，因为他必须比心理预期多支付 90 元，他不可能买票。王五也会遭受损失，因此他可能也不会买这张门票。李四现在是边际消费者，因为他付的钱正好是票的价格。只有张三能享受到消费者剩余，尽管他的剩余比以前少了很多，是 60 元而不再是 150 元。

三、体育产品的供需变化

体育产品的供需关系因为许多原因而改变，表现为供给曲线或需求曲线的移动。

（一）需求的变化因素

需求曲线的移动称为需求的变化。一般而言，需求的变化源于五大因素的变化：收入、替代品或互补充品的价格、消费者偏好、市场中消费者的数量，以及消费者的预期。

一是从收入看，如果收入增加，消费者通常会购买更多的商品，但是经常会出现例外情况。例如一些篮球球迷收入上升，他可能会购买更多的 A 类篮球产品，购买更少的 B 类篮球产品。随着收入的增加而购买更多的 A 类篮球产品，则这些产品被称为正常商品。之所以"正常"，是因为当收入增加时，消费者通常会购买更多的商品或服务。如果收入增加，反而购买较少，则是劣等商品。劣等商品不是制造不佳，只是随着一个人收入的增加而减少购买的商品。

与此对应的一个问题是，当经济普遍下行，经济衰退、收入降低时，体育产品的需求会受到负面影响吗？或者说，体育产品是否"防衰退"呢？研究发现，一般随着经济衰退，体育产品也跟着"随波逐流"，大幅折扣出售。就具体体育项目而言，严重依赖赞助的体育运动项目，如高尔夫和网球，更容易受到经济波动的影响。又如方程式赛车，一般受到经济下滑的打击非常明显，因为其严重依赖于汽车制造商的赞助，而汽车市场又与经济衰退紧密相关。当然，部分明星项目未必下降，可能这时候的价格折扣，抵消了收入下降的影响，增加了消费数量。

二是当替代品的价格上涨时，需求曲线向右移动。例如当其他文化休闲活动变得更昂贵时，可能体育产品的需求会上升。又如消费者观摩一项体育赛事，可以去现场，也可以通过电视或者网络实现。这三者之间，具有替代效应，因为如果消费者可以支付低价去现场观看比赛，则可能会代替在电视上或网络上观看比赛。那么，降低现场的门票价格，可能会降低电视收视率或网络播放率。随着移动互联网的普及，消费者尤其是年轻消费者，越来越多地脱离传统的有线电视或付费电视。当网络上的消费者群体巨大，远超现场的观众时，此时的替代效应较为微弱。

三是口味和偏好的变化也会改变体育需求曲线。例如在 20 世纪 80 年代的中国，桥牌是一种很受欢迎的体育运动，但如今，桥牌已经大不如前，受追崇程度降低。如果说桥牌的需求曲线向左移动，是因为牌迷没有之前那么热衷于这项体育比赛了。

四是市场上消费者的数量也会影响需求曲线。美国 NBA 市场负责人重视中国市场，很重要的理由是中国的人口基数巨大。

五是价格上涨的预期会影响需求。一位认为价格会在不久的将来上涨的消费者，愿意以高于现在价格的目标价格来购买产品。价格上涨的预期，使消费者的需求曲线向右移动。同样，如果消费者认为价格会下跌，则其需求曲线将向左移动。

不仅体育消费者对体育产品和服务的消费需求如此变化，即使是体育运动员的消费，也会受到上述因素的影响，如尽管明星运动员的工资比大多数普通运动员高得多，但他们的税率较高，可用于其他体育消费的收入较少，即收入因素随税率的变化而变化。又如，体育运动员的职业生涯可能比非运动员职业的人短一些，相当于吃"青春饭"，出于对未来的担忧，可能额外储蓄的动机更强，所以消费偏好可能更小。

除了分析导致需求移动的因素，如何衡量需求对价格变化的敏感性呢？需求量对价格的敏感性，称为需求弹性。一般设 ε_d 为给定价格 P 的百分比变化时，需求数量 Q 的百分比变化，即

$$\varepsilon_d = \frac{\Delta Q / Q}{\Delta P / P} = \frac{\mathrm{d}Q / Q}{\mathrm{d}P / P}$$

式中，Q 为需求量，P 为价格，ΔP 或 $\mathrm{d}P$ 为价格变化，ΔQ 或 $\mathrm{d}Q$ 为数量变化，式子的分子和分母分别是数量和价格的百分比变化。可以发现，需求弹性衡量了价格对需求的灵敏度。例如，如果乒乓球的价格从 0.10 元增加到 0.11 元，而需求数量从 1 000 下降到 750，那么乒乓球的需求弹性为：[(750 − 1 000)/1 000]/[(0.11 − 0.10)/0.10] = −2.5。需求弹性一般介于零和负无穷大之间，即完全无弹性和无限弹性之间。当弹性介于 0 和 −1 之间时，可以说该需求是缺乏弹性的，因为数量的百分比变化小于价格的百分比变化。当弹性等于 −1 时，需求为单位弹性。当弹性小于 −1 时，需求是富有弹性的。

（二）供给的变化因素

与影响体育产品需求的情况一样，体育供给曲线的变化也取决于几个基本因素。供给的变化一般源于投入产品的价格、生产技术、税收征管、自然事件的变化、生产者的预期。变化可以表示为图 2-5。

一是投入价格的上涨使供给曲线向左移动。以运动服为例，如果棉花的价格上涨，生产每件衣服的成本也会上升。如果销售端价格不变，则制造和销售的净收益减少了，提供产品的动力也下降了。如图 2-5 所示，运动服制造商在给定的价格下将生产更少的衣服，使得供给曲线在图中从 S_1 移动到 S_2。

二是一项技术创新降低了制造成本，提高了盈利，则鼓励体育生产商多做多卖。技术进步使图 2-5 中体育供给曲线向右移动到 S_3。

三是对体育征收的税，在消费者支付价格之间形成了一个加成。例如，对体育产品增收一笔增值税，如图 2-6 所示。

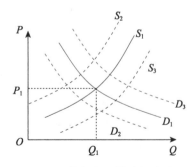

图 2-5　体育产品供需的移动

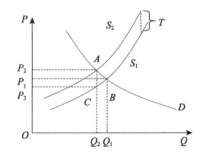

图 2-6　征税对体育产品供需产生影响

图 2-6 中显示，两条供给曲线之间的垂直差异等于此增值税税额。设此增值税为对生产商征收 13%，结果为原来 100 元的产品要上涨 13 元，新的供应曲线从图中 S_1 移动至 S_2。体育消费者得到的供给数量从 Q_1 减少到 Q_2，不得不支付的价格从 P_1 增加到 P_2。但卖方收到的是在原始供应曲线上的价格 P_3，此价格等于消费者支付的价格减去税额。图 2-6 中设税额为 T，则 $P_3 = P_2 - T$。也即消费者支付的价格 P_2 和销售者收到的价格 P_3 之间差了 T。如果将单位税额乘以体育商品数量，那么图 2-6 中 P_2ACP_3 区域为政府增值税的税收所得区域。从图 2-6 中可以看出，当政府征税时，将使市场的供给减少。现实中，体育以及与之紧密相关的文化、休闲和旅游等，是一系列被重点征税的产业。因此，如果政府想刺激体育消费，应适度降低体育类企业的税收。

四是自然灾害也会影响供给曲线的位置。例如，如果地震损坏了体育场馆企业，则体育场馆产品的供应将减少。

五是如果生产者预期未来价格上涨，他们就有了动力等到价格上涨后再出售他们的产品，因此愿意在今天提供的服务更少，这使得今天的供给曲线向左移动。

四、特色体育产品的供需

在体育行业中，存在一些特殊的体育产品。其需求曲线和供给曲线可能与一般商品不同。

（一）奢侈性体育产品的需求

从需求看，类似于一般商品，当产品的价格存在上涨的预期时，需求曲线会发生变化。部分体育运动，由于参与运动本身具有高门槛，形成了一定稀缺性，继而具有奢侈性。当产品具有奢侈性时，会出现需求价格并不会随着量的供给而降低，反而可能上升的现象。例如高尔夫高等级会员卡、滑雪胜地度假会员卡、赛马的马会会员卡、网球俱乐部运动队年卡。

如图 2-7 中，以高尔夫会员卡为例，当体育消费者预期的高尔夫会员卡价格从 P_3 上涨到 P_2、P_1 时，需求曲线从 D_1 移动至 D_2、D_3。那么得到新的均衡点为 A、B、C。连接这些点，将得到新的需求曲线 D。可以发现，需求曲线 D 上随着数量的增加价格反而上升，这与一般的需求曲线不同。需求曲线之所以如此，可能是消费者认为高的价格是身份的象征，或进入发烧友阶段。这类体育消费者，可能不仅看重该项体育商品的使用价值，也看重此类商品附带的其他价值。如果把这些消费者看重的价值表示为消费者的效用，这说明这类体育消费的效用函数与需求函数相互依赖，消费

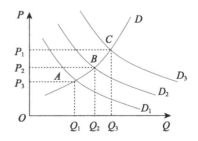

图 2-7 奢侈性体育产品的需求函数

者的效用不仅依赖于体育商品本身的使用价值，也依赖于其价格，也即体育商品的高价性本身也是一种消费效用。

（二）短缺性体育产品的供给

从供给看，如果替代品不足，则供给数量较为固定且稀缺，如图 2-8 所示。稀少的天才般的体育明星，如篮球运动员乔丹、足球运动员马拉多纳等是市场的稀缺性劳动力供给品。

从图 2-8 中可以看到，市场需求为 D 时，市场的供给是固定的，为 Q^*，其供给量无法随投入产品的价格、生产技术、税收征管、生产者的预期等发生变化，成为一种特色自然资源。此时，市场供给方的替代品较少，当体育产品的供给难以被替代时，供给曲线 S 处于图 2-8 中的垂直状态。

五、体育产品供需的限制

（一）对体育产品限价

体育商品的供需，往往并不能靠自身实现均衡，因为有较多人为规则或自然外部力量可能会影响市场平衡，如政府实施的限价政策。设一个体育场馆的门票被政府限价，其对体育产品供需产生的影响如图 2-9 所示。

图 2-9 中显示，体育场馆门票的票面价格参考默认市场价为 P_1，但政府限制门票价格，最高为 P_2。政府不允许在该价格之上销售，为场馆门票价格设置了天花板。这种价格上限，将会对门票买卖形成影响。首先，场馆门票价格上限，造成了门票的过量需求，因为需求的门票数量 Q_3，远大于所供应的门票数量 Q_2。其次，此时的价格，已经不作为一种市场资源分配机制，价格工具失效。那么，只能通过其他机制实现商品的分配，如耗时排队或找"黄牛"购买。

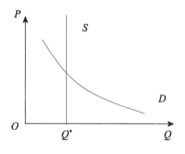

图 2-8　有限的稀缺性
体育产品供给

当然，限价可能降低了效率，但也实现了公平，政府设置低的票价是为了保证收入有限的人能买得起体育场馆的门票。

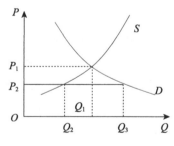

图 2-9　限价对体育产品
供需产生的影响

（二）供给方的非营利性

体育的范围较广，体育产品既包括设备道具、衣服鞋子等制造用品，也包括赛事、彩票、健身服务等一系列产品或服务。提供体育产品和体育服务的机构，不仅可以是营利性的企业，也可以是非营利的其他机构。这可以通过体育既是事业也是产业得到反映，也可以通过体育的正外部性得到证明，还可以从体育的影响力与产值不对称得到印证。这些都可以体现出体育的混合性，即营利性和非营利性。

正因如此，则提供体育产品或服务的体育机构，尽管其目标是效用最大化，但效用最大化目标可以细分为两类情况，一是利润最大化，二是影响力最大化。当其是营利性的机构时，如制造体育用品的李宁、耐克，或体育传媒类的腾讯体育、阿里体育等，其目标一般是利润最大化；而当其是非营利性机构，如体育大学、体育协会等，则其目标可以是影响力最大化。

不同的体育机构，有不同的目标权重和决策权重。以赛事的体育机构为例，体育协会在团体层面实施管理，但实际的决策管理机构可能是联赛联盟，而具体到微观层面，决策机构可能是俱乐部。也可以把这些复杂的层级系统简化为一个效用函数，并用无差异曲线来反映。

体育机构的这种决策差异化可以用产出的产值和影响力两个方面来衡量。产出的产值可以由体育机构在一定时间内的 GDP 或运动企业的收入、利润等指标来衡量。体育机构产出的影响力，一般具有多种特征，如举办的体育赛事的参赛人数、被媒体报道数、参赛的国家与地区数、明星运动员人数、政治等级、赛事精彩度等。

非营利性体育机构与营利性体育机构可以从经济的成本收益上进行分析。非营利性体育机构的收益，更多是外部性的。非营利性的体育机构提供了体育产品和服务，不一定从产值中得到效用，但可能从外部性上获得其他收益，如政府的补贴、市场的捐赠、免交税收等特定的外部收益。非营利性体育机构的产值，只是总收益的一部分。因此，可以把非营利性体育机构的目标认定为其正外部性的最大化。

非营利性体育机构也面临着预算约束，尽管不能盈利，但也不能长期收入赤字，这也说明非营利性体育机构不能够把追求正的利润最大化作为目标。因而，非营利性体育机构的成本等于体育产值上带来的收入加上其他非产值收入之和。如图 2-10 所示。

图 2-10 中，横轴为体育产品的产值 Q，纵轴为体育产品的影响力 P。从二者的组合分析看，在影响力为零时，也就是点 Q^*，该体育机构可以通过选择向上的点，既能达到更高的影响力，还能增加产值。这就像很多的体育机构被影响力较高的赛事所吸引，举办这类赛事不仅能使产值增加，也使影响力增加。但增加到一定幅度后，如果为了提高影响力，甚至不考虑是否还能增加产值，则这个组合最终向后弯曲。向后弯曲，表示影响力提高的代价很高，但产值并不增加。那么，体育机构将根据自身的效用最大化，找

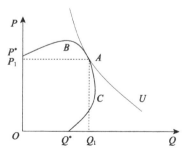

图 2-10　体育产品同时
产生产值和影响力

出效用最大化的切点，如图 2-10 中 A 处。

那么可以发现，如果一个体育机构是营利性的，以盈利为目标，为了产值最大化，其会在 C 点提供体育产品和服务。而如果体育机构是非营利性的，其重视影响力，包括与其竞争者相比的声誉、创造的纪录数等，那么该非营利性的体育机构将在 B 点提供体育产品和服务。

除了通过这种组合分析，我们还可以对非营利性体育机构在影响力和成本投入上进行分析。设营利性体育机构的产值利润为 R，其需要保持 $R \geq 0$，而非营利性体育机构，其可以使 $R < 0$，但是至少要维持收入不严重赤字，则有 $R + D \geq 0$，其中 D 为市场的捐赠或政府的补贴等。

那么，什么样的机构愿意提供体育产品或服务呢？要想成为营利性体育机构，进入门槛曲线会较高，因为如果收入上不去，又要维持长期的平均成本（LAC），则不可持续，在经济利润上，至少保持为零，或者说不低于零，也即 $S - LAC = 0$，其中 S 为体育产品的售价。这与传统的微观经济学理论一样，在长期的均衡中，市场价格等于长期平均成本。这说明，营利性体育机构要进入市场，就必须保证其收益可以弥补成本，那么体育产品的市场价格将倾向于上升，直到对它们来说进入市场是有利可图的。如果价格被暂时进一步抬高，更多的营利性体育机构就会进入，那么它们的进入，将使体育产品的价格再次回到均衡水平。

然而，对于非营利性体育机构，其进入门槛是其自身的保留效用，保留效用是保持和留在市场中的最低效用。如果不能让体育产品价格 S 等于 LAC，或者说 S 小于 LAC，那么必须有政府或第三方的支持，否则这种体育机构不会在市场中自动出现。假设非营利性体育机构面临两种不同的情况。一种情况是，该体育机构利用资源为富裕人群提供观赛服务，而由于社会反对声音很强，体育机构的管理协会并不认同，那么不能满足管理协会的保留效用，这种非营利性体育机构不能存在。与此相反的另一种情况是，非营利性体育机构选择免费服务大众人群，则其保留效用水平较高，但必须提供补贴等方式，而能够被提供补贴和捐赠，意味着其门槛反而更高。可以看出，非营利性体育机构的存在，不是简单地只考虑费用，而是把费用支付和其他方面结合起来综合考虑。

高尔夫零售业新格局——小生意，大作为

作为曾经全球最大的高尔夫零售商，Golfsmith 已经在濒临破产的危机中计划关停 20 余家门店，除了关于零售业残酷竞争的讨论，更值得关注的是 Golfsmith 在优化零售店体系过程中的策略。

相比拥有 30 000～40 000 个旗舰店，Golfsmith 倾向于减少一半的数量。消息人士认为，随着高尔夫球消费者越来越关注基于定制的服务体验，最好的经营理念和服务模式，应当是"精简"。

"对于制造商和零售商而言，关注的重点不应仅仅是批量生产球杆并放到展架上售卖的过程，而应当注意到客户开始越来越关注定制装备。"消息人士指出，"Golfsmith 需要借势而为，打造出满足该消费需求的优质零售店。"

虽然这一趋势很大程度上导致了 Golfsmith 的经济困难，但这既是公司近期战略转变的原因，也是高尔夫消费者的喜好发生改变的佐证。当然，其他零售店也在不同程度地接受这一变化。

增长速度最快、盈利能力最好的高尔夫零售店，往往是营业面积最小的。像 Club Champion 和 Cool Club 这样的全国性高尔夫球具定制连锁店，其门店面积往往只有几百平方米，而不是几千平方米，这是最具有投入产出比的门店体量。Club Champion 于 2019 年 8 月在长岛开设了第 16 家店，2019 年的业务增长了 80%，并且计划在年底之前再增加 5 家。

Club Champion 的创始人兼董事长凯斯·班克表示："零售业版图正在发生变化，消费者需要量身定制的产品，让他们的打球过程更轻松、更有趣。Club Champion 已经开启了这一变革，正在建立一个成功的零售模式，以推动未来十年的增长。"

作为 Golfsmith 的重要合作伙伴之一，GolfTEC 的业务模式走在了产业的前沿。GolfTEC 是全国性高尔夫球培训和球具售卖的综合服务提供商，开设了数量众多的小型零售店，附近往往拥有许多办公大楼，其中 84 个网点位于 Golfsmith 的门店当中。GolfTEC 的业务在过去 7 年中增长了 100%，旗下教练每年提供总计约 900 000 小时的高尔夫课程，并且极少选址在超过 2 000 平方英尺（1 平方英尺≈0.092 903 04 平方米）的门店中。

"消费者意识到了怎样才是更好的模式。"GolfTEC 首席执行官乔·阿塞尔说，"我们拥有真实感、品质感；我们可以进入更多的城市地区，其他大体量的竞争者无法进入。我们就在您的办公楼附近，在繁忙的城市生活中，开车半小时到高尔夫球场可能并不适宜，但如果我们在同一街区，您可以更轻松地前来消费。我们的客户很兴奋，因为他们使用从我们这里购买的球具打出了更低的杆数，我们帮助他们获得了更适合的球杆、更优质的课程、更行之有效的视频分析系统。"

这是能够满足高尔夫消费者的全方位一站式服务，相较于自助服务，已经处在高水平或拥有强烈提升水平渴望的球手逐渐意识到自己需要定制化的服务，而他们恰恰是最愿意为自己的高尔夫爱好花钱的人。

此外，球具定制门店注意到另一个潜在的机会，就是把消费者在定制完成后 2～3 周的等待时间缩减为 2～3 天。更重要的是，高尔夫消费者非常乐于与售卖给他们球具的专业人士建立更密切的关系。

纽约长岛最大的球具定制商 Pete's Golf 的高管伍迪·拉森说:"这关乎建立信任,尽管门店的空间有限,但我们完全有能力给予消费者他们所期望获得的个人定制服务。我不敢说高尔夫是否真的是一项适合在大型卖店进行零售的运动,因为传统的运动用品零售店肯定不会告诉消费者他们不需要配备某款一号木杆,但我们可以这样做,因为他们为我们的建议买单,我们比消费者更知道他们心中所想、心中所需。"

这种趋势是怀旧的,最为人所津津乐道的案例是 Golf Exchange,它位于肯塔基州辛辛那提莱克星顿地区,共有 6 家专门从事定制球具服务的门店,所有店铺都不到 7 000 平方英尺,有几家甚至不到 2 000 平方英尺,最小的仅有 1 500 平方英尺。Golf Exchange 的老板杰森·弗莱亚表示,公司上年的收入近百万美元,较小的空间更能吸引高尔夫消费者的光顾。"消费者们走进卖店内的小球场,并与当地的高尔夫高手聊天。"他说,"这个时候,服装和鞋子不再是最重要的了,这种社群的构建才是我们业务的重中之重。"

Golfsmith 和其他品牌如何说服消费者前来购买仍令我们拭目以待,但 GolfTEC 的模式已得到验证,它作为先行者所提供的正面案例让业界相信这将是有利于高尔夫零售业良性发展的正确方式。

GolfTEC 的老板阿塞尔总结道:"热忱、认真且核心的高尔夫消费者,不仅现在热爱高尔夫,以后也会一直热爱。这项运动的魅力确保了永远有数量、质量可观的客群,等待商家去认识和征服。"

资料来源: 体育商业评论微信公众号。

小　结

理想上,体育可以是人类无限的需求,但是考虑到现实种种因素,受到各方面如购买力、闲暇时间等因素的约束,现实中人们对体育的需求是有限的。

一般来说,体育产品价格与数量的负向关系满足需求定律,价格与数量之间的正向关系满足供给定律。体育产品的需求与收入、替代品或互补品价格、消费者偏好、消费者数量及其预期有关,而体育产品供给与产品价格、生产技术、税收、生产者预期和自然事件发生等有关。

但体育经济学中的供需关系还存在典型特例,如高尔夫,其反映了奢侈性产品的供需关系,与一般体育产品的需求曲线不同。另外体育产品的供需还受到人为规则或外部力量的影响,如政策、自然灾害等。

体育机构分为营利性和非营利性两种。营利性机构以盈利为目标,实现产值最大化;非营利性机构以最大化其正外部性为目标。两种机构目标不同,特征也不同。

讨论问题

1. 如果你是中超国安足球俱乐部的市场经理,你会如何定门票价格? 为什么?

2. 近年来火爆的体育用品，如耐克的 Air Jordan 球鞋，其需求弹性大吗？

3. 你了解的与体育相关的非营利性机构有哪些？它们为什么能够长久存在？

第二节　体育休闲消费与健康

体育是一种耗时的休闲活动，而每个人拥有的时间都有限。你会选择花时间去工作或学习，还是会选择体育休闲活动？你认为人们作出不同选择的临界点是什么呢？

你有没有思考过，为什么发达城市或发达国家相比于发展中或落后城市或国家，其体育往往会发展得更好呢？

一、选择体育休闲消费

（一）收入的影响

由于人们做选择时，总是会考虑对自己的效用水平，即对自己的作用或自我感受的满意度。根据效用的均衡理论，人们花在体育休闲活动上每一小时的边际效用等于该小时的边际成本。

如图 2-11 所示，纵轴为边际效用或边际成本，横轴为体育休闲活动的数量 L。图中显示了边际效用曲线 MU 和边际成本曲线 MC_1 和 MC_2。边际效用曲线 MU 向右下倾斜，表明我们开始从事的体育休闲活动越多，对我们的幸福感效用就越少。同时，边际成本曲线 MC 上升，表明随着我们更多地参与体育休闲活动，那么我们必须放弃越来越有价值的工作或者学习，失去赚钱的机会。对于大多数人来说，体育休闲活动的边际成本 MC 极高，这表明大多数人没有时间

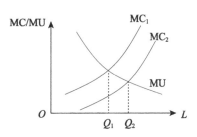

图 2-11　边际效用曲线与
边际成本曲线

去休闲，尤其是贫穷的人，更可能认为享受休闲体育是一种奢侈。但当一个人有更高的收入时，他可能愿意花更多时间去进行体育休闲活动，而不再是去工作学习。

收入增加，表明放弃工作或学习的代价变小，那么可以表示为边际成本曲线下降。在图 2-11 中，一个人边际成本曲线下降，从 MC_1 向下移动到 MC_2。这时，人们可以花费更多时间从事体育休闲活动，数量也从 Q_1 增加到 Q_2。这也是为什么，一般人们参与体育休闲活动的提升依赖于国家、地区、家庭和个人收入的提高，当收入提高时，人们对体育休闲的需求才会增加。

（二）生命周期的影响

体育休闲作为一种特别消费品，在人的一生中，受到经济收入和可用时间的双重

制约。按照生命周期理论，一个人的消费水平如图 2-12 所示。

图 2-12 中，横轴为年龄 T，纵轴为消费或储蓄的金额 M，从曲线 $ABCDEFG$ 可以发现，人们一般在 30 岁之前，因为读书或住房消费，可能存在负债；30～60 岁，则会有较多储蓄，而 60 岁退休以后，往往是既无负债也无储蓄，处于接近收支相抵的状态。那么，休闲消费的选择，从收入看，往往应集中在高收入的 CD 阶段。

有了工作，才有收入，才可以自由地去选择体育休闲活动。因此，人们会比较体育休闲带来的快乐和因为工作无法休闲而带来的痛苦。一方面，不能不工作，否则没有收入来源，生活较为痛苦；另一方面，如收入很高，还需要去工作，也只能获得较少的快乐。图 2-13 为二者的效用比较。

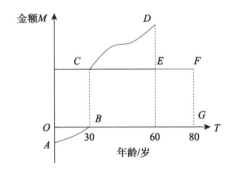

图 2-12　生命周期中的收入变化

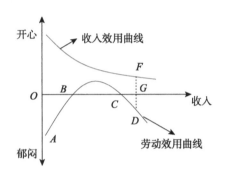

图 2-13　收入效用曲线与劳动效用曲线

如图 2-13 所示，横轴为收入，纵轴为开心或郁闷程度。假设收入与劳动量成正比，劳动越多，收入越多。由于收入的边际效用递减，故收入效用曲线虽然为正，表示开心，但随着收入的增加，效用逐步降低。而劳动也就是工作，表示放弃体育休闲，放弃后的效用函数如图 2-13 中倒 U 形曲线所示。该 U 形曲线表示，在大部分时间里，劳动的效用为负，不排除劳动可能带来快感，但整体剔除快感后的净效用一般为负数，可以表示为纵轴的郁闷程度。一般初始工作时，对业务不熟悉，较为郁闷不开心，但随着工作做得越多，对工作越来越熟悉和适应，开心程度会增加，但这种增加不可持续，会在一个高峰值后随着工作量增加而开始下降，进入郁闷状态。随着收入增加，劳动的郁闷程度等于收入带来的快乐时，人们将开始停止劳动，如图中的 G 点。此时，劳动郁闷的程度 GD，等于收入带来的开心程度 GF，超过这一点，劳动的郁闷就会超过收入的快乐。那么这个 G 点，决定了劳动供给量的截止点，即不劳动的体育休闲活动可能的爆发点。

除了有收入的效用限制，人们不得不将时间花费在工作中以外，不同收入水平的人，也有不同的体育休闲需求。如果表示收入与体育休闲的替代关系，以及不同收入水平时不同的替代程度，可以如图 2-14 所示。

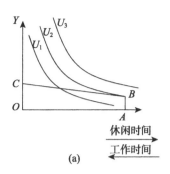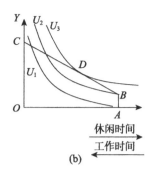

图 2-14 不同收入与休闲时间的替代

由图 2-14 可以看出，纵轴为收入 Y，横轴为体育休闲时间或工作时间。工资满足图 2-14(a)的人，其收入曲线为 ABC，其中 AB 可以表示非劳动性收入，BC 的斜率表示劳动的工资。由于其收入可以达到效用曲线 U_2，此时这个人可能选择不去工作，而进入体育休闲活动，选择 A 点作为体育闲暇的时间。此时，不工作的工资水平，又可以称为保留工资，是促使一个人去工作的最低工资。但当其能获得的工资较高，如图 2-14(b)的曲线 ABC，此时为了获得更高的效用 U_3，人们会进行工作，在 D 点达到效用最大。当然，如果非劳动收入 AB 继续增加，可能右侧的人也会进入不工作状态。这说明，体育休闲是一种随着收入增加可能减少，但也可能增加的商品。

如果用一个数学公式，我们可以表示所有的时间分配如下：设 $T = 365$ 天，则可以分为四个部分，一是为提高健康水平所花的体育休闲锻炼时间 T_h，二是因疾病而无法生产的浪费时间 T_1，三是需要付出在家庭的家庭时间 T_b，四是需要投入在工作上的生产时间 T_w。那么用于家庭的时间 T_b 或者用于工作的生产时间 T_w 之和（$T_b + T_w$）= $365 - T_h - T_1$，即除了去提高健康水平的体育锻炼或生病了的状况，剩余的时间，要么可以用于家庭进行"家庭生产"，要么是投入"工作生产"。

假设为提高健康水平的体育锻炼休闲时间 T_h 增加，则此时由于免疫力的提高、大脑的改善等，被疾病浪费的时间 T_1 减少，则可以表示为图 2-15。

图 2-15 中，横轴为时间 T，包含用于家庭的时间 T_b 或用于工作的时间 T_w，纵轴为一个人的收入 Y。图中两个效用曲线 U_2 高于 U_1。尽管人们如果减少了花在健康上的体育锻炼休闲时间，那么从事其他活动的时间会增加，这看起来是花在体育锻炼时间变少的好处，但如果花在体育锻炼上的健康时间增加了，既能提高工作效率，又可以减少可能会损失在疾病上的时间。如果净效应 $T_h + T_1$ 是增加的，如图中 $T_2 - T_1$ 的部分，即（$T_2 - T_1$）= $365 - (T_h + T_1)$。这不但增加了潜在的"家庭生产"时间

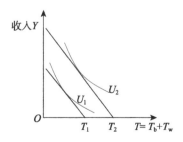

图 2-15 体育锻炼使得拥有
更多健康时间

和"工作生产"时间，而且提高了潜在的收入，从而把效用曲线 U_1 移动至 U_2。因为生病更少了，在生产上的时间增加，变为身体更好、家庭休闲更多，劳动生产率提高，工资增加，收入更多。

当然，在生命周期的不同年龄阶段，因为收入不同，可用于体育休闲的支出不同。但非儿童和非老人人群，其收入又来源于劳动工作，劳动工作一般需要占用大量时间，这些劳动时间是体育休闲时间的替代品。只有当收入的边际效用与劳动的边际效用相等，处于均衡时，体育休闲的消费才达到最大。如果是儿童和老人，不涉及劳动时间的替代，但在收入上，儿童往往依赖于父母的转移支付，老人依赖于退休金的支撑。一般而言，不同的年龄和家庭结构，有不同的体育休闲需求，如表 2-1 所示。

表 2-1　不同年龄阶段的体育休闲消费需求特征

家庭结构	需求特征	收入	时间
单身个人	有经济基础、自身兴趣浓厚、保持开放，自助性消费	中等	中等
已婚无育（有配偶）	有经济基础、兴趣浓厚、服务性消费	多	中等
已婚正育（满巢家庭）	孩子需求优先、自身兴趣被动、重视人均成本、自助和服务并举	中等	父母时间少，但孩子时间多
已婚育成（空巢家庭）	有经济基础、兴趣浓厚、服务性消费	多	中等
孤寡老年	经济基础降低、兴趣下降、服务性消费、重视安全性	少	多

如表 2-1 中所示，家庭结构可以分为单身个人、已婚无育、已婚正育、已婚育成、孤寡老年共 5 种情形，不同家庭，收入水平不同，可用于体育休闲的时间不同，同时兴趣需求特征也会有所不同。有的侧重于自助消费，有的侧重于服务性消费，有的保持开放，有的保持谨慎，选择的体育休闲活动，一般是上述三者的均衡之处。

二、选择体育的健康收益

（一）对健康的投资

对体育的投资和投入，是对健康的投资，是一种人力资本的投资。例如，花费金钱健身，或挤出时间从事体育活动，看似有一定的投资成本，但会有较多的潜在收益。

如图 2-16 所示，横轴为年龄，如 30 岁、70 岁、90 岁，纵轴为收入和成本。图中曲线表示随着年龄的变化，收入的对应变化。从青少年开始，体育投入少的人，把本该锻炼的时间花费在学习和工作上了，那么可能使得身体的健康程度受到一定影响，如眼睛

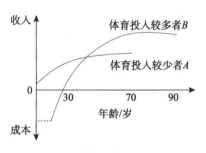

图 2-16　不同人群的风险偏好效用曲线

近视、身体素质不高、免疫力不足等。如果因为学习和工作，挤出了锻炼的时间，且节约了在体育休闲上的消费支出，花费减少，提高了收入。其收入如图 2-16 中曲线 A 所示。相对而言，其短期的收入，会高于把较多时间和支出投入在体育休闲上的人。但随着体育投入较多的人不断打下健康基础，人力资本实现了积累，则会逐渐超过体育投入较少者的收入，如图 2-16 中曲线 B。之所以 B 人群可能会提高收入水平，是因为选择增加体育活动的人，其人力资本提高了，人力资本的提高表现在改变了大脑，即"运动改变大脑"，使得劳动生产率也提高。同时，劳动效率高时，劳动回报额增加，也可能生病较少，医疗对收入的消耗较少，即"不会休息就不会工作"。同时，体育投入较多的人，如果寿命增加，则终身的财富水平会累计高出很多，即图 2-16 中曲线 B 的积分面积大于曲线 A 的积分面积。

可见，健康资本依赖于身体锻炼等体育活动。要想不进行体育运动，寻找其他替代品，难度较大。不管是下棋、游戏等智力锻炼，还是跳舞、散步等轻度锻炼或户外有氧运动等强度锻炼，均无法通过节食、吃药等方式替代。既享受体育运动的好处，又无须支付运动的金钱成本、体力消耗成本或时间消耗成本，几乎不可能。而且，一个人必须维持最基本的健康状态，才能获得效用。

图 2-17 中，横轴为人的健康状况 G，纵轴为存活天数 T。如果把健康状态看成一种生产要素，则生产的产品就是存活天数 T。一个人的健康状况越好，其存活天数就会越多。图 2-17 中曲线说明，存活天数呈现边际递减。同时，一个人要保持最基本的健康状态，最基本的健康状况如图 2-17 中的 G_0 点所示，在这一点上，存活天数的生产降到了 0，标志着一个人走向死亡。

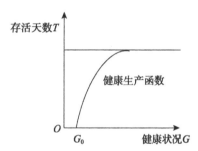

图 2-17　存活天数与健康
状况的函数

（二）预防疾病的需求

当消费者处于不同状态时，对体育产品的需求不同。由于体育能够帮助人们获得健康，这使得当人们在健康面临危险时，可能对体育的需求增加。

图 2-18 中，横轴为体育产品 S，纵轴为其他产品 Q。假设经济等其他各个方面都相同时，消费者对自己健康状况有不同的认知，如担忧、害怕会生病时，对体育的选择不同。图 2-18 中初始

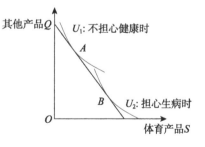

图 2-18　担心生病时改变
对体育的偏好

的均衡点为 A，消费者认为自己是健康的，不担心会生病，因此选择较少的体育产品，选择较多的其他产品。但在另一时点，消费者担心自己会生病，为了提高免疫力，防

范未来进入不健康状态，如通过疫情认识到健康对自己的重要性，以及锻炼对健康的重要性，此时会选择 B 点。B 点相比较 A 点，体育产品增加，其他产品减少。这说明，对健康状况的预期变化，将影响消费者对体育和其他商品的决策偏好，图 2-18 中不同的无差异效用曲线 U_1 和 U_2 可以反映这种偏好与预算的结合。

（三）运动处方与医疗药品的替代性

医疗药品及治疗的费用越来越昂贵，可以尝试建立健康函数，分析体育锻炼对促进健康的作用，以及它和医疗的关系。

消费者对健康的需求引起了对健康投入的需求，健康投入既包括医疗药品，也包括体育锻炼等运动处方。设健康函数为

$$G = F(M,S)$$

式中，G 为某一个人当前的健康状况，M 为医疗药品，S 为运动处方。

假设一个人消耗的药品数量为 M_1，运动处方的数量为 S_1。

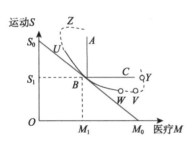

图 2-19 中，横轴为医疗药品的量 M，纵轴为运动处方的量 S。如果医疗药品与运动处方之间完全相互替代，且边际替代率保持不变，则图中线 S_0M_0 所示的斜率说明运动处方与医疗药品之间，不管使用多少医疗药品，总可以使用一定的运动处方对病情进行化解，实现健康。当然，这种设想较为理想，如果能够完全替代，则这时消费者将会根据两种要素的价格高低，选择其中之一，如果运动处方成本较低，则不会使用医疗药品，也即消费者不会两种均投入使用。

图 2-19 运动处方与医疗
药品的替代性

如果医疗药品与运动处方之间没有任何替代性，医疗药品就是医疗药品，运动处方就是运动处方，则它们之间的关系如线 ABC 所示。

再者，医疗药品和运动处方，在各自不同的量时，沿着曲线 UW 动态变化，这反映了运动处方和医疗药品之间替代的中间状态，二者的边际替代率递减，每增加 1 个单位的医疗药品数量所能减少的运动处方数量越来越少，或者说运动处方很多时，健康效果越来越弱，并不比医疗药品更划算。在实际的健康维护中，部分药品和运动之间存在替代关系，如心血管疾病、减肥等药品，但也有部分药品如麻醉剂可能与运动处方没有直接的替代关系。当然，还需要细分生病所处的阶段，一般在病态较轻时，运动处方可以防范病情恶化，二者之间有较强的替代关系，或者医疗手术或吃药后，到了康复阶段，也存在很强的替代关系。

同时，当医疗药品 M 的增加数量超过一定范围时，如虚线中 *的 WV* 部分，这种组

合并不会有疗效，在这一区间范围时，既不会有利于消费者的健康，改善病情，也不会给消费者造成危害。但是，当继续增加医疗药品的数量，超过了范围时，甚至可能会反过来危害消费者的健康。此时，要想维持同样的健康水平，反而需要额外的运动处方措施，即图 2-19 中虚线 VY 段所示。WVY 所示的无差异曲线，转头向上，斜率开始为正。反之，可以说，在等产量线 UW 的最左侧部分，随着运动处方数量的增加，也会出现类似的情况，过多的运动对健康也是有害的。那么说明，为了追求健康，消费者不愿处于图 2-19 中的虚线 WVY 及 UZ 部分。

当然，随着时代的发展，体育科技和医疗科技均在进步。科技进步使得人们在运动处方和医疗药品上均得到更多收益，从而更好地改善了自身的健康状况。例如运动处方很难保证实施时，可以利用运动软件提高实施的自律性，又如利用微信的运动步数或华为等运动手环，可以对运动处方进行精准测量，从而提升健康水平。医疗药品上的技术进步，也使得新药、疫苗、医疗器材及原料层出不穷。技术进步的作用，如图 2-20 所示。

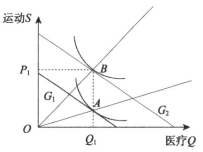

图 2-20　技术进步通过运动和医疗对健康的促进

图 2-20 中，横轴为医疗药品的水平 Q，纵轴为运动处方的水平 S。技术进步意味着能够以更少的投入得到相同的健康结果，甚至更好的结果，从图 2-20 中的直线 G_1 移动至直线 G_2。如果运动处方和医疗药品的价格比不变，技术进步速度相同，则两种方法投入的健康成本最优组合比不变，只是组合点沿射线 OB 的方向向右移动，技术进步使得人们的健康水平持续提升。但如果运动处方的成本更低，技术进步更明显，则在相同的医疗药品要素下，如果实施合理的运动健康处方，人们的健康状态可以得到进一步改善，如图 2-20 中 A 点移动至 B 点，医疗药品量不变，但对运动处方的使用增加了，从而提高了健康水平。医疗投入药品数量的上升，可以用一定量的运动处方进行替代，如图 2-20 中 OA 的斜率比 OB 小，说明运动处方和医疗药品的配比发生了改变。

三、体育休闲面临供给不足

（一）体育休闲供给方的垄断

一般而言，当人们的金钱和闲暇时间变得更富裕时，对体育观赛的需求增加，当体育消费者观看比赛的需求增加时，类似联赛的市场需求曲线向右移动，联赛的总观赛率增加。统计发现，数十年来，尽管观赛率增加得较为平稳，但转播费或赞助费上涨的幅度较大。尤其是全球知名的联赛，其涨幅远远高于当地或当国的通货膨胀率。

之所以会出现这种情况，主要是因为联赛的规模和数量相对固定，但联赛联盟又不能通过增加比赛数量或球员数量来应对需求的增加，这使得现有的联赛联盟有能力通过提高各项赛事相关的价格，如门票价格、转播价格、赞助价格来应对更高的体育消费需求。

以体育联赛的联盟为例，如新球队进入联盟，必须得到现有球队许可，那么长期下去，将无法实现有效竞争，可能导致联赛不够精彩。如果联赛联盟的垄断导致竞争丧失，则产出将受到影响。

由于垄断企业在边际收入等于边际成本时提供产品，而完全竞争的企业则让产品价格等于边际成本。如果把某个体育联赛联盟看作是一个整体的垄断企业。

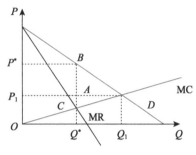

图 2-21　体育联盟垄断时的成本

图 2-21 中，横轴为提供精彩赛事的数量 Q，纵轴为赛事综合出售价格 P。在需求曲线 D 和边际收益曲线 MR 向下倾斜的情况下，可以发现，联赛的联盟为实现利润的最大化，仅能提供 Q^* 数量的联赛次数，价格为 P^*。相反，如果是竞争性的态势，则会提供 Q_1 的赛事，此时赛事的价格 P_1 等于边际成本 MC。垄断的力量，使得联盟自己可以限制产量到 Q^*，收取更高的价格。在这一有限的供给里，垄断者可以将需求的价格弹性保持在较高水平。如果在完全竞争中，由于俱乐部可以随时进出联盟，或者联盟的球队数量可以充分扩大，则其他俱乐部球队可以作为供给者，继续提供，直到利润为零。

当然，尽管垄断的高价会使股东、球员和其他利益相关者受益，但可能会伤害付费的消费者。图 2-21 中，消费者支付的金额等于 OP^*BQ^* 面积，即单价 OP^* 和数量 OQ^* 相乘的面积。价格 P^* 超过了竞争价格 P_1，联赛联盟作为供给者得到了比他们只收取完全竞争的价格时要多的利润，即长方形面积 P_1P^*BA。因此较高的价格，意味着把消费者口袋中的钱转移到了垄断生产者的口袋里。这种转移没有给社会福利带来整体改变，但使得产出下降，即垄断影响了消费者剩余和生产者剩余的总和。当联赛联盟形成垄断企业，为市场提供服务时，消费者购买的赛事门票就会减少，消费者剩余就会减少。如果消费者剩余缩减的部分大于联盟拿到的部分，而这种损失没有被其他方面拿走，则这种损失被称为无谓损失，如图 2-21 中的 ABD 三角形部分。可见，垄断带来了无谓损失，降低了体育市场整体的社会福利。

垄断的社会成本，一般不只是图 2-21 中三角形 ABD 的无谓损失。因为在获得垄断前，市场供给方为了获得这一市场地位，往往要花费额外的支出，即存在购买垄断或创造垄断的寻租行为。寻租行为的支出也是一种增加社会无谓损失的非生产性支出。可能某个足球联赛联盟为保护其垄断权力，而花了数万元游说足球协会官员，这给社会增加了额外成本，因为这些资金本可以用在更有效率的其他方面上。根据寻租条件，可以发现，垄断者为了其垄断地位，愿意花费的总收益即梯形 *OCBP** 的面积。

（二）政府对体育垄断方的管理

体育市场的竞争结构，使得很多体育供给者具备垄断定价能力。当具备垄断定价能力时，其可采用垄断的定价策略。例如在一个联赛的联盟中，如果俱乐部运动队是固定的，新的球队无法直接进入，不存在升降级，那么俱乐部不需要担心新进入者。在这样的联盟中，联盟的垄断力量，使得他们在消费者对赛事的需求逐步增加时，可以不考虑其他供应商或者消费者的反应，仅按照自己的设定，制定赛事供给价格。又如部分体育赛事的举办，如果不需要政府的许可批准，处于开放状态，则垄断力量减弱，那么赛事活动可能更多更精彩。再比如某个俱乐部运动队成为某个联盟在某个地区或某个企业的唯一俱乐部，形成一种"特许经营权"，也是垄断市场定价能力的来源。

一般地，当市场出现的垄断，严重影响了供需平衡，政府会采用行政等强制性工具，如图 2-22 所示。

图 2-22　政府对垄断的直接介入程度

如上图所示，影响垄断的工具包括四类，分别是自愿性工具、引导性工具、劝导性工具和强制性工具。自愿性工具，包括志愿者组织、家庭个人或市场，通过自我纠正和自律，改变垄断，增加竞争，政府较少介入，市场自发机制是主要力量。引导性工具，是政府通过市场化机制，在税收和补贴政策、信息披露、产权转让和拍卖上进行制衡，政府通过价格措施或降低信息不对称等方式管理垄断。劝导性工具，是一种行政性方式，通过约谈规劝、窗口指导等方式，以非强硬的行政命令方式管制垄断，政府的介入程度较多。最后是强制性工具，政府通过强硬的价格管制、数量控制、产权变更为公有或国有，甚至直接向社会提供的方式，深度介入市场，消除垄断。当然，政府采取强制性工具未必是最优选择，如果成本反而过高，或者政府不清楚信息细节，实施"一刀切"等方式，可能管理了垄断，但打击了市场，消费者随之遭殃，政府造成了较大的负向影响。

一个典型的例子是很多国家的，体育管理部门规定本国足球联赛中下一级联赛的球队按照成绩可以被提升到上一级联赛，打破足球联盟的垄断性，让其不具备市场垄断定价能力。当足球联盟没有办法限制竞争对手的进入或退出时，就无法收取高于竞争水平的价格。政府这样做，使得市场吸引力较大。

四、体育消费中的季节性

体育活动可以分为白色体育、绿色体育、蓝色体育和黄色体育等，分别以冰雪运动、绿茵场足球运动、水上运动和沙漠汽车拉力赛等为代表。很多运动，受气候、地形、季节的影响，如果这些影响较为明显，可能会改变体育消费的可得性，同时增加体育供给方的生存风险。

很多体育场馆，由于季节效应，经营被迫中断，如滑雪场馆，可能在夏季经营较为惨淡。那么，其是否应该在一年中保持相同的定价呢？或者夏季关闭、冬季开放呢？

每个理性的场馆都会追求利润最大化。要得到最大利润，就要分析成本和收益，因为利润等于收入与成本之差。成本可以分为可变成本和固定成本，也涉及边际成本。固定成本不随服务的数量发生变化，如设备、管理人员工资等。变动成本是随着产量的变化而变化的成本。因此从每单位产品和服务的平均成本看，由"平均成本＝总成本÷产量"可得"平均成本＝平均固定成本＋平均可变成本"，因为平均固定成本＝固定成本÷产量，平均可变成本＝可变成本÷产量。边际成本则是每增加一单位产品所增加的成本。

如果以 C 代表成本，Q 代表数量，TC 代表总成本，FC 代表固定成本，AFC 代表平均固定成本，VC 代表可变成本，AVC 代表平均可变成本，AC 代表平均总成本，MC 代表边际成本，则有：$TC = FC + VC$，$AC = TC/Q = AFC + AVC$，$AFC = FC/Q$，$AVC = VC/Q$，$MC = \Delta C/\Delta Q$。

如果产品的单价与产品的平均成本相等，那么收支相抵，如果产品的单价比产品的平均成本低，则是亏损。滑雪场馆是否获利，需要看其产品的售价与其平均成本的大小。以滑雪场馆为代表的体育场馆在成本上的一个重要特征是，固定成本较高，夏天与冬天几乎一样，故其平均成本在夏天也并不小。夏天雪场的体育消费者较少，基本上处于亏损状态。但是，为什么不关门呢？一个企业不是一旦亏损就需要立即关门，虽然已经亏损，但是企业在一定条件下还有继续扩大和增长的可能：只要现阶段所得的收入可以弥补它的平均可变成本，即单价大于平均可变成本即可。收入低于平均成本但高于平均可变成本，场馆得到的收入就可以覆盖平均可变成本，如工人工资、原料、燃料等，不能覆盖的是平均固定成本的部分，如地租、机器、设施的折旧等，而这些是早已投入的，有没有产量都存在，所以只要能够覆盖平均可变成本，就可以继续经营。而当平均可变成本的收入都得不到保障，工人的工资和水电费等都无法覆盖，那么，越经营，亏损越多，只能关门。夏天时，虽然大部分滑雪场馆处于亏损，但是应该可以弥补平均可变成本，所以它们都继续经营，以期待冬天的到来。

云南三甲医院运动门诊试点：不开药，只开运动处方

2021年1月15日，昆明医科大学第一附属医院（以下简称"昆医大附一院"）体医融合中心及运动健康门诊成立。一位肥胖患者收到了这家三甲医院开出的首张运动处方。

昆医大附一院运动门诊配备健身器材和智能评估系统，患者来到运动门诊，要先经过血压、脉搏、心率、呼吸等一系列检测，由运动医学专家解读结果，作出指导。接下来，患者需要到有氧运动区和无氧运动区锻炼约30分钟，之后再做一次检测，根据两次数据比对，专家将根据患者体能水平和健康状况，开出一份"私人定制"的运动处方。

中华运动康复教育学院院长、昆医大附一院体医融合中心客座教授李国平表示，患者在拿到运动处方后，可以选择在家执行，也可以选择在医院融合中心健身区进行锻炼。同时，运动处方制定之后，是需要不断修正的，根据患者的实际恢复状况调整处方内容。

昆医大附一院运动医学科主任李彦林表示，运动处方主要是解决患者因运动不足而产生的"文明病"，如糖尿病、肥胖、骨质疏松症、高血压等，通过适当运动得到有效的治疗和缓解。

据了解，今年运动健康门诊率先在昆医大附一院先行试点，明年将在云南全省进行推广。

资料来源：体育大生意。

小　　结

体育休闲作为一种特别消费品，受到经济收入和可用时间的双重制约，不同年龄阶段的体育休闲消费需求特征存在差异。因人们做选择时都会考虑对自己的效用水平，即考虑自己感受的满意程度。不同个体的效用不同，花费在体育活动上的时间不同，其效用也不相同。

对体育的投资是对健康的投资，是一种人力资本的投资。人们必须维持最基本的健康状态，才能获得效用。体育能帮助人获得健康的体魄和聪明的头脑，消费者在不同状态下，对体育活动的需求会发生变化。

运动处方能促进身体健康，医疗药品同样能治疗疾病、促进健康，二者在一定条件下形成完全不替代、完全相互替代、部分替代的关系，并呈现出不同的经济学特点。随着技术进步，人们选择运动处方和医疗药品的比例也存在差异。

部分体育产品的供给，需要考虑垄断，当垄断的体育企业形成并为市场提供服务时，消费者购买的产品会减少，体育消费者剩余也会减少。垄断的后果是降低了体育市场整体的社会福利。

当体育市场出现的垄断，严重影响了供需平衡，政府会采用自愿性工具、引导性工具、劝导性工具、强制性工具来恢复市场秩序。

本章也阐释了受季节性影响较大的体育场馆经营的经济学本质，在其淡季营业期间，只要收入大于平均可变成本即可维持企业经营，后期寻找扩大收入的可能。

讨论问题

1. 举例说明对体育的投资，为什么是对健康的投资，也是对人力资本的投资。

2. 冬季是哪些体育企业的经营旺季，又是哪些企业的经营淡季？试着分析受到季节性影响的体育企业如何在市场中生存下去。

3. 跑步减肥和服用减肥药品之间存在什么关系？阐述并分析其关系。

自学自测　扫描此码

第三章

体 育 厂 商

第一节　体育产品与服务的生产

在经济学中，生产指的是投入到产出的转化，对于体育而言，除了体育用品，运动竞赛等体育活动与其他商品一样是被生产商制造的产品和服务。你身边的体育场馆是如何实现盈利的呢？它们有哪些收入来源？面临哪些支出呢？

一、体育产品的生产

（一）生产体育产品的比较优势

作为生产者的厂商，提供体育产品还是提供其他产品，是市场生产者常考虑的问题。由于资源有限，对资源构成的限制边界，如图3-1所示。

图3-1中，由于资源有限，在曲线 $ABCD$ 内，一个生产者考虑生产体育产品，还是生产其他替代性的产品时，会考虑二者之间的替代关系。选择在 B 点生产，生产 A_1 单位的体育产品，能生产 D_1 单位的其他产品；如果选择在 C 点生产，则只能生产 A_2 单位的体育产品，相对 A_1 而言，降低了，但好处是可以多生产其他产品，增加至 D_2。也就是说，选择生产 A_2 或

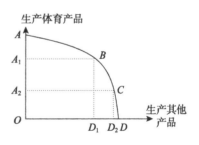

图3-1　生产体育产品的机会成本

A_1 的体育产品，是以不生产 D_1 或 D_2 为代价的，选择生产体育产品与选择生产其他产品，存在替代关系。

这种替代关系，一般考虑的不是自己的绝对生产能力，而是相对生产优势。这种相对优势，我们称之为比较优势。反之，我们称之为绝对优势。绝对优势是一个人在某项活动中，总是比另一个人更有效率。

例如，以某个学生想从事体育工作、提供体育产品为例，其可能也面临下面的选择：因为他既是全校最好的足球运动员，又是被冰球教练看好的冰球运动员，既能提供足球表演的"生产"，又能提供冰球表演的"生产"，做任何角色都是最好的，这意

味着他有绝对的优势。但其应如何选择？根据比较优势这一原理，他应选择相对他人而言自己更擅长的运动。

比较优势，来自机会成本的比较。机会成本是放弃的最佳价值。该例子中，该学生面临着机会成本，他有限的时间、收入和精力，迫使他需要在不同的行动之间作出选择。当他去加入足球联赛时，则不再有时间或体力去参加那天对应的冰球大赛。

当一个人一项运动的机会成本低于另一个人时，他就有比较优势。尽管一个人在某项运动上比某人有绝对优势，但他去选择这么做时，却没有比较优势。如果试图做所有的事情，会让一个人远离自己最擅长的活动。因为要想成为一名优秀的运动员，需要大量的密集练习。其通常没法留下足够的时间或精力来发展其他技能。比较优势理论说明，发展特定的运动技能并专门从事使用这些技能的运动，不仅可以使个人价值最大，也可以使企业和国家的价值最大化。专注于相对最擅长的领域，而把剩下的机会留给其他人。或者说，付钱给别人，让别人提供商品或服务，比自己做所有事情要便宜，且更有效率。

（二）体育产品的生产函数

生产是通过投入要素，实现产品的产出。为了科学地刻画生产要素和产出之间的关系，可以用生产函数表示投入量与产出量之间的关系。体育产品的生产、投入的要素通常包括劳动力、资本、土地等。例如运动鞋市场，可以定义产量 Q 是在给定时间段内生产的数量。对于运动竞赛的表演，其产出可以定义为观赛人数、转播收视率、视频点击率以及比赛的胜率。

为了精细考察要素投入对产出的变化，一般定义两个时期：短期和长期。对短期的界定未必是 1 年以内，如果至少一个投入要素是固定的，而另一投入要素是可变的，则为短期。一般认为，在短期内，劳动力较易变动，但资本难以变动。在长期中，各类要素均可变动。

假设运动队产生的比赛胜利占比率，即胜率 Q 作为产出，则可以表示为一个短期生产函数：

$$Q = F(A, L)$$

式中，L 为训练性劳动力这一生产要素，A 为体育科技设备的投入这一要素。

我们可以表示当训练投入要素 L 变化，同时体育科技设备的投入 A 数量不变时，训练性的劳动力和运动队胜率之间的产出关系，如图 3-2 所示。

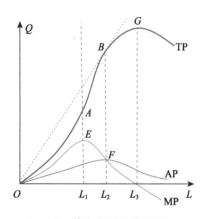

图 3-2　体育产品的产出函数

图 3-2 中，总产量为 TP，也即投入训练量时相对应的最大产量，平均产量为 AP，指平均每一单位训练要素的投入，所带来的胜率产量，$AP = TP/L$。当 L 从 0 上升到 L_1 时，胜率的占比将以递增的速度增加。原因在于，提高训练使得进攻和防守能力增强，该运动队整体将受益，使得胜率增加。当增加到一定程度之后，胜率可能反而会下降，因为长期太多训练性的劳动，反而会破坏球队的整体能力，从而降低获得金牌的概率。

为了关注因投入增加而产生的产出变化，可以考虑每增加一个单位要素，如每增加一个训练量时胜率的增加，这被称为边际产品。一个要素投入保持不变而另一个要素投入增加一个单位时的边际产出 MP，可以表示为 $MP = \Delta Q/\Delta L$。图 3-2 显示了增加训练量时的边际胜率变化。从 0 到 L_1，当总胜率曲线的斜率为正且递增时，边际胜率会增加。但从 L_1 到 L_2，总胜率曲线的斜率减小，则边际胜率下降。边际产品的下降反映了收益递减规律，也就是说，在其他不变条件下，当可变生产要素的投入量小于某一特定值时，边际产量递增；当超过特定值时，边际产量递减。边际收益递减，对应着运动队边际成本的上升。当边际产出即胜率下降时，运动队必须使用更多的训练投入来实现产出的增长。那么，边际成本上升，甚至对运动队的队员造成身体伤害。如图 3-2 中所示，边际成本曲线本质上是边际产品曲线的镜像。边际成本起初下降，因为开始增加训练产生了生产效率，但过度训练之后，边际成本将开始上升，因为投入受到收益递减的影响。

由图 3-2 中可以看出 TP 与 AP 的关系：AP 是 TP 上的点与原点连线的斜率，当连线与 TP 曲线相切时，AP 达到最大。而 TP 与 MP 的关系是：MP 是 TP 曲线的斜率，MP 的最高点是 TP 曲线的拐点，当 MP = 0 时，TP 最大。由此也可以得出 AP 与 MP 的关系：当 MP>AP 时，AP 曲线上升，当 MP<AP 时，AP 曲线下降，MP 自上而下穿过 AP 曲线的最高点。这说明了可变的训练要素与不变的体育科技要素，在数量上，存在一个最佳配合比例，我们不能忽视体育科技设备等要素的作用，不能仅仅依靠训练的劳动力投入。

（三）体育产品的生产弹性

体育生产者生产多少产品，受体育产品价格的影响很大。这种影响的大小，表现在生产对价格变化的敏感度。如果生产者有一个陡峭的供应曲线，如图 3-3 中的 S_1，那么生产者对价格的上涨，相对于 S_2 曲线，没有很大的反应。

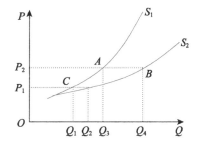

图 3-3 生产的供给弹性不同对供需产生影响

反之，图 3-3 中，S_1 随着价格从 P_1 上

升到 P_2，产出从 Q_1 到 Q_3，但供应曲线 S_2 相对平坦，生产者将产量从 Q_2 扩大到 Q_4。

这是对一个价格的变动区间进行分析，当分析价格不在一个区间变动时，供给曲线的斜率具有误导性，即对价格的灵敏度测量不够，斜率并不等同于弹性。例如，假设一个乒乓球的价格从 0.1 上涨到 0.11，并且生产者希望多生产 200 个乒乓球来响应。此时供应曲线的斜率是价格变化除以数量变化，即 0.01 元/200 个。而弹性，不仅要看价格的变化即 0.11 − 0.1 = 0.01，还要看产出的变化 200，产量是从 100 个增加到 300 个，还是从 1 000 个增加到 1 200 个。因为，不同的起始变动位置，即使在同一条同斜率的线上，价格的敏感度也不同。因此，通过使用价格和产出的百分比变化之比而非绝对变化额之比来反映敏感度的变化，即供应弹性，一般标记为 ε_s。

在上面的示例中，一个乒乓球价格增加 0.01 元的百分比对应于产量变化的百分比，其中价格百分比是：(0.11−0.1)/0.1 = 10%。如果公司最初生产 1 000 个乒乓球，则数量变化的百分比为：(1 200−1000)/1 000 = 20%，那么，供应弹性为 ε_s = 20%/10% = 2。这说明，当一个乒乓球的价格上涨 10% 时，生产者的产量增加 20%。产出增加百分比是价格增加百分比的 2 倍。

由于企业调整生产，需要一定的时间，因此时间不同，则供给的价格弹性也不同。一般时间周期越长，供给变动就越容易，这也就是经济学中所说的长期和短期中的供给弹性会存在较大不同。如图 3-4 所示。

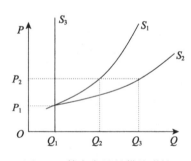

图 3-4 中，在极短的时间内，供给很难发生变化，此时供给无弹性，为 S_3。当价格从 P_1 变为 P_2 后，S_3 的供给量始终没有发生变化，仍处于 Q_1。但过一段时间后，由于市场会提供更多，则供给曲线将变为 S_1，此时供给量从 Q_1 增加到 Q_2，有少量的增加。随着时间进一步延长，体育企业调整生产更加容易，市场供给曲线变为 S_2，于是供给的产量变为 Q_3，供给的弹性进一步增加。

图 3-4 体育产品的供给弹性
随时间周期发生变化

二、体育产品收入的非直接性

体育行业与其他行业存在较大不同，其产出具有一定的特殊性。由前述体育场景细分可知，体育细项中，除了体育用品之外，其余的如体育赛事、体育竞赛表演，这类产品往往是收入与成本不匹配。体育产品的直接收入，可能不能覆盖成本，也就是说，做体育产品的生产"不赚钱"或者微盈利。例如体育场馆，从门票收入来看，收入较少，甚至需要场馆倒贴，包括提供免费停车和免费娱乐活动等。又如，电子竞技体育，可能只有少量的游戏版权收入，消费者只需要支付不高于电竞开发边际成本的费用。如表 3-1 所示。

表 3-1 较多体育产品直接收入难以覆盖成本

体育相关产品	供应商直接收入来源	消费者支付成本	供应商间接收入来源
体育场馆等休闲中心	门票收入极小或无，甚至倒贴	消费者不付费、免费停车以及免费娱乐活动	零售商家租金或付费
体育电子竞技游戏	少量电竞版权收入	消费者支付不高于电竞开发边际成本的费用	赞助费
体育电视频道	无直接收入来源	支付低于体育电视转播制作成本或免费	广告费或赞助费
体育用品在线商场平台	无直接收入来源或倒贴	买家不付费	卖家支付佣金
游艇会或高尔夫等高端体育俱乐部运动队	会员费	为女性会员消费者提供折扣较多	男性会员消费者缴纳会费较多

表 3-1 中，体育传媒的电视频道，免费向观众提供，即使付费也低于转播制作成本。体育用品在线商场平台，买家可以先免费试用。游艇会、高尔夫等高端体育俱乐部运动队收取较高的会员费，但往往为女性会员消费者提供的折扣较多，男性会员消费者缴纳会费较多。

从这些可以看出，它们的直接收入均不高，其需要依赖于非直接、非对称的其他间接收入来源。例如体育场馆等休闲中心依赖于场馆内零售商家的租金或付费，这是一种间接性收入；电子竞技游戏和体育传媒都极度依赖于间接的企业赞助费用；而在线商场平台则依赖于卖家支付佣金，买家不支付，二者在体育平台上支付不对称；体育休闲俱乐部运动队，则往往是男性会员消费者缴纳会费比女性会员多，也表现出不对称性。

体育产品的这些特色，使得体育生产者不仅需要看到产品的直接收益，更需要看到非直接、非对称的间接收益和间接成本，才能对生产函数作出科学的判断。

三、体育生产者的市场结构

对于市场供需的均衡，体育市场也并不完全等同于一般的体育用品市场，尤其是竞技体育中的体育明星市场。

一般的体育用品市场，有许多生产者和消费者，都在买卖同类产品。买方和卖方相对于市场的整体规模而言较小，没有任何一家公司或消费者可以单方面改变市场价格。此外，买卖双方对价格有很好的了解。此时，接近高度竞争性市场。市场中的企业，没有市场控制力，因为如果企业试图提高产品或服务价格，则消费者将在其他地方购买同等产品。当然，耐克、阿迪达斯等个别的制造巨头除外。这种竞争性的市场结构，如图 3-5 所示。

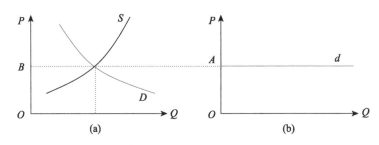

图 3-5　高度竞争体育产品的供需曲线（市场和企业）

图 3-5 中，左侧为市场整体的供需曲线 D，右侧为单个企业面临的需求曲线 d。尽管市场整体的需求曲线 D 向右下倾斜，但每个企业都面临着一个 L 形需求曲线 PAd。曲线 PAd 的水平部分显示了由市场供求确定的市场价格 d。如果企业在市场中将价格提高到其竞争对手所收取的价格之上，则其销售额将降为零。相反，需求曲线的垂直部分 PA 表明，如果企业收取的价格低于现行市场价格 A，则该公司将不会提供任何产品。

假设市场需求和市场供给的羽毛球均衡价格 B 为 4 元/个。每个羽毛球生产企业面对的需求曲线在图 3-5 中的 $A = 4$ 元处是水平的。如果一个企业收取的价格超过 4 元，那么它的销售额就会降为零。同时，由于市场足够分散，每个企业相对于整个市场的规模很小，企业可以以市场价格出售想要出售的所有产品，不会导致市场价格下跌。

由于企业羽毛球价格是 4 元，每卖出一个单位，获得的边际收入等于该羽毛球的价格。如果定义边际收入为 MR，羽毛球价格为 P^*，则有 $MR = P^*$。羽毛球生产企业将对卖出一个羽毛球获得的增量收入与生产一个羽毛球所需的增量成本进行比较，也即对边际收益 MR 和边际成本 MC 进行权衡。那么，根据最大化利润目标和前述生产函数，企业会一直卖出羽毛球，直到最后卖出一个所获得的增量收入 MR 等于生产一个的增量成本 MC，如图 3-6 所示。

当然，竞争性企业在长期经营生产时，可以自由进入和退出市场。因此，如果羽毛球生产者赚了大钱，更多的生产者将生产羽毛球。生产羽毛球的企业数将增加，使得羽毛球市场供应曲线向右移动。供应曲线向右移动，会导致羽毛球价格下跌，从而降低单个羽毛球企业的利润。即由于行业充满了竞争性，壁垒较低，当企业有超额利润时，其他企业会进入，从而导致价格和利润下降。企业自由进入市场，确保了行业中的企业无法限制产量，无法抬高价格并获得超额利润。当然，竞争的结果，使消费者从交易中获得了最大化收益，即经济运行有效。正是利润的高度竞争，一方面，吸引新的企业并刺激现有企业多生产，另

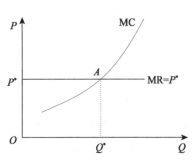

图 3-6　羽毛球企业生产均衡点

一方面，新企业进入会施加竞争压力，也迫使效率低下的生产者退出该行业。

上述的产品和市场，更多地存在于体育用品制造业中。大多数体育商品与此并不相同，同时消费者可能有特殊偏好，如足球的球迷，可能更喜欢男足而不是女足。当优秀的男足球队没有更多的替代品时，那么该球队就有了市场力量，这种力量使它能够在不失去客户的情况下，提高产品的价格。

如果企业的产品决定了整体市场的生产，那么，企业的产品需求曲线将与市场需求曲线相同。市场需求曲线是向右下倾斜的，而不是 L 形的。极限上，当一家企业是市场上的唯一生产商，企业面临的需求曲线就是市场的需求曲线时，那么我们称之为垄断。垄断者可以表示为只有一个市场供给者，那么此时市场的需求曲线就是垄断者面临的需求曲线，根据收入变化，可以得到最大化收入时的产品价格。如图 3-7 所示。

图 3-7 中，为了展示方便，将总收入、需求曲线、边际收益放在图的上下两部分之中。上半图中 TR 代表总收入，Q 为产出数量。D 代表企业的需求曲线，企业能够获得最大收入 TR 时，对应的价格为 P^*，产出为 Q^*。这反映出，一般随着价格的上涨，总收入将增长，但价格过度上涨后，需求减少，则总收入开始下降。如果从弹性看，说明需求曲线的 AB 段是有弹性的需求，而 BC 段则是非弹性的需求。此时，垄断企业所面临的需求曲线就是市场需求曲线，因为该公司不会与任何其他公司竞争。

为什么会存在垄断？除了消费者的偏好会造成一定的垄断，更重要的是市场壁垒阻碍了新竞争者的进入。同理，垄断性的体育生产企业，会根据自己内部的生产情况，选择每一单位的收入和产品的成本持平，即当边际收入等于边际成本时进行生产。在此点生产，企业保证利润最大化。可见，与竞争性企业不同，垄断的生产者不会被动地接受由供求关系决定的价格和数量。垄断者可以将价格设定在最大化利润的水平。如图 3-8 所示。

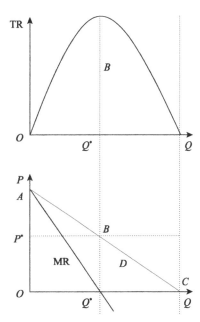

图 3-7　垄断者的需求和最大化收入的价格

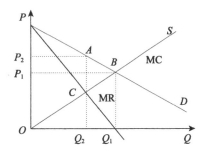

图 3-8　垄断型体育生产时的均衡曲线

图 3-8 中，作出垄断者的边际收入曲线 MR 位于需求曲线 D 之下，因为边际收益是总收益的导数。体育企业的垄断市场力量，使自己可以收取比竞争者更高的价格。因为一般而言，一个充分竞争的行业，在市场需求曲线 D 与 MC 曲线相交的 B 点运作，此时图 3-8 中显示，价格为 P_1、产量为 Q_1。但垄断者生产时，选择 MR 线与 MC 线相交的 C 点作为均衡点，在 C 点对应的产出为 Q_2。可以发现，$Q_2<Q_1$，此时的价格 $P_2>P_1$。

当然，体育企业 MC 线相同，但面临不同的需求曲线时，体育生产企业可以有不同的定价策略。例如，相同的边际成本但不同的市场需求曲线时，会导致不同的均衡价格和产出数量，如图 3-9 所示。

图 3-9 中，企业的边际成本曲线为固定的 MC，当面临不同的 D_1 和 D_2 时，选择不同的 MR_1 和 MR_2 的交点，分别定出的价格为 P_1 和 P_2。因为 D_1 的市场需求强于 D_2，垄断型体育企业的定价 $P_1>P_2$。

反之，不同体育企业的 MC 线不同，意味着即使需求曲线相同，体育生产企业也可以有不同的定价策略。例如，边际成本曲线不同但市场需求曲线相同时，也会导致不同的均衡价格和产出数量，如图 3-10 所示。

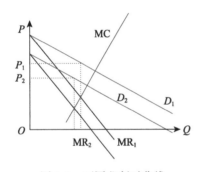

图 3-9　不同垄断时曲线

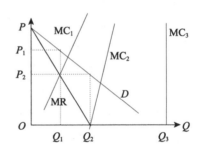

图 3-10　不同边际成本但相同市场需求时均衡曲线

从图 3-10 中可以发现：企业的边际成本曲线为 MC_1 时，企业的定价为 P_1，产出为 Q_1；当边际成本变为 MC_2 时，成本降低，与 MR 交点对应的价格变为 P_2，产出为 Q_2。

体育产品中，较为特别的是体育场馆，其典型的特征是，一旦修建完成，则边际成本较小。如果一个体育场馆具备定价能力，当观众人数未满时，边际成本接近零，但一旦场馆容纳人数到达满额，边际成本又会很快变为无限大。如图 3-10 中所示，如果体育场馆的容量为 Q_3，则体育场馆的边际成本可以为零，表示为 OQ_3 这一直线，但当人数超过 Q_3，超过了体育场馆的容量极限时，则座位被坐满后，供给成本急剧上升，变为垂直的 MC_3。因此，该体育场馆的供给曲线可以说是折线 OQ_3MC_3。

四、非营利性体育生产者的目标

非营利性体育机构，从生产供给看，可能在边际成本上超过了边际效益，属于无市场效率的"过剩生产"。但从理论上看，因为部分体育产品和服务具有公共产品属性，非营利性体育机构才提供了原本不足的公共物品，修正了"市场失灵"带来的效益，可以说非营利性使得体育机构的产品和服务并不是无效的生产过剩。

当然，营利性体育机构也未必能像理论中的竞争市场主体一样，实现最优或达到产出边界。非营利性体育机构与营利性体育机构的效率高低，并未得到完全一致的数据证据结论。理论上任何一类体育生产机构，可以选择产值最大化或影响力最大化的组合有效地提供产品与服务。但现实中往往是偏向某一方面，要么过度追求产值，要么超出生产成本，仅仅为了赢而赢，博取影响力，并不是最优选择。部分非营利性体育机构，整体不盈利，但其中的某一部分产品和服务盈利能力较强，该体育机构在内部实施交叉补贴等方式。

即使在营利性体育机构中，如体育俱乐部，该类机构的所有者，要完全监督执行层经理和员工的行为，成本也非常高，并且所有者也可能在某种程度上考虑企业责任最大化或股东价值最大化，不以利润最大化为目标。如果是这样，执行层的经理和员工会发现，在一定时期内，追求非直接的经济收入报酬与追求利润的报酬一样丰厚。非直接的经济收入报酬，包括经理和员工获得的除金钱工资以外的任何其他收入，如良好的工作环境、更多的员工服务，以及在外的声誉、各类品牌、社会受尊敬程度等。那么，是否完全以盈利创造经济财富为目标，可能取决于机构所有者和决策者对经济收益和非经济收益这两个目标的选择。因此，营利性体育机构也可能综合经济收益和非经济收益，寻找效用最大化。如图 3-11 所示，曲线 U_1 和 U_2 可能代表营利性和非营利性体育机构决策者的两条不同的无差异曲线。

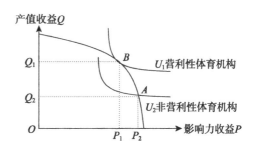

图 3-11　对非经济收益与经济收益的
体育供给选择

图 3-11 中，横轴为非直接经济的影响力收益 P，纵轴为经济的收益 Q。如果体育机构出于提高影响力的目的，开展了不能创造利润的赛事活动，则会发现其经济利润和财富将会减少。这说明，体育机构的选择会面临一定的约束，即在可能的最大化经济收益与非经济收益之间权衡，当经济收益和非经济收益此消彼长时，面临抉择。如图 3-11 中的曲线 AB 表示经济收益和非经济收益的可能性边界，U_1 表示营利性体育机构选择 B 点，此时产值收益高，达到 Q_1，但影响力较低，为 P_1，但从利润最大化目标看，符合营利性企业的最优配置点。对于非营利性机构，效用曲线为 U_2，若其选择点 A，此时并不是最优资源配置点，体育产值降低至 Q_2，但体育的影响力提高至 P_2。图 3-11 中展示了在点 A，非营利性体育机构的非经济收益的水平会比营利性体育机构

更高，即影响力更大。但如果这些非经济收益是非直接生产性的事务，那么为了完成这些非生产经营的事务，非营利性体育机构的成本就会更高，与营利性体育机构相比，就成为在经济效率上较低的市场生产供给者。

非营利性体育机构，从经济产权看，没有与盈余相关联的股东权益，只有执行层的经理、员工或管理者。或者说，这些雇员在很大程度上可以控制该体育机构的收益和财富。一旦能够控制，管理层或经理就可以通过难以觉察的方式，把收益聚集到自己手中，如提高自己的薪酬和福利，把取得的收入全部分配完，甚至保持亏损状态。当然，也有研究发现，很多时候，在非营利性体育机构工作得到的收入之所以比营利性机构更高，是由于非营利性体育机构不能保留利润和分配利润，以至于该类机构不追求成本最小化，或者是非营利性体育机构向员工支付更高的工资，以使他们能够对外保护声誉，保持影响力，提供更高的服务质量。

正是由于非营利性机构的这种股东缺位性，在大多数的非营利性体育机构中，管理层和经理的薪资水平与福利水平，通常需要受到限制，即政府一般会管制非营利性体育机构的薪酬水平。那么，非营利性体育机构可以达到的最大薪酬上限如图 3-11 中 Q_2A 线所示，薪酬不能超过这一限高线。

打破电视台对于奥运会、世界杯的版权垄断

熟悉欧美体育产业的人都知道，版权收入往往是顶级赛事的头号收入支柱，能够占到赛事总收入的 30%～65%。至于 NBA 和 NFL（职业橄榄球大联盟）这类超级联赛，其联盟发展史上的诸多突破性时刻也多与天价版权合同密不可分，球员薪水每次大幅提升也基本都是因为签下了新的版权合同。从某种意义上讲，我国和欧美顶级联赛的全方位差距体现得最直观的一点就是版权价格。比如，NBA 现行的电视转播合同由 NBA 于 2014 年与 ESPN（娱乐与体育电视网）和 TNT（特纳电视网）签署，高达 9 年 240 亿美元，平均每年 26.6 亿美元，而同期（2014 年）的 CBA（中国男子篮球职业联赛）版权总收入仅 6 000 万元人民币。

赛事版权价格的长期低迷有很多原因，但体育电视台利用体制优势一家独大、版权市场缺乏足够竞争则是最直接的原因。多年来，无论是广电出版总局还是以前的广电部，都曾多次专门发文来确保央视在获得赛事版权方面的重要地位。早在 1985 年，广电部就已经发文称所有在中国国内举办的赛事，原中央电视台（以下简称央视）和各方电视台均可免费播出，无须购买版权。1989 年，因为央视不肯支付一场拳击赛的任何报道权费用，所以国家体委转而与北京电视台达成合作协议，这引起了央视的不满并向主管部委提出内部抗议。当时的广电部立即向全国电视系统发布了一条通知，名字叫《关于国内体育比赛转播不得购买电视转播权的通知》，该通知要求所有电视台都不得向国内体育赛事支付任何费用。

在 2000 年前后，鉴于诸如世界杯、奥运会等国际顶级赛事的版权费用日益抬升，所以广电总局又发布了《国家广播电影电视总局关于加强体育比赛电视报道和转播管理工作的通知》，严格规定，在购买这些大型国际赛事的版权时，央视是国内唯一的购买方，其他任何平台不得购买。此后央视一直享有这一特殊待遇，即使在 46 号文要求加强体育版权竞争后，2015 年出台的《国家新闻出版广电总局关于改进体育比赛广播电视报道和转播工作的通知》仍继续规定："重大的国际体育比赛，包括奥运会、亚运会和世界杯足球赛（包括预选赛），在我国境内的电视转播权统一由中央电视台负责谈判与购买，其他电台、电视台不得直接购买。"

因为央视是国家政策授权的唯一国家级体育电视频道，所以它可以用垄断地位来要求那些商业化程度较高的赛事以低廉的版权价格卖给自己，这其中不仅有中超、CBA，就连奥运会、世界杯、英超、NBA、西甲都得让步。但每年举行广告招标大会时，CCTV-5 却又变成了一个商业电视台，它向广告商强调自己拥有奥运会、世界杯的独家版权，然后卖出大量的天价广告。此外，遇到那些处于发展初级阶段、需要电视台宣传服务的体育赛事时，它又向赛事索取不菲的信号制作和播出占频费。

所以，此番《完善促进消费体制机制实施方案（2018—2020 年）》明确提出："打破大型国际体育赛事转播垄断，引入体育赛事转播竞争机制，按市场化原则建立体育赛事转播收益分配机制。"这意味着未来世界杯、奥运会也不再由某一家平台单独购买。同时，推进体育赛事制播分离，积极打造国家体育传播平台，引导有条件的地方电视台创办体育频道。简而言之，对于体育版权市场而言就是八个字：鼓励竞争，打破垄断。

资料来源：体育大生意。

小 结

根据比较优势理论，运动员专注发展特定的运动技能并从事所对应的职业，既能够最大化个人价值，又能最大化国家或企业的价值。比起涉猎所有领域，运动员专注自己擅长的领域，要更有效率。

体育企业的供给，通过投入生产要素实现。由于投入的边际生产率下降，边际成本上升。当市场的供给稀缺时，市场垄断力使企业能够设置价格，而不是简单地接受市场的已有价格。例如通过设置体育场馆座位的票价，可以控制观众的出席率。体育企业的供给临界点是在边际收益等于边际成本之时，个人在决策时也一样。人们权衡体育带来的幸福边际收益与因体育而无法工作学习所带来的边际成本的均衡，以此作出选择。

体育产品的供给弹性受到企业生产周期的影响，生产周期越长，越容易影响供给变化。体育生产者的直接收入不高，需要依靠非直接、非对称的间接收入来源。

一般的体育用品市场，有许多生产者和消费者，都在买卖同类产品。买方和卖方相对于市场的整体规模而言较小，没有任何一家公司或消费者可以单方面改变市场价格。此外，买卖双方对价格有很好的了解。此时，接近高度竞争性市场。

当体育市场属于高度竞争性市场时，卖方和买方相对市场整体规模较小，没有生产者可以单方面改变市场价格，买卖双方都熟悉市场价格。此时体育企业可以自由进入市场，确保了行业中的企业无法通过限制产量和抬高价格来获得超额利润。竞争的结果表明经济在有效运行，一方面使得消费者利益最大化，另一方面吸引新企业和刺激现存企业，迫使效率低的生产者退出竞争。体育市场还具有另一种结构：垄断市场。市场壁垒阻碍了新企业和潜在企业的进入，此时垄断企业不会被动地接受供求关系决定的市场价格和数量，垄断企业会根据自己内部生产情况，保证自己利润最大化。

体育厂商可以分为营利性和非营利性两种机构。营利性体育机构是否完全以利益最大化作为目标，很大程度上取决于机构所有者和决策者的选择，如体育俱乐部。非营利性体育机构由于股东缺位性质，管理层员工的薪水通常受到政府管制，如冬奥会组委会。

讨论问题

1. 哪些因素决定了 NBA 篮球网络转播的需求曲线？
2. 在什么情况下，体育场馆更具有座位的垄断定价权？
3. 体育赛事组织有哪些收入来源？具有什么特点？

第二节　体育俱乐部的成本收益

俱乐部运动队作为体育竞赛的主体，如果是企业支持，则是企业的品牌；如果是一个地方政府的机构，则是地区人民的寄托。俱乐部的成就可能代表了该地区的呐喊声音。其经营的目标是什么？联赛中的运动队需求、收入和成本有哪些？

一、体育俱乐部与一般企业的区别

（一）体育俱乐部的目标

每个俱乐部运动队都是一个独立的经济实体，如同一个企业一样。一般企业的目标是利润最大化，而俱乐部运动队这样的企业，其经营目标可能更为复杂。例如为了赢得冠军，可能很多俱乐部运动队愿意为此承担亏损，俱乐部运动队企业可能是最大化获得冠军而不是最大化利润，为了获得冠军，不惜亏损。一方面，职业俱乐部运动队企业，从长期发展目标来看，必须保持盈利才能稳定发展，但从短期目标来看，又往往为了追求获得冠军而付出太多，导致亏损出现。统计发现，短期内，很多俱乐部运动队的收入，与其竞赛成绩的表现并不匹配相符，尤其是战绩卓越的明星运动队。从支出内容看，战绩好的俱乐部运动队，花费了很大一部分收入来雇用明星球员。换句话说，至少在短期内，俱乐部运动队企业往往认为获得金牌比保持利润更重要。这说明，利润最大化并不适用俱乐部运动队，这一点是体育俱乐部运动队与一般性企业的不同。

为什么会出现这种情况？以英超联赛（EPL）和其他欧洲足球联赛为例，许多俱乐部运动队往往处于亏损而不是盈利状态，其在获得冠军与盈利之间的目标选择较为模糊。首先，许多俱乐部运动队的股东投资者自身是球迷，股东更喜欢自己的运动队获得冠军，而不是希望以此赚钱或获得投资回报。其次，升降级联赛的竞争模式，使得运动队为了不被降级，愿意将血本花费在球员身上，难以降低球员工资以降低俱乐部运动队成本，提高俱乐部运动队利润，其更核心的目标是避免被降级。最后，有些俱乐部运动队的投资者本身是财大气粗的大型公司，大型公司出于公司营销的需要和个人自我对体育比赛的热爱，宁愿承受经济损失以赢得冠军，保持自身的口碑或满足大型公司高层个人偏好，他们愿意将财团公司的收入或个人财富补贴或转移到俱乐部运动队，支付给其所拥有的俱乐部运动队。

为了比较俱乐部运动队追求获得冠军与追求获得利润的不同，设利润是收入 R 和成本 C 之间的差额。假设俱乐部运动队的总收入和总成本是其获得冠军的函数。换句话说，获得冠军更多的俱乐部运动队，会吸引更多的体育粉丝，但为了获得冠军，其成本也更高。对于一个利润最大化的俱乐部运动队，可以将其利润函数写为

$$\pi_i = R(r_i) - C(r_i)$$

式中，r_i 为第 i 队获得冠军百分比。一般运动队的收入随着获胜百分比 r 的增加而增加，但因为边际报酬递减规律，其增长率下降，如图 3-12 中总收入曲线 TR 所示。同时，假设俱乐部运动队的成本 C 与 r 成比例变化，因其耗费巨大支出来雇用球员，以便实现"获胜"，如图 3-12 中总成本曲线 TC 所示。

图 3-12 中，纵轴为总收益或总成本，横轴为胜率。随着俱乐部运动队增加获胜率 r，此时总收入曲线高于总成本曲线。当两条曲线的边际收益和边际成本相等时，总收益与总成本之间的距离最大，为图 3-12 中的 r_1 和图 3-13 中的 r_1 处。

但同时，俱乐部运动队不能单纯地最大化获得金牌而不考虑投入成本，否则容易破产。那么，一个俱乐部运动队只要投入的成本，不超过破产所能承受的范围，就可以维持获得金牌最大化目标。因此，我们假设俱乐部运动队的利润不能为负，即 $\pi \geq 0$，即表示总收入至少等于总成本，有 TR ≥ TC，或者平均收入 AR 大于或等于平均总成本 ATC，即 AR ≥ ATC。因此，一个目标为最大化胜率的俱乐部运动队，将在获得明

星球员人才等方面持续投入成本，直到 AR 和 ATC 曲线相交，即图 3-13 中的 r_2 点。

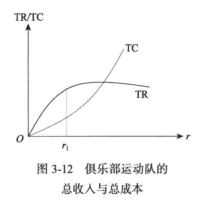

图 3-12　俱乐部运动队的
总收入与总成本

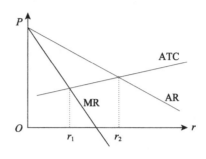

图 3-13　俱乐部运动队的利润最大化和
获得金牌最大化目标

从图 3-13 中可以发现，横轴为胜率 r，纵轴为收入或成本 P，AR 是平均收益，也可以代表市场的需求曲线，ATC 为平均总成本，代表市场的供给曲线。如果比较利润最大化和获得金牌最大化这两个不同目标，在其他条件相同的情况下，获得金牌最大化的俱乐部运动队的胜率，比利润最大化的俱乐部运动队更大，因为 $r_2 > r_1$。

总体而言，利润最大化只是俱乐部运动队的几个可能目标之一。因为大股东可能并不以此作为直接的投资工具，而是以此作为获得乐趣的来源。

当然，还有很多管理制度和社会力量，限制俱乐部运动队像公司一样发展，这使得俱乐部的经营目标也不得不发生改变。例如，在金融市场中，可能部分金融政策限制对俱乐部运动队提供融资。以法国为例，体育协会严格限制了运动队的借贷能力。

（二）体育俱乐部的收入和成本

由前述可知，俱乐部运动队最大化获得金牌还是最大化利润，均会表现在收入和成本中。

从收入角度看，一个俱乐部运动队的收入取决于其体育产品的需求，假设总收入 = 价格 × 数量，那么这个收入可以由多个因素驱动。首先是赛事门票或转播价格的变化，其次是替代品或互补品价格的变化，最后是消费者收入以及消费者偏好喜好的变化。具体而言，可能包括赛事的举办日期，如是周内还是周末，是主场还是客场，比赛的天气好还是坏，远程转播使用 4K 技术还是 8K 技术，是否有明星球员等。

从成本角度看，俱乐部运动队与所有公司一样，成本可以分为固定成本和可变成本。俱乐部运动队的固定成本包括与场地相关的费用、广告宣传费以及大多数管理费用。更重要的是，与一般的公司相比，其体育运动员的劳动力成本可能不是可变成本，大多数俱乐部运动队的劳动力成本，反而是固定的。这是因为，球员的合同不取决于体育消费者的购买数量，运动队很少在整个赛季中大幅改变工资。对于大多数俱乐部运动队而言，唯一可变的成本是与比赛日相关的成本，如比赛当时的志愿者劳务成本。

同时，由于比赛属于竞赛表演业，表演的主体是球员，因此球员的工资成本是总成本中最主要的部分。研究发现，尽管各个俱乐部运动队或体育项目不同，但球员的人工成本往往占总成本的 1/2～3/4。具体而言，俱乐部成本也有多种形式，可变成本随着产量的变化而变化，而固定成本无论公司生产多少都保持不变。对于一般的企业，劳动力成本是企业的可变成本，一方面更多的产出需要雇用更多的劳动力，另一方面企业可以相对容易地改变员工的数量。但在体育运动中，人工成本却不属于变动成本，而是固定的或者仅在很小的范围内变动。很多联赛设计的工资帽及管理措施，限定运动队的工资必须落在一个相对狭窄的范围。也就是说，俱乐部自身的收入是波动的，但是运动队的球员合同工资往往是刚性且不可降低的，只能在较长一段时间后，才能缓慢递减。

同时，在俱乐部运动队层面，如果比赛吸引的观众少于预期，俱乐部运动队无法随时降低球员的工资。

一般而言，体育球员的工资，即俱乐部运动队的劳动力成本，包括延期付款、奖金、工人的津贴费用和退休金等，在运动项目中占俱乐部运动队成本的一半以上。

俱乐部运动队除了支付球员的劳动力成本以外，还必须支付差旅费用、广告费用、管理费用、场地费用和培训费用。以俱乐部运动队的差旅费用为例，它一般与三个因素呈正相关，即俱乐部运动队的人数规模、客场比赛的次数和距离。

对于广告和管理费用，俱乐部运动队可能在两个层面承担。一是每个俱乐部运动队有自身特色的广告宣传和管理费用支出。二是在联赛总体层面，广告和行政费用也可能发生，只是从提高整个运动需求的角度进行支出。

在场地成本上，主要是各个俱乐部运动队向场馆和场地的供应商支付租金，这些供应商包括房地产公司或地方政府等。如果俱乐部运动队自己拥有专属场地，则场地成本较少，当然，也很难获得公共补贴支持。

培训费用中，俱乐部运动队一般支付一部分球员培训、训练等费用。将一个球员从低等级联赛提升至高等级联赛，研究发现，一般需要花费数百万元。

总之，收入通常随着体育消费的数量增加而增加，体育消费的数量又与运动项目的类型、运动队的特征、消费者的数量相关。不同的运动项目，其收入不同。足球在世界体育舞台上占主导地位，部分足球俱乐部运动队的收入超过某些运动项目整个联赛的收入，如皇家马德里、巴塞罗那和曼联的营业收入和市值，甚至超过 NBA、NHL（国家冰球联盟）和 MLB（美国职业棒球大联盟）等。

（三）不同体育俱乐部的收入差距

联赛中各俱乐部运动队之间的收入存在明显差距，头部效应和马太效应明显。以英超联赛为例，很多时候前五支运动队的工资总额，与其余运动队的总收入相当。

　　分析背后的原因，可能有三方面的力量对收入产生影响。第一，拥有较长成功历史，使得俱乐部运动队的收入更多。例如，在英超联赛中，曼联队的门票收入为 1.08 亿英镑，阿森纳队的收入略高于 1 亿英镑，但水晶宫队的收入仅为 1 100 万英镑。第二，获得冠军的球队收入非常突出。有时候，冠军收到的款项几乎相当于非冠军运动队累计收入之和。第三，部分收入来源是球员的晋级和降级收入。许多运动队通过培养才华横溢的年轻球员，然后将其出售给较富有的运动队，来维持自己的财务状况。像曼联这样的富裕运动队，可能会从其他相对贫困的运动队购买球员。

　　可以说，小俱乐部运动队与大俱乐部运动队之间，已经构成一种上下游供应链机制。大的俱乐部运动队使用其财务资源来获取明星球员，明星球员在赛场上的成功又增加了收入，这些收入又可以购买更多顶级球员。而对于小型俱乐部运动队，从选择和培训年轻球员开始，再将有潜力的球员出售给较富裕的运动队，确保其可以在财务上生存下来。长此以往，其沦落为大型俱乐部运动队的人才供应商。

　　不仅是联赛中的大小俱乐部之间存在差异，不同地方的俱乐部运动队，收入差别也较大。有的地区的俱乐部运动队，可能是政府持有所有权，则政府像对待地方国有企业或事业机构一样对待俱乐部运动队。有的俱乐部运动队，尽管自负盈亏，但当地政府在体育设施、训练经费、竞赛奖励上对其提供了较大的补贴，从而降低了俱乐部运动队的运营成本。有的地区，因为经济发达，企业经济实力雄厚，这些企业可能对俱乐部运动队进行赞助，使得俱乐部运动队获得赞助收入。还有一些地区，因为人口众多，则潜在体育消费者规模巨大，较大的体育消费也有利于俱乐部运动队的收入实现。

二、体育俱乐部与联赛联盟

（一）体育联赛及体育联盟

　　体育俱乐部运动队一般是独立的，但一支运动队的收入和成本，由于隶属联赛，可能受到所在联赛的较大影响。因为体育中几乎所有俱乐部的职业运动都在联赛机制中实现。

　　体育联赛，一般由体育联盟或体育协会进行组织和提供，以联盟形式来推广运动。如果是政府部门体育协会组织的联赛，则市场化和产业化程度较低，体育的联赛更体现为一种公益性质。相反，如果是由体育俱乐部自发组织，或者通过行业自律组织，则形成联盟，具备较强的体育属性。知名的联赛如 NFL、NBA、NHL 和 MLB，都已经存在了近百年。

　　联赛一般会安排日程、制定规则、组织竞赛、分配财务收益、控制运动队的进入进出等。欧美早期的联赛，是事务性、非营利性的，但如今联赛最重要的功能，可能是实现赛事的经济和金融目标。因此，我们可以分析联赛的结构，以及不同结构下，联赛对运动队的经济影响。

联赛可以分为非升降级联赛和升降级联赛类型。非升降级联赛，如美国职业棒球联赛（MLB），通常内部分层，高等级联赛下开办低等级的联赛。尽管球员可以在高等级联赛和低等级联赛之间流动，但俱乐部运动队不能在联赛之间升降级，这与升降级联赛形成了鲜明对比。升降级联赛，典型的如欧洲足球联赛。在升降级联赛中，低等级的运动队可能是高等级运动队的潜在竞争者，因为运动队经常通过升级和降级来转换联赛。在升级和降级的情况下，赛季结束时，联赛中最差的几支运动队将降级，最佳的几支运动队也会迎来升级。这使得一个俱乐部运动队有机会从最低等级的联赛一直升级到最高等级的联赛。

升降级联赛与非升降级联赛，在赛季末对最弱的运动队的激励机制有所不同。非升降级联赛中的最弱运动队，可能更希望以最差的战绩结束比赛，这样反而可能增加其选秀的优先机会，但升降级联赛中最弱的运动队，可能没有这样的机会，他们必须获胜，否则只有被降级。升降级制度，或许使得一个联赛没有"万年弱队"，但往往却有"万年强队"。

一般而言，国际上知名联赛的收入主要有以下六个来源：一是门票收入；二是转播权收入；三是许可证、特许权收入，如出售印有俱乐部运动队的 T 恤等；四是与场地相关的收入；五是运动员的转会收入；六是赞助收入。一般情况下，欧美最大的收入是转播收入，但中国更多是赞助收入。

首先是转播权收入，其影响巨大。因为转播收入不仅吸收本地消费者的收入，还可以将非本土的消费者包含进来。例如美国 NFL 的繁荣，直接源于其庞大的转播合同。而联赛整体收入的提高，可以扩散到所有俱乐部运动队。除此之外，部分俱乐部运动队，在转播权出售的公司中拥有股权，这种财产权带来的收入，使得俱乐部运动队具备争夺人才的能力。不仅如此，转播权收入更是重要的非本土收入，如英超联赛的收入，更多是来自从非英国本土市场获得的收入。

其次是场地场馆收入，一般包括停车、特许权收入、豪华宾馆套房和其他特殊座位的收入。当然，各个联赛的特许权和停车等"副业"收入差异很大，且联赛未必拥有自己的比赛场地和场馆。

最后是赞助收入，最主要形式可以是出售体育比赛的冠名权，也可以是将商品的徽标贴在球衣正反面等。出售冠名权，是很多联赛常用的做法。当然，赞助既可以发生在联赛，也可以发生在运动队层面。赞助公司为了广告宣传向联赛支付费用，并可能分别在联盟层面和俱乐部运动队层面进行谈判。

当然，收入的规模和变化，可能因联赛的运动类型而异，有些运动项目，联赛的利润很高，有些联赛的利润却较低。例如足球，在美国以外的地区可能非常受欢迎，但在美国可能不太受消费者欢迎，因而其收入比其他运动类型差很多。又如有研究发现，橄榄球运动队在美国营业收入的中位数，几乎是棒球运动队收入中位数的 4 倍。利润最低的 NFL 运动队的营业收入，也高于 NBA、NHL 或 MLB 运动队的中位数。

总之，不同的运动项目，收入不同。但整体上，不管运动队的质量或获得冠军的能力如何，只要有更多体育消费者关注，则这项运动就更容易盈利。例如男性举重比赛和女性足球比赛，女性足球比赛可能在部分时候比举重比赛的收入更多，因其消费者更多。

（二）俱乐部运动队与联盟的关系

以消费者从一场比赛得到的效用看，其既与联赛本身有关，也与俱乐部运动队在联赛中的排名有关，还涉及联赛本身的等级和品质。体育消费者会受到联盟中单个俱乐部运动队之外的其他运动队影响，也会受到一个俱乐部运动队单次比赛之外联盟所有其他比赛的影响。

从竞争与合作的角度看，联盟是一种奇特的"组合物"，其组合了各个俱乐部，是一种既能组合又可分割的特色经济组织。联盟里的俱乐部，可以被分割出来。联盟内部有垄断，也有竞争，更有合作。例如联盟通过设置均衡机制，减少了某些俱乐部运动队的利润，补贴其他俱乐部运动队。对外，联赛会协调俱乐部成员与外部公司或政府的价格谈判。为了改善联赛，联赛的联盟可能通过整体谈判，防止俱乐部运动队相互竞争，从而一致对外，使售出价格保持高位。

联盟对外的垄断性，正是来自内部俱乐部运动队的紧密配合。这种紧密形态，是否属于一种垄断同盟，类似托拉斯组织，还是本身就是一个单一的企业，引起较大的争议。从组织形态看，联赛联盟要求俱乐部运动队遵守共同的规程，如比赛规则或时间表。对外时往往也整齐划一，如以一个统一的"企业身份"对外进行转播权和特许经营权的谈判。联赛联盟一般宣称，自己是独立分支机构组成的松散实体，但在产品定价行为上，表现出单一的大公司垄断定价模式。

实质上，俱乐部运动队与联赛联盟的关系是一种合作形式，这种形式一般被称为特许经营模式。因为每个俱乐部运动队以及俱乐部运动队中的不同个人和团体，在品牌、管理规范、比赛制度等方面均需遵守联赛联盟的要求。只有在遵守要求的前提下，才可以在联赛联盟规定的范围内追求自己的个性目标。如果联赛所有业务，包括球员合同的谈判，球员到运动队的分配，市场营销和广告宣传，都是由联赛委员会进行，则不存在特许经营，相当于总部直营。直营的优势在于，减少管理运动队的成本，不同俱乐部运动队之间减少了竞争，缩小了差距。而特许经营的优势在于，单个俱乐部运动队在一定规则下和范围内自主决策，实现自身价值的最大化，有一定的独立性，保持联赛内部的竞争活力。因此，从投资角度看，也正是因为这种特许经营模式使得投资者往往投资购买单个运动队或俱乐部运动队的股份，而不是投资联赛本身的股权。因此，联赛联盟与俱乐部之间，不是母子公司关系，也不是完全的政府监管组织与俱乐部企业之间的关系。

联盟可能会挑选俱乐部。尤其是对于非自动升降级的联赛机制的联盟，将确保其下的俱乐部保持在固定的数量。一般而言，如果联盟具有挑选俱乐部运动队的资格，除了考虑运动队获得金牌的竞赛实力和经济实力之外，可能还会考虑运动队所在的地区分布情况。一般经济发达地区的俱乐部运动队，各方面优势均较为突出，如广东、江苏的运动队综合优势较大。

（三）联盟适合包含多少俱乐部

非升降级联赛中的一个典型特征是其中的俱乐部运动队数量是固定的，如 NBA 将自己的运动队数量限制在 30 支以内。为什么要采用这种固定方式？

从经济学看，一般接纳新俱乐部运动队加入联赛，会带来新的成本和收益。因为在体育联赛中，新运动队需要向联赛支付加盟费才能加入，则联赛收到的加盟费将使得现有存量所有的运动队受益。不仅如此，新运动队可能带来新增的球迷和品牌传播力量。

由于俱乐部运动队总是参差不齐，如果持续接纳运动队，那么每多一支运动队，联赛的收益增长将下降一部分。例如，联赛一般先接收实力最强或财力很高的运动队，再接收实力较弱或财力有限的运动队。同时，如果不限制俱乐部运动队数量，那么稀缺性不足时，俱乐部运动队的票务和转播收入以及服装等其他收入，可能失去品牌性。这说明，随着联赛接收运动队数量的增加，存在边际收益下降的问题，如图 3-14 所示。

图 3-14 中，横轴为俱乐部进入联赛的数量 Q，纵轴为成本或收益的价格 P，每多接收一支运动队，联盟的边际成本一般会上升。因此边际收益 MR 等于边际成本 MC 的均衡点，如图 3-14 中 A 点所示，表示此时联赛中最优俱乐部运动队的规模数量为 Q^*。如果联赛过于严格限制俱乐部运动队数量，但体育消费者的需求非常旺盛，如人口和收入较大，那么图 3-14 中的边际收入曲线从 MR 向右移至 MR_1。当移动到 MR_1 时，新的均衡点转移至 B 点，此时，最佳俱乐部运动队的数量从 Q^* 增长至 Q_1。

当向联赛中新增俱乐部运动队时，会给之前下属的俱乐部带来什么影响？如果从替代角度看，随着俱乐部运动队的增加，联盟选择不同俱乐部作为替代品，使得俱乐部之间的被替代性增

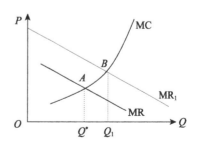

图 3-14　非升降级联赛中
均衡的俱乐部数量

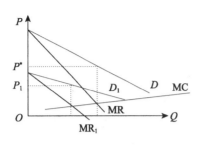

图 3-15　俱乐部被联赛联盟挑选时
面临的需求曲线

强。新增的俱乐部运动队降低了存量俱乐部运动队的话语权，因为减少了俱乐部运动队与联盟的对抗力量。如图 3-15 所示。

如图 3-15 所示，横轴为俱乐部运动队的数量 Q，纵轴为边际收益或边际成本价格 P。当联赛联盟挑选俱乐部时，原来存量的俱乐部运动队，其被需求的曲线从 D 改变到 D_1，利润最大化时的价格从 P^* 降低到 P_1。俱乐部运动队越多，则竞争越激烈。如果从弹性看，存量俱乐部运动队所面临被联盟需要的需求曲线从 D 变为 D_1 之后，将变得更有弹性，即被替代的可能性增加。

三、联赛联盟如何影响俱乐部

俱乐部运动队收入的差异，既取决于运动队在市场中的需求，也取决于联赛联盟对俱乐部运动队的收益分配，即俱乐部运动队从联赛联盟中分得的收益比例。

从联赛联盟对俱乐部的收入影响看，俱乐部的收入往往源于联赛的收入分配。为了缩小大型俱乐部运动队与小型俱乐部运动队之间的差距，平衡收入成为联赛联盟管理俱乐部运动队的重要工具。一般联赛联盟会将转播收入和冠军收入合理分配至联赛所有的俱乐部运动队。在国外，由于转播收入是大头，如果不将收入合理分配给其他俱乐部运动队，那么小俱乐部运动队可能面临生存危机。具体操作上，可以把转播权细分为国际与国内，一般国际的转播收入平均分配至俱乐部运动队，但国内的可能分成两部分，一部分直接给有战绩的俱乐部运动队，剩余的部分再根据每个俱乐部运动队出场的比赛次数进行分配。这种收入均衡模式，对于小型俱乐部运动队而言如同获得保护，这就像金融并购市场的保护性付款一样，也被称为降落伞付款。联赛帮助弱势俱乐部运动队获得收入，减轻保级带来的经济压力。

当然，俱乐部运动队会根据联赛的规则考虑影响自己的收入和成本的因素，作出自己的战略决策。一方面，联赛内的各俱乐部运动队在赛场上需要击败对手，保持竞争战略；另一方面，在联赛的赛场外，俱乐部运动队需要保持合作战略，如共同制定比赛规则、安排比赛时间和组织比赛。除了这些主动合作之外，在有些联赛中，一家俱乐部运动队破产，联赛可能需要承担债务，此时，联赛中的其他运动队会因此遭受损失。俱乐部这种与竞争对手共担损益的方式，是体育相比于其他行业的又一个不同。

共担的财务支持模式会使获得补贴的俱乐部运动队受益，同时也可以改变联赛的竞争格局和整体财务稳定性。当然，为了解决这些问题，减少这种金融模式的弊端，协会或联盟管理者可能会通过限制运动队支出以及限制运动队债务的方式，来保持联赛的长期稳定。

可以说，联赛是俱乐部收入来源的重要部分，对俱乐部运动队具有重要的支撑作用。

四、赞助为什么至关重要

体育消费者越多，关注越多，那么因关注而产生的收入就越多。因为关注度会吸引更多的外部赞助，这使得赞助收入成为体育非常重要的收入来源。那么，当联赛去邀请企业赞助体育比赛时，企业为什么要选择进行体育赞助？

从经济学看，消费者在消费时有一个重要前提，即要知道某个产品。在知晓的基础上，再根据信任度进行选择。如果我们把消费者知晓产品的代价，称为消费者的搜寻成本和辨别成本，那么我们可以从消费者的搜寻时间和辨别成本出发进行观察。如图 3-16 所示。

图 3-16 中，消费者搜寻边际成本如果定义为 MC，则随着时间 T 增长而增长。同时，越低价的物品，搜寻的边际收益 MR 越低，如搜寻新的一匹赛马，边际收益很高，但搜寻一个乒乓球拍，边际收益很低。不仅如此，随着获得信息量的增加，搜寻的边际收益也将下降，因为当消费者越来越多地核对商品价格时，从下一个销售商那里发现低价的预期收益会减

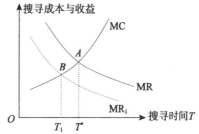

图 3-16　赞助与体育消费者的搜寻时间的关系

少。一般地，消费者一直搜寻，直到搜寻的边际成本 MC 等于边际收益 MR 为止。如图 3-16 所示，A 表示最优点，对应的搜寻时间为 T^*。在 A 左边，搜寻的收益 MR 超过搜寻成本 MC；在 A 右侧，搜寻的边际收益小于边际成本。

当有赞助时，产品的信息量增加，使得搜寻的边际收益下降，搜寻边际收益曲线左移至 MR_1。赞助让企业的产品尽快传达到消费者，消费者信息量增加，那么，最优点将从 A 移动至 B。可以发现，此时的搜寻时间降低，从 T^* 下降至 T_1。由于时间总是宝贵的，有较高的机会成本，那么一旦赞助，消费者有更多剩余时间能去做其他事，如去挣得其他收入、享受闲暇、去参与体育锻炼等。

更重要的是，企业赞助可能是为了发出信号，获得消费者的信任。因为市场上存在大量的信息不对称，在消费者购买交易前，企业如何能够证明自己的产品品质很好？体育的热情、激情、健康、活力、正能量等形象符号，契合了产品的信任特征。因此，赞助企业作为信号发出方选择体育活动作为赞助对象。

正因为如此，从体育赛事的举办方角度看，需要做好赞助企业的筛选。因为提供

赞助的企业是否是优质、拥有真实产品，需要体育活动机构甄别，否则，容易出现错误宣传、误导购买的情况，继而影响体育活动赛事自身的品牌。

赞助后，为了防范企业并不提供如赞助前宣称的好产品，需要企业提供承诺和担保，例如可以在一定期限内退货或者保修，而体育赛事机构则需要适度跟踪和监督，以便维护体育赛事自身的价值。赞助企业与体育赛事机构的关系，如表 3-2 所示。

表 3-2 赞助企业与体育赛事机构的合作机制

时期	赞助企业	体育赛事机构
赞助前	信号	筛选
赞助后	承诺	激励

如表 3-2 所示，体育赛事机构，如体育联赛的联盟，在被赞助前，作为产品的非知情方，不如产品生产者知晓的信息多，需要做好对赞助企业的筛选工作，防范逆向选择。逆向选择，是指消费者选择了较差的产品，丢弃了较好的产品，不是正向选择。之所以出现这种情况，是因为消费者不知道产品信息，缺乏产品信号，难以作出买卖决策，于是价格随之扭曲，市场失去了平衡供求、促成交易的作用，效率降低，即交易双方信息不对称导致产生劣质品驱逐优质品的现象。为了防范逆向选择，如奥运会，一般会对赞助企业做严格的入围筛选工作，即体育赛事机构作为非知情方需要对产品知情方进行筛选。而如何较容易地被体育赛事联赛联盟选中，较好的方法是发出信号证明自己优质，且这种优质的信号不是谁都可以模仿的，只有以真金白银展示出来的实力才不容易被模仿，那么，体育赞助是较好的信号方式。有实力赞助，说明产品品质较好。同时，在被赞助后，体育联盟赛事机构需要监督、跟踪、了解赞助企业的产品质量，是否与赞助前一致，是否存在欺骗等道德风险。当然，如果体育赛事机构不具备筛选能力和监督跟踪等激励动机，赞助企业也不愿意对产品承诺过多的退款或免修，则需要对赞助的内容适度放宽，如只是显示一个商标，不透露具体的产品等，防范对赞助企业的产品宣传过多，但又没有履行承诺。

发展中的足球赞助

现如今，足球产业已经成为地球上最大的市场之一。世界各地的公司都以各种方式参与了体育赞助活动，不论是在比赛日为俱乐部提供资金开展相关活动，还是为新赛季提供官方装备，抑或是为球队主场提供看台装备设施，都或多或少与赞助活动产生了联系。

如今，有些实力雄厚的公司则将赞助的焦点放在了整个球场，尽管这会冒着与球迷利益相冲突的风险。迈克-阿什利当年将 St James' Park 球场更名为 Sports Direct Arena，引发了大批球迷的极度不满以及各种负能量的宣泄。

平心而论，球迷们总是对改变嗤之以鼻。无论赛场内外，俱乐部发生改变对球迷来说意味着俱乐部没有按着预期的轨道运行。如果俱乐部经常作出改变，那么想要贯彻一个长期稳定的计划根本不可能。但从另一个方面讲，赞助商能够为俱乐部提供丰厚的资金，有利于俱乐部的长期投资。如此看来，有失也有得。

从俱乐部的长远发展讲，俱乐部需要丰厚的资金支持。这也是为什么足球产业需要赞助。32Red 就是赞助巨擘之一。这家博彩公司签约了多家球队，包括利兹联队、女王公园巡游者、阿斯顿维拉以及斯旺西，而且不仅限于此。32Red 的标志也出现在利兹联队新赛季主场球衣的胸前广告位，填补了上赛季该球队球衣无胸前广告的空白。坦言之，利兹联队的新赛季球衣是近些年最时髦的一版。尽管曾经傲然于世的利兹联队已成为历史，但他们仍有资本自夸自己拥有英冠球队中质量最好的球衣。

赞助活动、大企业与球队携手并进，资本驱动了整个足球世界。在某种程度上，你可能会认为有些大球队过分贪婪，它们在资本的世界翻云覆雨，赚得盆满钵满，但却不怎么涉足公益事业。然而，如果你真这样想，那就有些有失公允甚至有些天真。实际上，英超俱乐部致力于为最广大的社会群体多做贡献。

足球产业中另一家实力雄厚的公司是阿联酋航空。皇家马德里和巴黎圣日耳曼都是这家世界上最成功的航空公司的赞助对象，当然也包括阿森纳。尽管阿森纳与阿联酋航空已经绑定在一起多年，平心而论，许多球迷仍然不确定阿联酋航空与自己主队的关系还能维持多久。

当阿森纳于 2006 年搬离海布里球场时，多数球迷坚信，兵工厂进驻酋长球场将是俱乐部王朝时代的开始。许多球迷对温格的未来计划充满期待，但实际上，阿森纳没能如愿步入兴盛时期，至少过去十几年的战绩表明，阿森纳没能成为欧洲精英俱乐部中的一员。

有些球迷表示，阿联酋航空在俱乐部票务补贴方面做得不够，也没能帮助俱乐部签下大牌球星。32Red 和 188Bet 为"阿森纳夺得英超冠军"开出了 6 倍的赔率，可见球市对阿森纳的新赛季依旧不看好。作为英超最大的球队之一，一些拥趸仍在抱怨，在球迷等级制度下自己的待遇依旧很差。然而，这些问题实际上并不是阿联酋航空的错，因为它并不是真正掌管俱乐部运营的操作者。

尽管 32Red 和阿联酋航空是两家截然不同的公司，但都是战斗在赞助活动一线的成员。在盈利和支出方面，二者无法比较，但从足球这个角度看，二者都期望它们的合作伙伴能够保持高水平，并帮助它们创造更加成功的未来。

赞助给球迷们带来的或许并非总是完美的结果，但职业体育俱乐部需要赞助。一旦俱乐部在资本寒冬中风雨飘摇，球迷们自然会深切地认识到球衣赞助、看台赞助甚至球场冠名的真正意义所在。

资料来源：体育商业评论微信公众号。

小　　结

与一般性企业不同，俱乐部运动队或运动队体育企业，不一定是将利润最大化作为目标。例如当不惜一切成本来争取金牌或保级时，追求利润最大化的目标几乎难以实现。俱乐部运动队的收入可以来自门票销售、转播权出售、特许收入、场地相关的收入等。尽管有些俱乐部运动队的利润很高，但大多数俱乐部运动队处于盈亏平衡临界点。

体育赛事的成本也不同于一般性的企业，联赛和俱乐部运动队的成本大多数是固定成本。典型的如球员的工资、体育场馆租金和管理费用。联赛作为重要的组织形态，为了获得更大收益，往往对外形成一种垄断。俱乐部运动队是联赛组合产品的单个生产者，同时联赛组织方对联赛中的各个俱乐部运动队，往往存在收入均衡制度。

体育赞助对企业赞助方和赛事组织方而言是互利互惠的，对于赞助企业而言，赞助体育能够使得更多消费者知晓这个企业或者产品。当体育的健康、活力等形象符号与产品贴合，赞助企业能获得消费者信任。对于赛事组织方而言，赞助是一项重要的收入来源，当然，要选择优质、产品真实的企业作为赞助商，避免出现误导购买、错误宣传的情况。

讨论问题

1. 俱乐部体育企业应该使用什么样的经营目标？是利润最大化吗？

2. 俱乐部运动队与联赛组织是标准的企业子公司或分公司隶属关系吗？

3. 收入均衡机制可能奖励了不能获胜的俱乐部运动队。为什么要这样做？

自学自测　　扫描此码

第四章

体育价格

体育市场中存在激烈的竞争，但也存在较多垄断现象。典型的垄断如体育联盟、豪门俱乐部、体育协会组织、超级体育用品、体育彩票的发行方等。如果是垄断企业，可以通过提高价格和减少产量来实现利润最大化。这样做的前提是存在进入壁垒，可以阻止新的竞争对手进入。根据垄断能力和对竞争阻止的程度不同，体育市场可以实施各种形式的价格策略来增加利润。当然，如果不以利润最大化为目标，也有对应的价格策略。那么，我们生活中的体育产品或服务是如何定价的？不同场景下有何差异？

一、体育产品的特色定价策略

现实中，不管是体育市场中的联赛联盟还是体育场馆，可能都很难做到按照边际收益等于边际成本定价。即使一些供给者具有垄断力量，但也可能受到其他因素的限制，如供给的限制、市场需求程度等因素的限制。

（一）体育赛事联票销售定价策略

在赛事中，常使用联票的销售方式。联票的目的是实现捆绑销售。不仅可以在赛事中向消费者销售联票，还可以通过将比赛与其他商品捆绑起来增加收入。捆绑销售，即消费者想要购买 A 产品时，必须同时购买 B，或者必须购买更多的 A 商品，如季票和年票。通过捆绑销售，可以利用不同产品的不同需求来获取一些消费者剩余，否则，这些剩余将归消费者所有。

假设一个乒乓球赛事 A 的门票是 30 元。老王愿意花 100 元看这场赛事 A 的比赛，但他只愿意花 25 元看赛事 B 的比赛。如果门票单独卖 30 元，他会去看赛事 A 的比赛，得到 70 元的盈余，但不会去买其他比赛的门票。

假设现在只要买 6 张票，就既能看到 5 场赛事 B 的比赛也能看到 1 场赛事 A 的比赛。如果所有的票都是 30 元，但必须以 6 张一组的形式购买，那么 6 张票是 180 元，因为 $180 = 6 \times 30$ 元。但老王对这 6 张票的估价是 225 元，因为只有赛事 A 值 100 元，其他 5 场比赛每场只值 25 元。在 180 元的总价格下，他觉得购买该联票较为划算，因为他仍能获得 45 元的消费者剩余。尽管他在其他 5 场不喜欢的比赛 B 中每场损失了 5 元，但他从观看赛事 A 中获得的盈余，已经远远抵消了这些损失。赛事 B 的组织方也因此获利，因为其卖了 6 场比赛的门票，而不是只卖 1 场，赛事 B 的收入也会增加。可见，捆绑销售并不为每一场比赛设定不同的价格，而是依赖于消费者从一个特定赛事组合中获得的总体剩余。这也是捆绑定价与单产品定价的不同。

（二）体育总分产品联合定价策略

如果一项体育运动涉及多个产品，且存在固定的配套，那么可以考虑这些产品之间的推导关系，从而从分项产品推导到总产品，或者从总产品推导到分项产品。例如一个人去一个滑雪场，可能需要支出一项租赁道具装备的成本和一项门票成本，即雪场总消费价格=滑雪设备租赁价格+滑雪门票价格。如果滑雪设备道具的定价很清楚，整体滑雪的总支出也清楚，那么不知道滑雪门票如何定价时，可以进行总分定价分析得出滑雪门票的价格，如图 4-1 所示。

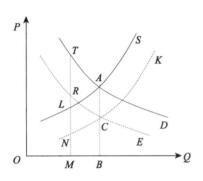

图 4-1 中，横轴为产品的数量 Q，纵轴为产品价格 P。设对滑雪总体的需求曲线是 D，供给曲线是 S，其中道具设备的供需曲线分别是 K 和 E。假设选择滑雪数量为 M 时，对滑雪

图 4-1 总分项体育产品的定价

场的总需求价格是 MT，总供给价是 ML。此时，滑雪设备的供给价格是 NM，二者的差值为 NL，这即滑雪门票的供给价格。此时，滑雪设备的需求价格为 MT 减去滑雪门票的供给价格 NL，则为 $MT - NL$，而图 4-1 中表示的滑雪设备需求价格是 RM，如果只要进入滑雪场就需要租赁滑雪设备的话，则有 $MT - NL = RM$。

若对滑雪场的需求总是与滑雪设备的需求同方向同幅度变化，则有 $NL = RT$，那么，我们可以根据滑雪总需求价格和滑雪设备租赁价格，得到滑雪门票价格。因为，对雪场门票的需求价格，等于滑雪总需求的价格与滑雪设备道具需求价格之差。如果在 BA 的价格上提供 OB 数量的滑雪供给，此时对滑雪设备的引致需求在 C 点相交，那么支付给滑雪设备的均衡价格是 CB，CA 是对滑雪门票的支付价格，因为 $CB + CA = BA$。这充分说明，知晓要素的供给价格和最终产品的需求，就可以求出其他投入要素的需求。

（三）多买多送的体育产品定价策略

在健身房或者很多体育活动中，体育厂商为了吸引消费者，常常推出买一送一的活动，如买一个月健身卡再送一个月，又如"第二张半价"等方式。其目的是让体育消费者只有先买较贵的全价票或首张票，才能购买到后面打折的票。这种定价策略无所不在，实质上是一种数量打折的定价方式。分析其背后原因，是因为消费者的边际效用下降，如图 4-2 所示。

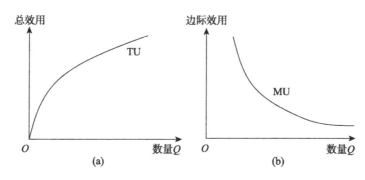

图 4-2　数量折扣定价的边际效用递减

图 4-2 中，横轴为体育产品数量，纵轴为效用。左侧为总效用 TU，右侧为边际效用 MU，假设产品的质量不变，随着消费产品的增加，如图 4-2(a)所示，尽管总效用 TU 增加，但消费者消费该体育产品的边际效用 MU 随着他获得的数量上升而下降。这时候，虽然组织方并不确切知晓消费者愿意和能够为每个体育产品支付多少钱，但组织方知道，第一个产品的价值肯定最高，如第一次体验健身的价值肯定比第二次要高，而且第三次的价值要比第二次的低。这时候，对于消费周期较长的产品，体育产品供给者会提供各种批发计划，使得多个产品或多次活动的平均费用比单独购买首次产品的价格低，从而吸引消费者购买更多数量。

（四）体育的交叉销售定价策略

如果具备定价能力，体育供给者不会选择在高弹性的需求曲线部分定价。因为当需求曲线弹性较高时，难以涨价，价格工具作用下降。

如果难以涨价，而降价又会导致销售量大幅增加，则意味着供给者可以将价格定得很低。在理论上，价格定得很低无法实现利润最大化目标。但在体育市场中常常可以发现，部分产品供给者价格定得很低，也可以实现利润最大化目标。为什么会这样呢？

研究发现，这种看似不合理的运营策略，可能会使利润最大化目标得以实现。以体育场馆或者滑雪场等场景为例，如果把场馆或滑雪场的门票价格定得非常高，可能消费者不再进入。那么，可能的选择是，只要场馆场地能够容纳，就先让消费者进入。一旦消费者进入体育场馆，其可能不得不选择其他消费。由于场馆等体育设施总是处于小范围封闭状态，消费者为了便捷，往往只能在体育场内租赁或消费其他的物品，如租用工具用品、购买饮料食品、收藏体育纪念品等。这样，供给者通过让消费者选择 A 产品的同时也选择 B 产品，尽管直接从 A 产品获得的收入不太多，但可能从 B 产品收入较多，从 A＋B 整体产品的总收入看，实现了利润最大化目标，这被称为交叉销售策略。交叉销售往往是体育赛事活动背后的利润来源，与电影院等娱乐场所的盈利有异曲同工之妙，就像饮料和爆米花，往往是电影院收入中较大的贡献来源。

因此，基于交叉销售的策略，体育场馆可以将均衡价格定为边际成本值，但如果想从场馆中获利更多，可以设定一个更低的价格 P，使 $P<MC$，以便让更多消费者进入体育场馆，购买其他商品。表面上，体育场馆牺牲了一些上座率收入，但它从让步中获得的利润足以弥补这一损失。

二、体育产品在不同场景下的定价策略

（一）体育市场的寡头定价策略

如果体育市场中，存在极少数企业的定价竞争，如市场中有两个企业，这时候的定价属于相互博弈的状态，这被称为寡头市场结构。在寡头市场中，一个企业的产品数量和价格取决于其他的企业。例如，体育用品的两个巨头阿迪达斯和耐克。可以分析其互动的博弈过程，如图 4-3 所示。

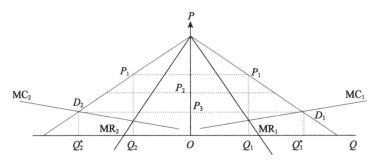

图 4-3　寡头定价时的产出

图 4-3 中，横轴为产品数量 Q，纵轴为价格 P。假设阿迪达斯和耐克生产运动衣帽产品，单独一家满足消费者需求的能力是有限的。换言之，如果产品价格很低甚至接近零，则需求数量大于任何一个卖者单独所能生产的数量。另外，在短期中，阿迪达斯和耐克两个厂家可以对运动衣帽索要不同的价格。运动衣帽的单位价格 P 由两个厂家共同的纵轴来度量。耐克的产出在横轴上由 OQ_1 来衡量，而阿迪达斯的产出由 OQ_2 来衡量。曲线 D_1 和 D_2 分别是耐克和阿迪达斯面临的需求曲线。边际收益曲线分别为 MR_1 和 MR_2。可以发现，一旦降价行为开始，两个企业就会成为竞争者。为简单起见，假设边际成本相同，如图 4-3 中 MC_1 和 MC_2，同时边际收益与产品的价格相等。每个厂家认为改变自己的价格就可以实现利润最大化，且自己改变价格时，另一方的价格保持不变。

在初始时，假设耐克作为完全垄断者进入市场，从而将其价格设定为 P_1，从边际收益线 MR_1 和边际成本线 MC_1 的交点可以看到，产出为 Q_1 时，利润最大化的条件得到满足。现在假设阿迪达斯进入市场，阿迪达斯会做何反应？它将采取与耐克相同的价格并且得到相同的销售量 Q_2。但是它看到耐克定价为 P_1，并且假设耐克会保持这一价格，阿迪达斯就有动机索要一个略低于 P_1 的价格，从而可以从耐克那里夺走部分市

场。但是，一旦阿迪达斯这个较低的价格确定下来，耐克看到了，耐克认为阿迪达斯将会保持这个新竞争价格，则会把价格降低到比阿迪达斯设定的竞争价格更低的另一个新价格，因为能够抢占市场、增加利润。为了获得更多销售量和利润，降价行为会持续下去，如果不惜亏本进行价格战，则会直到价格 P_3，在 P_3 的价格时，两个厂家都在它们充分竞争的产出水平 Q_1^* 和 Q_2^* 上生产。此时，它们已经没有利润。当然，一般是在价格降至 $D=\mathrm{MC}$ 之前，两个厂家已经没有动机进一步降低价格，不会降到 P_3 的价格。它们的价格可能为 P_1 与 P_3 之间的 P_2，此时达到耐克和阿迪达斯的最大产量，两个厂家能够获得利润。对于每一个厂家来说，价格 P_2 都超过了边际成本 MC，并且每个厂家的总收益都超过了它的总成本，处于有利可图状态。

双方的价格战，可能在这两种价格间来回震荡。因为耐克可能会假设阿迪达斯将保持 P_3 和 Q_2^* 的价格和产出组合，那么就有一种提高利润的方式，即将产出减少到 Q_1^* 以下，并且对阿迪达斯不能提供产品的消费者索要相应的高价，即耐克按照它自己的最大化方式，以一个垄断者的方式定价和行动。尽管提价可能导致销售减少，但即使销售减少，净收益还有余。而阿迪达斯也将会观察耐克的提价并且采取措施进行跟随或反击，也愿意放弃一部分销售量以获取更大的总利润。那么，当双方又开始加价时，这个价格将持续下去直到价格回到 P_1。当然，等回到了 P_1 这点上，其中一方又会重新开始一场价格战。

因此，整体上可以看出，在两个市场主导者没有共谋的情况下，市场的均衡价格与均衡产出不存在。图 4-3 中，P_1 与 P_3 之间的任意价格都是可能的，价格会在此区间变化。

除了上述两个寡头没有共谋的情形，也有两者共谋的情形。设两家体育公司 A 和 B，作为市场的生产供给者面临着一条共同的边际收益曲线，即两家公司只有一条市场需求曲线。两家公司处于产量共谋状态，保持同盟，其边际成本曲线如图 4-4 所示。

图 4-4 中，横轴为市场的产出产量 Q，纵轴为价格 P，企业的边际收益曲线为 MR，边际成本曲线为 MC。设公司 A 的边际成本曲线为 MC_2，低于公司 B 的边际成本曲线 MC1。因边际成本 $\mathrm{MC}_2<\mathrm{MC}_1$，如果两家公司都单独生产相同的产出，则公司 A 的产品价格比公司 B 低。

如图 4-4 中，尽管市场有两个生产者 A 和 B，但只有一条市场需求曲线 D，说明两家公司面临着一条共同的边际收益曲线 MR。但由于是产量共谋，因此不是由两个公司单独根据自己的 MR = MC 决定生产，而是由两个公司共同的边际成本决定。两者共谋时的边际成本曲线可以由 MC_1 和 MC_2

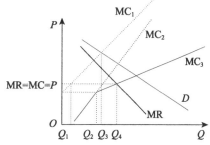

图 4-4　两个体育企业共谋时的产出

按照产量相加得到的 MC_3 表示，即共谋的边际成本曲线是各个企业边际成本曲线的水平总和，MC_3 为折线。

根据边际成本高低定价原理，在 Q_3 点以前，市场的产量完全由公司 A 决定，因为此时公司 B 的边际成本远远高于公司 A，但当产量突破 Q_3 时，公司 B 也能承担此时对应的边际成本。共谋的最优产出水平，将由 $MC_3 = MR$ 决定。此时，市场的总产出为 Q_4，其中 $MR = MC_3 = MC_2 = MC_1$。根据共谋后的总利润最大化产出，可以划分出各个公司的产出量。在图 4-4 中，这发生于企业 A 在 Q_3 产量生产，企业 B 在 Q_1 产量生产时，$Q_1 + Q_3 = Q_4$，从而得出最有效的成员产出份额。这也可以发现，当公司 A 达到产出水平 Q_2 时，其产出增加一个单位的边际成本与公司 B 的边际成本相同。共谋的边际成本曲线 MC_3 位于单个企业边际成本曲线的右边。

（二）体育场馆座位受限的定价策略

体育赛事，不管是传统足球还是现有的电子竞技，不管是篮球等身体性比赛还是围棋等脑力型赛事，总会吸引相应的消费者去现场观赛。去现场观赛，就涉及门票的定价。当然，即使是垄断性的全球唯一或全国唯一的赛事门票，其定价也可能不完全按照理论的边际成本和边际收益实施。除了考虑消费者的需求，往往还需要考虑对手的质量、明星球员人气和数量、体育赛事对应的促销活动、亲子活动与烟花之夜、所处季节，甚至天气和交通通畅度等因素。联盟、俱乐部或体育场馆等赛事供给方，并不是对所有比赛收取相同的门票价格，它们可以通过设定不同的门票价格来增加总体利润。甚至当一个赛事组织方认为某赛事的需求会降低时，它可以通过降低价格来增加数量。因此，赛事的供给者，总是根据动态需求条件，对赛事价格进行动态改变。这个过程，可以被称为动态票价模型。

以体育场馆的门票为例，针对不同赛事的需求差异，体育场馆可以动态调整价格，以便获得增加利润的机会。由于体育场馆边际成本接近零，因此无论有多少消费者出席，成本均差不多。如果有较多球迷消费者，即使把门票价格降低一点，收入也会增加。如图 4-5 所示。

图 4-5 中，横轴为体育场馆的门票数量 Q，纵轴为门票的价格 P。因为体育场馆的边际成本 MC 接近零，设体育场馆的座位容量为 4 万个，即门票最多售出 4 万张，即图中的 Q_3。当场馆举办不太受欢迎的冷门赛事时，需求曲线是 D_1，举办较受欢迎的热门赛事的需求曲线是 D_2。

如果在两类赛事的边际收益等于边际成

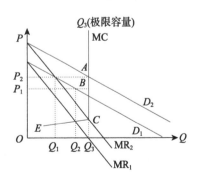

图 4-5　体育场馆门票的动态定价策略

本时定价，即图 4-5 中 MC = MR₁ 和 MC = MR₂ 时，结果分别得到赛事的门票定价为 B 点对应的 $P_1 = 60$ 元和 A 点对应的 $P_2 = 80$ 元。假设热门比赛门票将售罄，即为 Q_3 的 4 万张，而冷门的赛事门票只能售出 Q_2 的 3 万张，$P_1 \cdot Q_2 + P_2 \cdot Q_3 = 500$ 万元，则这两个赛事的总收入为 500 万元。

如果不按照边际成本等于边际收益定价，试图以 80 元的价格出售冷门比赛的门票，超过了边际收益和边际成本决定的 60 元，座位降到 Q_1，收入将减少为 160 万元。同样地，如果对热门赛事只收取 60 元的费用，过低的售价，本可以售出更多票，但它将卖出与高价时相同数量的门票，因为达到了极限的 $Q_3 = 4$ 万张，但收入将减少 320 万元 − 240 万元 = 80 万元。即图 4-5 中 MC 曲线所示，在没有达到场馆的座位极限时，MC 曲线为 EC 段，当到达极限后，MC 变为垂直，即图中的 CA 段。假设对两个赛事都收取单一中间价，比如 70 元，而不是收取两种价格。那么可以发现，这种策略会导致不受欢迎赛事价格过高，而受欢迎的赛事价格过低。在 70 元的价格下，受欢迎的热门赛事仍然卖光了，但收入从 320 万元跌到了 280 万元。而不受欢迎的冷门赛事，假设降至 2.5 万张，则收入仅为 175 万元。因此，单一价格为 70 元的总收入为 455 万元，比实施两价策略少了近 50 万元。

（三）对同一体育产品的细分歧视定价

捆绑定价中，是基于体育消费者对不同赛事的效用差异进行定价，其依赖于不同赛事。如果基于同一个赛事，对同一赛事同一产品实施不同的价格，体育消费者会有什么不同的付费意愿？

通常，体育企业向所有消费者收取单一价格，也即产品的所有销售，只收取一个价格，来保持利润最大化。为什么要这么做？因为体育生产商无法确定哪些消费者愿意支付更多。如果生产商能够确定消费者的支付意愿和能力，对其进行分类，并对分类后的消费者设定专门价格，那么它就可以获得部分甚至全部消费者的剩余。这种定价策略，减少或消除了与单一价格相关的无谓损失，这种细分的定价策略被称为价格歧视，即根据不同消费者的意愿和支付能力，对他们收取不同的价格，在价格上进行辨别和区分。"歧视"并不是指道德偏见，也并不是表示生产者对消费者存在不满情绪。当同一个体育产品，向有意愿和有能力的消费者收取更高价格时，它就具有歧视性。从福利上看，价格歧视并没有让消费者更好，因为向富有的消费者收取了比贫穷的消费者更高的价格。当然，这种"杀富不济贫"的行为，只能产生一种表象的公平感。

例如北京的一场赛事，如果赛事组织方知道张三、李四、王五愿意并且有能力支付的赛事价格目标，它就可以通过向每个人收取其认为值的价格，来提取消费者剩余。例如，如果知晓张三的心理目标价是 160 元、李四是 100 元、王五是 40 元，则赛事组织方可以通过向张三收取 160 元、向李四收取 100 元和向王五收取 40 元,将这些体育消费者均变成边际消费者。所有的消费者,都愿意付钱,且觉得划算。整体上,他们的消费者剩余即可变成赛事组织方的收入。通过像对待边际消费者一样对待每一个额外的体育消费者,赛事组织方不再需要为每个人降低价格,不需要将价格统一定在 100 元或 40 元。

向每个体育消费者收取他愿意支付的最高价格,被称为完美价格歧视,即一级价格歧视。例如,卖给李四一张票的边际收入是 100 元,卖给王五一张票的边际收入是 40 元。如果赛事组织方能够很好地区别价格,使其 MR 曲线与其需求曲线重合,就可以在完全竞争行业中卖出所有的票,增加总的消费者剩余。从这里可以看出,由于赛事组织方完全区分了每个消费者的价格,这是一种经济有效的方式,社会福利被最大化。只是这种社会福利全部归属到供给者,体育消费者并没有得到社会福利的增加。因此,只要体育供给者能够完美地区别消费者,然后实施细分的差别定价,它就会向所有消费者收取他们愿意和能够支付的价格,获得较高收入。

有时,体育产品供给者不知道每个人具体的支付意愿和能力,但知道一些消费者群体不太愿意或没有能力支付。例如,赛事组织方知道,大多数学生的可支配收入很少,他们对价格变化比中产家庭更敏感。那么,如果能将学生市场和中产家庭市场分开,就可以实行"价格歧视"。如何分开呢?

例如可以要求学生出示学生证,分开以后,即可以向中产家庭收取比学生更高的价格。这种同一商品对市场的不同群体收取不同的价格,被称为市场分割,或被称为三级价格歧视。如图 4-6 所示。

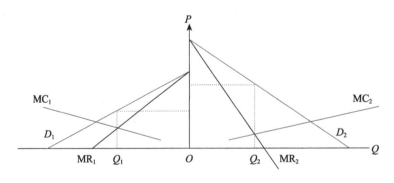

图 4-6　区分消费者的价格歧视定价

图 4-6 中,横轴为数量 Q,纵轴为价格 P。为了将两类消费者分开显示,将两类消费者分布在横轴的两侧。以体育场馆为例,假设将中产家庭的需求 D_2 与学生的需求 D_1 分开,如果没有场馆座位数量的最大值约束,且提供座位的边际成本 MC 相同,即图 4-6 中的 $MC_1 = MC_2$。那么,在学生的边际收益 MR_1 和中产家庭的边际收益 MR_2 均与 MC 相交时设定价格,则赛事组织方的利润最大化。尽管图中 $MR_1 = MR_2 = MC_1 =$

MC_2，但学生的价格低于中产家庭购买的价格。

从弹性看，赛事组织方通过向需求弹性较大的消费者 D_1 收取较低的价格，向需求弹性较小的消费者 D_2 收取较高的价格，来实现利润最大化。要实施这种类型的价格歧视，赛事组织方必须能够阻止消费者从高价市场转向低价市场，并且必须阻止市场之间的转售。如何阻止？例如在学生票便宜的情况下，要求学生购买时必须出示学生证，同时为学生打印不同颜色或样式的票，并且要求学生进场的同时出示学生证和学生票，且可能将其安排在特定的座位区域。这样就可以防范一些人伪装成学生，进入低价票市场，破坏赛事组织方的收费模式。

（四）体育产品会员会费定价策略

一般来说，赛事组织方没有足够的信息来提取所有的消费者剩余，因为很难确切知道每个消费者愿意并能够为一场赛事支付多少钱。如果赛事组织方确切地知道每个消费者拥有多少消费者剩余，就可以细分收费，提取所有的消费者剩余。在这一过程中，赛事组织方探索了很多方法，如图 4-7 所示。

图 4-7 中，横轴为产品数量 Q，纵轴为产品价格 P，假设 D 是赛事消费者的需求曲线。赛事组织方可以按照边际收益等于边际成本定价，生产 Q^*，价格可以定为 P^*，也可以不为 P^*。如果体育场馆的边际成本中，可变部分为零，即成本不随着消费者的购买量而变化，那么赛事组织方对每次的座位门票可以只收极低的价格 P_1，同时，收取一个固定的年卡费或会

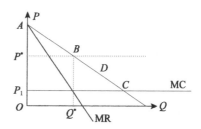

图 4-7　体育产品的两部定价策略

员费。会员费的总额，等于图 4-7 中三角形 P_1AC 的部分。如果所有消费者都符合图 4-7 中需求曲线 D，则场馆方通过设定固定费用为会员费，那么消费者剩余接近零。此时，赛事组织方相当于得到了市场的全部福利。

如果消费者的偏好不一致，赛事组织方又不能在操作上细分的话，则较低的固定年卡费用，会给高需求的消费者留下一些消费者剩余，而较高的固定费用又会导致低需求的消费者放弃缴纳固定会员费，失去消费动机。因此，最佳的会员费就是能使资格会员费用＋票价得到的场馆的总收入最大。

这种将价格分为两个部分，即固定部分和可变部分，前者为会员费或金卡会员费等，后者为随消费量而变化的门票等的方法，被称为两部定价法。又如，一个人需要支付固定的金卡会员费，来购买比赛的季票。赛事组织方通过对季票收取极具竞争力的低价格，再加入固定的金卡费，以这种收取固定费的方式来向消费者索取消费者剩余。

三、体育市场的博弈定价

（一）体育定价中的领导跟随策略

从需求曲线看，市场的供给者较少时，市场中的企业定价相互影响，如体育生产企业 1 的行为可能影响企业 2 和企业 3。典型的情况是，若体育生产企业 1 是市场的领导者，则企业 1 的市场行为，可能引起体育生产企业 2 和企业 3 的跟随，这时候的市场需求曲线如图 4-8 所示。

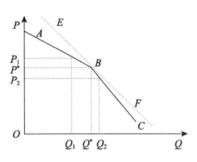

图 4-8　领导跟随企业面临的折线式的需求曲线

图 4-8 中，横轴为产品数量 Q，纵轴为价格 P。以赛事转播的媒体企业为例，设市场均衡时，价格为 P^*，价格为 Q^*。但此时，市场的需求曲线并不是 EF 直线，而是 ABC 的折线。因为当价格处于 P^* 和 P_1 之间时，即需求曲线为 AB 段时，需求较为有弹性，此时媒体企业不太愿意涨价，一旦涨价到 P_1，则消费者从 Q^* 降至 Q_1，失去较多消费者。同时，企业也可能降价较少。例如，媒体企业决定将价格从 P^* 下降至 P_2，但企业调价后得到的净需求增加较少，仅从 Q^* 增加至 Q_2。这是因为，此时充满了跟随的竞争者，企业的降价行为使其成为领导者，其他竞争者成为跟随者，采取竞争跟随策略，以保证其市场份额维持不变。这说明降价和增价两者效果并不相同，当市场竞争结构不同时，消费数量的变化并不相同，如图 4-8 中的实际需求曲线是分段和分区的。

研究发现，在欧美的体育转播公司中，转播赛事价格存在折线式的需求曲线。一般付费转播的需求曲线包含两个不同的部分：一个是高于 P^* 的价格，弹性更大；另一个是低于 P^* 的价格，弹性更小。这反映出，体育的转播收费，存在较明显的地域和文化传统特征。要么是针对已有收费习惯的消费者，其对观看赛事付费不敏感，如 $P^* = 100$ 元/月，只要不高于这个价格，人们对收费变化无所谓；要么是某个地域的消费者不适应转播收费，人们对于付费收看体育比赛不容易接受，如果 $P^* > 0$，人们可能不看比赛。

（二）体育企业的动态策略定价

进入壁垒，往往是增加利润的来源，那么通过设置壁垒，如拉拢对手形成同盟，或者寻求政府的保护，都是垄断定价的来源。联合或串通而成的垄断或寡头，会形成卡特尔，也被称为托拉斯。

市场寡头类生产者相互对价格变动反应的定价，可以被称为动态策略模型。例如对重要体育 IP 转播权的购买。假设 A 体育公司已经拥有转播的版权，若保持垄断地位，则每年能有 8 亿元的利润。此时，B 体育公司也准备进入这一市场，那么 B 体育公司需要作出进入还是不进入的选择，如果 A 体育公司对外发出威胁，谁要是进来，自己就低价出售转播权，免费播放。那么，如果 B 体育公司不进入，则 A 体育公司的威胁成功，但是如果 B 体育公司选择进入，A 体育公司便有两种策略，要么彼此合作分享市场的利润，要么选择和 B 体育公司竞争，直到逼退 B 体育公司，自己维持垄断地位。如果 A 体育公司选择竞争，则 B 体育公司和 A 体育公司两败俱伤，那么因为进入需要耗费成本，B 体育公司损失 0.2 亿元，A 体育公司虽无损失，但也无净收益。如果 A 体育公司选择与 B 体育公司合作，A 体育公司可以获得 2 亿元利润，B 体育公司可以得到 1.8 亿元利润。这种相互决策的方式，如图 4-9 所示。

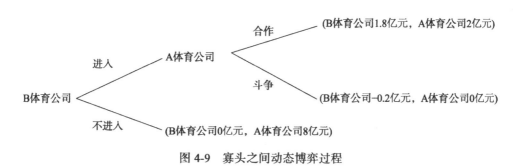

图 4-9　寡头之间动态博弈过程

如图 4-9 所示，B 体育公司表现为两种策略：进入和不进入。如果进入 A 体育公司选择合作或斗争。当 B 体育公司不顾威胁选择进入后，A 体育公司到底会选择怎样的策略？是采取"承诺行动"让自己的威胁生效，进行价格战，还是放弃"承诺"，双方达成合作协议并瓜分市场？

事实上，A 体育公司的选择，完全出于对损益的比较。如果合作的利益大于斗争的利益，会选择合作，而如果斗争的利益大于合作的利益，就会选择斗争。当然，这种利益，包括整体的、长远的利益，而且，A 体育公司的策略选择又会给 B 体育公司的下一轮策略选择带来影响。只要它们共存在一个市场里，博弈就不会停止，会反复进行下去。

如果博弈重复多次，完全可能产生与第一次博弈大不相同的结果。如果双方第一次博弈不能走出"囚犯困境"，如即使串谋达成对双方都有利的协议，但由于双方担心对方违约获利而都选择次优策略，双方进入"囚犯困境"。但如果同样的博弈不断地重复进行，那么原本非合作的人可以克服"困境"，达成并实行串谋协议，取得"合作"结果。双方进行博弈，后一个动作依赖于前一个动作形成的均衡，被称为动态的博弈均衡。如果从博弈理论看，当不包括虚张声势的威胁时，这种纳什均衡被称为完美的纳什均衡。因为阻止市场进入的威胁恐吓，第一次可能只是虚张声势，但如果同样的博弈多次重复，那么虚张声势的威胁恐吓便真正转变为实在的"承诺行动"。因为在一次性博弈中威胁策略是否兑现，考虑的是一次性博弈中利益与代价的权衡，而如果同样的博弈要反复地进行多次，则所要考虑的就不只是一次性利益与代价的权衡，A、B 两家体育公司需要考虑的是所有未来收益之和。如果施行威胁的贴现值之和大于不施行威胁的贴现值之和，威胁就会由虚张声势而变为真实的承诺行动。

前述例子中，如果 B 体育公司不进入，则 B 体育公司现期收益为 0，A 体育公司现期收益为 8 亿元。如果 B 体育公司进入，则 A 体育公司有两种策略：合作和斗争。如果斗争，则 B 体育公司收益为-0.2 亿元，A 体育公司收益为 0；如果合作，则 B 体育公司收益为 1.8 亿元，A 体育公司收益为 2 亿元。从进入后看，B 体育公司和 A 体育公司选择合作，双方将收益值（B 体育公司 1.8 亿元，A 体育公司 2 亿元）折算到本期，如果折算率为 20%，则当期收益为 B 体育公司 1.5 亿元，A 体育公司 1.66 亿元。折算后可以发现，进入市场有利可图，因此 B 体育公司选择进入。故市场的最终博弈均衡为 B 体育公司进入，同时与 A 体育公司合作。

四、垄断的定价是否完全无益

尽管垄断企业往往会给社会造成严重损失，但自然垄断未必不利于社会。首先，要确定一家俱乐部运动队、一个场馆或赛事组织方是否存在垄断，并不总是那么容易。俱乐部运动队或场馆或赛事组织方总认为自己并不是垄断企业，而是处于竞争激烈的状态。例如，其认为在体育行业，必须与其他运动项目争夺消费者，如果与所有的文娱活动相比，市场竞争更加激烈，消费者可能选择去参与其他文娱活动，并不一定会选体育。其次，俱乐部运动队体育场馆或赛事组织方认为自己不是垄断企业，它们并没有不道德或非法行为，都是按市场规律自然运作，只是比一般的小公司运作效率更高，因此才使得其他竞争企业没有进入的空间。如果是自然垄断，那么理论上反映了规模效应，如图 4-10 所示。

图 4-10 中，横轴为产品数量 Q，纵轴为产品或成本价格 P。假设这是一个运动队联盟的曲线，该运动队联盟是否存在垄断？从成本看，一个运动队联盟的大部分成本是固定成本，图 4-10 中为 FC。例如球员工资是一种固定成本，因为不管它的产出如何，运动队联盟的球员工资成本都是一样的。除此之外，其租用或建造体育馆的费用也是一种固定成本。那么，每增加一名额外消费者观赛，观赛的边际成本为零，这可以说明，运动队联盟的总成本在超出这个固定成本后，不会上升太多。如果这样假设，可以得

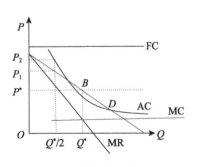

图 4-10　自然垄断最佳规模的成本和收益

出具体的平均成本或单位成本：

平均成本 AC = 总成本/数量 = 固定成本 FC/票数 Q

随着运动队联盟售出门票，即消费者数量 Q 的增加，平均成本 AC 越来越接近边际成本 MC。此时，对运动队联盟而言，销售"越多越好"，因为可以在产量增加时弥补成本。正如图 4-10 中运动队联盟的需求曲线和边际收入曲线重合叠加，供给者生产 Q^* 并收取 P^*。那么，此时是处于自然垄断还是人为垄断呢？

可以假设，如果此时有另一家运动队联盟也进入市场，那么，其将导致提供赛事的产量平均分配，即变为图 4-10 中的 $Q^*/2$。此时，两家运动队联盟的产品价格可以上涨，变为 P_1，但关键是，此时价格 P_1 却低于此时的平均成本 P_2，这说明如果市场存在两个生产者，此时高额的平均成本将使得生产者没有利润。为了维持利润，市场中仅存在一个生产者的自然状态，反而是最优的。

从这里可以看出，如果市场结构为一个单一的卖方，又是自然演变的结果，那么创造了一个自然的进入壁垒，因为可以提供规模经济，从而使得产品数量的供给较多、价格不高。尽管多个市场供给方可以使供给更多、价格更低，但可能竞争过度激烈，使得类似联盟的运动队不停变动，或者场馆不停开关，给消费者带来了不稳定的体验。因此，对于部分体育场产品，如果不能保持规模经济，可能导致不经济。如图 4-11 所示。

图 4-11 中，横轴为投入要素，纵轴为产出量。随着要素投入的增加，产出量与投入要素

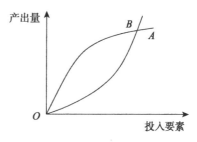

图 4-11 规模经济效应

并不成同比例变化。可以发现，曲线 A 代表的规模收益递减，而曲线 B 表示规模收益递增。这说明，曲线 B 的规模经济效应，有利于产出的提供。例如体育中的电子竞技产业，其供给往往会产生规模经济效应，又如前述的体育俱乐部运动队联盟，可能因其新增的边际成本非常低，产生了规模经济。以大规模生产为特点的垄断企业，由于其生产的平均成本可能比几个小公司低，对社会反而有好处，这时候政府往往会实行定价规范，如在提价前得到政府物价部门的批准。

总体而言，体育产业与其他产业比，垄断定价并不算特别突出。体育既有产业属性，又有公共属性，政府很难像对待其他行业的垄断企业一样对待体育产业的垄断，如很少拆分体育公司，更多采用的是规范体育产业的方式，防止其获取垄断利润。

英超门票降低了？看数据怎么说

BBC 在 2016 年的研究报告表明，观赏一场英超比赛的成本在当年的赛季之初有

所降低，有超过 2/3 的门票价格都有所降低或保持不变。因为英超俱乐部间对客场球票的价格限定为 30 英镑，欧冠中客场球票的价格也比英超高很多。

2016 年 3 月，英超俱乐部间规定，以后三年的客场球票不会超过 30 英镑，折合人民币约 260 元（以 8.6 的汇率折算），设定客场票价上限这一规定实施后，将取代原有的俱乐部客场票价补贴制度。

对于球迷来说，观看一场比赛的花费绝对不仅仅是一张门票这么简单，穿上一件所支持球队的球衣，在球场内买一个馅饼和一杯饮料也是观赛中不可缺少的一部分，而这些东西的价格也并不便宜。球票、球衣、食品和饮料的价格究竟是怎样的呢？

一、球票价格

调查研究在分析门票价格时将它们分为这几类：客场门票最高价和最低价，比赛日门票最高价和最低价以及季票的最高价和最低价。

1. 客场门票价格

2016 年英国各足球联赛客场门票平均最高价如图 4-12 所示。

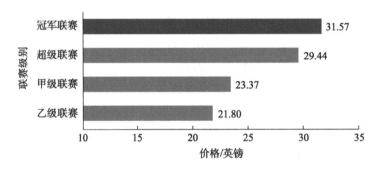

图 4-12　客场门票平均最高价

英超联赛中，主场比赛门票的最低价平均同比下降了 6%（从 30.95 英镑下降到 29.05 英镑），而客场门票 30 英镑的价格限制使得客场门票平均最高价下降 37%（从 46.44 英镑下降到 29.44 英镑）。

较上个赛季而言，英超 2016 年售出的球票中，有 14% 的门票价格上涨了，34% 的门票价格下降了，53% 价格保持不变。其中伯恩利、米德尔斯堡和莱斯特城提高了它们的最低票价，而赫尔城、利物浦和曼城降低了它们的最低票价。在欧冠中，客场门票的平均最高价高于英超客场门票平均最高价。在苏格兰超级联赛中，四个俱乐部的门票最低价略有上升（1%），平均价格为 20.58 英镑，但它们的价格仍然比英超低。

2. 比赛日门票价格

比赛日门票价格如图 4-13 所示。

图 4-13 显示了英超联赛中比赛日球票平均最高价和最低价的变化情况，2016 年最高为 34.62 英镑，最低为 22.49 英镑。

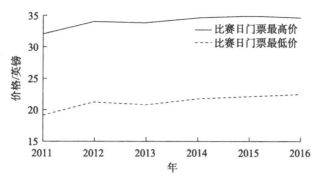

图 4-13 比赛日门票价格

3. 季票价格

季票价格如图 4-14 所示。

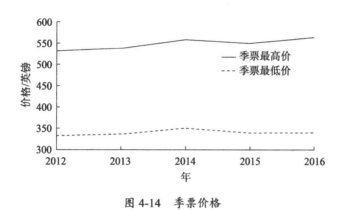

图 4-14 季票价格

季票价格最高的三家俱乐部分别为阿森纳、热刺和切尔西，其季票价格自从 2015 年以来就没有再增长。阿森纳的季票价格高居榜首，但季票持有者不仅可以观看英超比赛，还可以观看 7 场足总杯和联赛杯的比赛。赫尔城的季票价格在英超联赛中是最便宜的，为 252 英镑。

二、球衣价格

在英国有 31% 的俱乐部都提高了它们的儿童版球衣价格，其中曼联提高得最多，为 50 英镑。曼联和曼城的成人版球衣每件售价为 60 英镑，伯恩茅斯和伯恩利的球衣价格在英超中是最低的，为 40 英镑一件。在苏格兰联赛中，凯尔特人成人球衣的售价最高，为 53 英镑，而因弗内斯的球衣价格最低，为 35 英镑。最便宜的成年男子球衣是威尔士联赛中现代城的球衣，为 27 英镑，最便宜的女子球衣是 WSL2 中伦敦蜜蜂队的球衣，为 20.90 英镑。

三、食物和饮料价格

按照消费者物价指数计算，在 2016 年里馅饼和茶的通货膨胀率都超过了 0.9%，以 2011 年的价格为基期，馅饼的价格已经上涨了 17%，茶的价格上涨了 13%。通货膨胀率已经达到了 15.65%。

其中西汉姆联队馅饼的价格最高，为 4.10 英镑，其他的各俱乐部为 4 英镑。利物浦、曼联、布里斯托市、富勒姆和游骑兵这五个俱乐部茶的价格最贵，为 2.50 英镑。

对此，各方的声音是什么？

（1）英格兰足球联赛首席执行官肖恩·哈维

"从最近的研究结果来看，很显然英格兰足球俱乐部尽可能地确保主场和客场门票价格具有一定的竞争力，同时又在球迷的承受范围内。除了 BBC 的研究结果，我们从自己的研究分析中得出英格兰足球俱乐部在这个赛季已经到达了一个里程碑的阶段，即第一次吸引了超过 500 000 个季票拥有者。"

（2）英超联赛官方

"俱乐部很重视他们的球迷，也很感激他们的支持。充满活力的场地氛围是使得英超联赛成为伟大的足球联赛的一个重要的原因。安永公司帮助我们进行俱乐部的数据分析，在上个星期发布的研究报告不仅包括了门票的价格，还包括了每一个价格上的购买者数量。这个研究报告也发现通过早鸟（early-bird）的续约和优惠，有 400 万张门票可以从公开价格中扣除。这个数据显示了球迷实际支付的价格和以各种方式售出的门票数量，我们发现这个赛季在英超联赛中有 56% 的球迷单场比赛支付了 30 英镑，或者是低于平均价格 31 英镑水平的价格。"

（3）足球支持者协会主席马尔科姆·克拉克

"我认为 3/4 的门票价格都下降或者保持不变是一件好事，这部分得益于全国上下足球支持者所施加的压力。当前一些英超俱乐部的球票的价格依然很高，我们将继续保持警惕，继续推进我们的工作，让热爱足球的人能够自由地享受足球的魅力。"

（4）伯恩利首席执行官大卫·鲍德温

"伯恩利这个城镇只有一个俱乐部，在这个城镇里你很少见到其他俱乐部的颜色，这里只有深紫色和蓝色。我们并不把这个视作理所当然，因为我们关注的是人们的可支付范围，不希望他们丧失对足球的热爱。我们已经在今年召开了球迷论坛，球迷可以商议下个赛季的门票价格。"

资料来源：体育商业评论微信公众号。

小　　结

赛事门票的定价往往考虑到成本收入、对手定价、季节、天气和交通等因素。本章介绍了几种体育市场中常见的定价策略。首先是捆绑销售，即消费者想要购买 A 体育产品时，必须同时购买 B 产品，或者必须购买更多的 A 产品。其次是总分产品联合定价，一项体育运动涉及多个产品，且存在固定的配套，那么可以考虑这些产品之间的推导关系，从而从分项产品推导到总产品，如付费滑雪门票后还需要付费租赁滑雪器材等费用。再次是价格歧视定价策略，根据不同消费者的意愿和支付能力，对他们收取不同的价格，在价格上进行辨别和区分。最后是多买多送，其目的是让体育消费者只有先买较贵的全价票或首张票，才能购买到后面打折的票。

与理论不同，在体育市场中常常可以发现，部分体育产品供给者价格定得很低，也可以实现利润最大化目标，如体育传媒。在寡头的体育市场中，一个体育企业的产品数量和价格取决于其他的企业，市场的供给者较少时，市场中的企业定价相互影响。体育企业也会通过设置壁垒，如拉拢对手形成同盟，或者寻求政府的保护，来获取垄断收益。

讨论问题

1. 如果一个体育企业具备垄断能力，应如何应用价格策略来增加利润？
2. 在何种情况下，垄断的体育企业反而比竞争性的体育企业更好？
3. 一个赛事实施买二送一的体育门票定价，反映了背后的什么经济学定价策略？

自学自测　扫描此码

第五章

体 育 赛 事

第一节　体育赛事的成本收益

　　研究发现，一个国家主办大型赛事，如奥运会或世界杯之后，民众对运动的兴趣往往会大幅增长，同时，场馆数量和运动员数量也会大幅增长。但要举办赛事，一般要拥有优质的体育基础设施和丰富的旅游资源，除此之外，有没有众多感兴趣的观众和消费者，也是需要考虑的因素。一个国家赢得大型赛事主办权后，通常需要花费数十亿元，并做为期几个月至几年的准备。那么，是什么因素促使国家申办大型赛事？大型赛事能带来什么？举办赛事的成本有多高？大型赛事是否有短期和长期的成本与收益？

一、大型赛事的定义

　　正是由于大型赛事的兴起和其带来的可观利润，许多优秀的运动员才不再是业余爱好者，而逐渐向职业运动员发展。

　　如何界定大型赛事？研究发现，其与一般性体育比赛相比，有四个明显的特点：一是人数规模巨大，大型赛事能够引起较多参赛人数；二是频度较低，较为稀缺，大型赛事不经常举办；三是参赛和观赛来源广泛，大型赛事会吸引举办地以外的其他参与者或观众到场观赛，很多参赛者或观赛者"不远万里"前来参赛；四是获得媒体的深度关注，引起媒体的实时转播和广泛报道。由此可以看出，"大型赛事"并不只是指观赛人数和参赛人数，也即，赛事规模并不是单一决定一场体育比赛是否属于大型赛事的判定条件。例如举办一场香港马拉松，可能吸引大约 60 000 名跑步者，但一场市级学生跑步比赛，却可以有 100 000 名学生参赛。一般认为香港马拉松是一场大型赛事，但市级学生跑步比赛却不是。这是因为，香港马拉松每年只举办一次，并且吸引了大量的外地人员参赛，但该市级的学生跑步比赛则不是，尽管它的规模更大些。又如潍坊国际风筝节比赛与一个大型企业的职工运动会相比，前者属于大型赛事，但是人数并不多。

　　全球典型的大型赛事如夏季和冬季奥运会、足球世界杯赛事、欧冠足球赛、美国高尔夫公开赛、世界职业棒球大赛、NBA 总决赛等。一般大型赛事会定期改变地点，但也有一些大型赛事总是在同一个地方举行，如大满贯网球锦标赛、北京马拉松。当然，大型赛事不仅是传统的身体性体育比赛，还有类似围棋大赛、国际象棋大赛等脑力型比赛，这些活动都可能对当地经济产生积极的影响。

一般活动事件的分类，如表 5-1 所示。

表 5-1　活动事件分类

经济影响	私人	社区	企业、行业	国家	国际（多国家）
小	聚会、酒会	社区运动会	企业运动会	节日、发布会	
不确定	婚礼	文体表演、狂欢节	展览会	赛事	电影节、劳伦斯奖
大			产业峰会		奥运会、博览会、世界杯

从表 5-1 中可以看出，如果按照范围分类，事件活动可以分为私人、社区、企业、行业、国家和国际多个类型。具体来看，私人的活动事件分为聚会、酒会、婚礼等，社区活动则包括社区运动会、文体表演等，企业、行业活动可以分为展览会或企业运动会，一国范围内有发布会、国家赛事等，国际范围内有奥运会、国际博览会等。而如果按照经济影响，则活动可以划分为经济影响较小的活动、经济影响较大的活动和经济影响不确定的活动。可以发现，大型国际赛事的经济影响较大。在全社会的活动事件中，奥运会、世界杯等体育赛事对经济具有较大的影响。

以 2016 年里约奥运会为例，代表 204 个国家和地区的 10 000 多名运动员参加了 28 个不同项目的 300 项子项目，大约有 1 000 万观众到场观赛，全球数十亿观众收看了转播的远程节目。又如，2014 年俄罗斯索契冬奥会，接待了来自 88 个国家和地区的近 3 000 名运动员，他们参加了 15 个大项共计 98 个小项的比赛。冬季奥运会和夏季奥运会一样，创造了巨大的现场收入、远程转播收入和其他收入。

二、评估赛事价值的方法

评估赛事的影响和价值，可以采用多种方法。基本思路是赛事前后对比。前后对比法是将赛事执行前后情况进行对比，从中测度赛事效果及价值的一种定量分析法。通过定量数据对比，可以对赛事执行前后情况的变化一目了然。具体而言，可分为四种。

（1）简单"赛前—赛后"对比分析。先确定赛事对象在受赛事作用后可衡量出的值，再减去作用前衡量出的值，如图 5-1 所示，S_1 表示赛事前的值，S_2 表示赛事后的值，则 $S_2 - S_1$ 就是赛事效果。这种方法简单、方便、明了，但缺陷是不够精确，无法将赛事本身产生的效果和其他因素如同步发生的外在因素、偶发事件、社会变动等造成的效果加以明确区分。

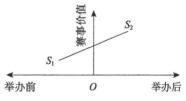

图 5-1　赛事举办的简化效果分析

图 5-1 中，横轴为时间，分为赛事举办前和举办后，纵轴为赛事价值。

（2）"拟合—赛后"对比分析。如图 5-2 所示，S_1T_1 是赛事举办前的各种情况建立起来的趋势线，T_2 为趋势线延伸到赛事后的拟合值，代表若无该赛事，按照趋势拟合的情况；S_2 为赛事举办后的实际情况。通过对比 S_2 点与 T_2 点，可以确定该项赛事的效果。

图 5-2 中，横轴为时间轴，纵轴为赛事价值，可以看出，"拟合—赛后"这种方式，由于考虑到了非赛事的其他同步因素的趋势影响，因此比上述的 S_2-S_1 前后相减方式，结果更加精确。但也可以看出，这种方式存在一定的难度，主要在于如何能详尽地收集赛事举办前的相关数据，并建立合适的拟合趋势线 S_1T_1，找到精准的 T_2。

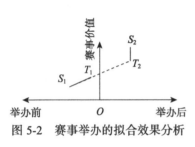

图 5-2　赛事举办的拟合效果分析

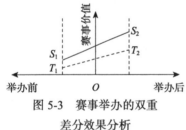

图 5-3　赛事举办的双重
差分效果分析

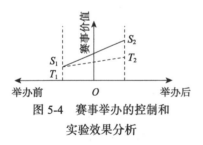

图 5-4　赛事举办的控制和
实验效果分析

（3）双重差分对比分析。如图 5-3 所示，在赛事举办前和赛事举办后这两个时间点上，分别就有赛事和无赛事两种情况进行前后对比，然后再比较两次对比的结果，以确定赛事的效果。

图 5-3 中，同样横轴为时间，纵轴为赛事价值。其中 S_1 和 T_1 分别代表赛事举办前，有无赛事两种情况，S_2 和 T_2 分别代表赛事举办后，有赛事和无赛事两种情况。则（S_2-S_1）为举办赛事后的结果，（T_2-T_1）为无赛事举办时的变化结果，则 $[(S_2-S_1)-(T_2-T_1)]$ 是举办赛事的实际净效果。这种方式，排除了非赛事因素的混合作用，能够较精确地测度赛事的效果，是测量赛事净影响的有效方法。

（4）"控制对象—实验对象"对比分析。如图 5-4 所示，它是自然科学实验法在社会科学中的具体借鉴运用，将赛事前同一个评价对象分为两组，一组为实验组，即对其施加赛事影响的组；另一组为控制组，即不对其施加赛事影响的组，然后比较这两组在赛事举办后的差异，以确定赛事的效果。

图 5-4 中，横轴依然为时间轴，纵轴为赛事价值。S_1 和 T_1 在赛事前是相同的，即 $S_1 = T_1$。S 为举办赛事进行"实验"的情况，T 为控制，即不举办赛事的情况。因此图中 S_1 和 T_1 分别是赛事前的实验组和控制组情况，S_2 和 T_2 为赛事后实验组和控制组的情况，那么，（S_2-T_2）就是赛事的净效果。当然，由于赛事是一种社会活动，而社会每日都在发生变化，要找到理想的控制组和实验组，难度非常大。一是控制人所做的事情要比控制物质困难得多；二是即使能够控制人的行为，但伦理和法律考虑也会使大多数实验不可行。例如，为了研究赛事，迫使多个地方刻意举行赛事是不现实的。

三、举办大型赛事的收益

（一）举办大型赛事的短期收益

为什么一个国家或城市想要举办大型赛事？有人会说是为了可观的回报，认为赛事为主办国当地的经济带来了数十亿元的收益。但也有人认为，体育赛事对当地经济的短期影响微乎其微。为什么会出现这种分歧？

从短期来看大型赛事能带来直接的收入，这是一种一次性事件产生的直接收入流，属于当期的短期收入，包括门票销售、媒体转播权、特许经营和赞助等。但这些收入并不主要归属于主办城市，在大多数情况下，赛事的收入不是由举办地政府组委会完全决定，而是由国际奥委会、国际足联等赛事机构决定。赛事的门票收入、特许权费等都直接入账赛事机构。据统计，一般情况下，国际奥委会等赛事机构获得约 2/3 的收入，主办城市的组委会大约获得收入的 1/3。举办地政府组委会得到的收入，往往不能覆盖城市筹办赛事当期所花的费用。

举办大型赛事产生的大部分直接收入并不入账主办城市，因此主办城市的主要直接经济收益，往往不是门票销售、媒体转播权、特许经营和赞助等，而是前来观看赛事游客的间接支出，例如酒店、餐馆、纪念品和租车等服务或商品（见表 5-2）。

直接收入的计算方法，可以估计参加活动的游客数、停留的天数、在活动期间每天花费的平均金额、消费次数，然后应用"经济乘数"测算其在经济中的乘数效应。例如大约 75 000 名游客，平均停留 4 天，则共计 300 000 个游客日，如果游客每天将花费

表 5-2　举办大型赛事的直接收入和间接收入

部门	直接收入 （门票、转播权、 特许、赞助）	间接收入 （酒店、餐饮、交 通、商品）
赛事机构	较多	无
举办地政府	较少	较大

252 元，则游客人数乘以每日消费额，将直接产生 7 600 000 万元的收入。其乘数效应的乘数是 $1/（1-MPC-MPI）$，其中 MPC 是边际消费倾向，MPI 是边际进口倾向。一般而言，乘数大约为 2，赛事对主办城市的总消费经济影响翻一倍。虽然这种计算经济影响的方法简单，但是不准确。一方面，对游客数量或潜在消费的统计有误差；另一方面，当地的消费设施未必能支撑游客需要。例如有的游客对交通情况担忧，未必到现场观赛。又如体育场馆未必能容纳众多观众，或者酒店客房迅速售罄，使得消费者无法消费。这些偏差产生的原因，可以总结为三个主要因素：替代效应、挤出效应和分流效应。

第一是替代效应。当一项体育赛事吸引了原本可以用在当地的其他经济领域的资金，那么便产生了替代效应。如果一场典型赛事，大多数球迷是本地人，那么政府只是将资金重新分配到该项观赏性的体育经济项目中，既没有新增资金来源，也没有服务外地游客，不产生新的经济活动，只是将资金用来为这部分球迷服务。这些资金本

来是用于支持本地建设，如果投入其他需要资金的项目，就能服务更多本地人，如教育或医疗基础设施，可以为当地经济带来更大价值。因此，有研究表明，测算赛事的经济影响不应考虑本地居民本来就有的消费。由此也可以看出，只有外地游客到来，才能降低替代效应。也就是说，大型赛事的替代效应低于当地常规体育赛事，是因为有外地游客到来。即使如此，也有进一步的争论认为，如果一个地方本来是旅游地，外地游客本来就会为本地带来消费拉动，那么选择在体育赛事期间来消费，只是改变了访问的时间，而并没有增加访问次数。例如一个计划参加四川乐山马拉松的游客，只是顺便把去乐山大佛旅游的时间安排在乐山马拉松体育赛事期间而已，即使没有赛事，他本身也要去游览乐山大佛景区。

第二是挤出效应。在大型赛事期间，因为人多拥挤，有很多人会不愿再去拥挤的比赛地。那么，本来与体育赛事固定相关的人群，会因为拥堵被阻止参与原计划的经济活动。一般而言，外部游客的进入，可能对酒吧和纪念品商店有利，但也可能会给该地区的其他商店或企业带来负面影响。例如每年的马拉松赛事，封闭 40 多公里的主要道路，给当地的固有顾客带来了出行障碍，而这些外地运动员和观众因赛事所购买的商品和服务，可能反而无法与当天本来向老顾客提供的销售量相抵。也即，外地运动员和观众带来的经济利益可能不足。当然，体育消费者可能也会占用原本由其他游客或商务旅客使用的酒店房间，把非体育游客挤出去。因此，游客可能很难在大型赛事期间找到性价比高的交通工具或住宿地。在赛事举办期间，原本计划出行的非体育赛事消费者可能将会放弃出行。出于对拥挤的恐惧，普通游客可能就停止了消费。例如伦敦奥运会期间，有媒体报道约有 59 万海外游客来到英国，但到英国旅游的年度海外游客总量反而下降了 6%。同理，北京的旅游业在 2008 年奥运会期间下滑。这说明，体育消费者会"挤出"普通游客。当然，这是一种粗放的测算，还有许多其他非奥运因素影响了这一结果。除了同一地点的替代性，不同地点之间和不同赛事之间可能也存在替代性。例如赛事造成 A 地滑雪运动员和观众增加，继而造成 A 地的住宿价格较高，而那些原本准备去 A 地滑雪的人都避开 A 地，选择去 B 地，同样存在挤出效应。

第三是分流效应。在重大体育赛事期间，创造的收入可能并不进入本地公司或本地生产者的收入之中，这造成了分流效应。乘数效应的发挥依赖于消费的支出，进入当地生产者口袋，生产者再消费，进行循环，促进经济发展。但在大型赛事期间，主办地的经济状况，可能难以实现这种循环促进，也就是乘数效应可能无法实现。例如，奥运会期间的当地酒店，尽管收取的房价会是正常房价的 2～3 倍，但酒店员工的薪水并不会变为 2～3 倍。同时，当地酒店产生的额外收入如果进入酒店总部，而酒店又是全国性的，这部分收入可能会流入外地，不会对当地经济产生直接影响。除了收入分流，可能还存在劳动力的工资分流，如大型赛事可能需要引入外地的劳动力来进行赛事服务。这些外来劳动力在赛事结束后，一般会带着他们的收入离开赛事城市，这使得这部分收入无法在本地再循环，乘数效应也无法实现。

可见，测量这些收入的总量存在一定难度，这使得赛事的短期经济影响存在较多争论。赛事运动员和观众等酒店客房消费者能为当地经济作出巨大贡献，但这种贡献难以清晰测算，使得赛事的经济影响较为模糊。当然，如果能在赛后使用数据，分析赛事的成本和收益，考察其举办后的经济状况，能更清楚地判断赛事的经济贡献。这些指标包括个人收入、就业率、纳税额、游客数量等。从实证的研究看，较为严谨的方法是双重差分研究法，具体的分析如对建筑部门指数产生的影响分析、对股市行情中公司股价的影响分析等。

（二）举办大型赛事的长期收益

举办大型赛事，除了有短期收益，还有长期收益。首先，主办地遗留的体育设施成为体育遗产，可以被后代继续利用。其次，主办城市通过宣传成为有吸引力的旅游或商业目的地，游客在运动员离开后，仍会前往该城市旅游。最后，像世界杯或奥运会这样的重大国际赛事，可以促进外国直接投资和国际贸易的增长，因为奥运会让世界各地的投资者和公司进入主办地的市场。

当然，这些长期效益依赖于具体的条件。例如遗留的体育设施，是否能成为有效遗产，需要仔细分析和辨别。城市建造新的体育设施来举办大型赛事，可能举办后，这些设施是高度专业化的设施，只能用于大型比赛，无法被当地居民和外来游客利用，这对于主办地社区，可能难以产生有效影响。有些体育设施场馆修建时，并没有做好后期的改造设计，而大型赛事举办后再重新修改，改造的难度和成本又较大。如果不能有效改造和对接，如巴西将为世界杯建造的体育场作为公交车站，并没有创造较多价值，引起了较大的争议。又如，伦敦奥运会体育场设计时，没有考虑到后期既作为足球场又作为棒球场的可能，则后期仅仅改造座位和拆除一些设施，就需要高额成本。

除赛事举办的直接收益之外，还有较多的长期正外部性。例如奥运会的运动员居住村，可以作为大学的校舍或高品质住宅区。又如为奥运会而修建的高速公路，可以持续为人们的出行提供价值。大型赛事不仅有这些看得见的外部性价值，可能还包括增强国民或地区凝聚力、奋斗意识，甚至训练了按照明确期限交付成果的执行力等。

一个典型的正外部性，是一次大型赛事可以将城市打造为一个主要旅游或商业目的地。例如，巴塞罗那奥运会让巴塞罗那成为知名的旅游目的地，奥运会举办前，巴塞罗那知名度远远不如马德里，但奥运会举办后，巴塞罗那成为西班牙最受欢迎的旅游之地。大型赛事举办时，举办地被全球媒体曝光，知名度大大提升。较高的知名度，给举办地城市留下烙印，使得举办城市拥有了一个品牌符号。而这种符号是一种无形资产，可以为举办地城市带来源源不断的收益。

当然，这种做法并不适用于所有城市。一方面，某些城市本身缺乏对游客的吸引力，一旦赛事结束，这些城市就不再成为游客的理想选择。如果说大型赛事是一次对举办地的大型宣传，但举办地本身并不具备旅游价值，不能给游客带来归属感，那么即使有外在的强大宣传，也难以带来持久的吸引力。营销好，也需要产品本身好。另一方面，如果一个城市作为旅游目的地，知名度已经很高，那么大型赛事只是一次额外增加的宣传，可能不会为该举办地城市的旅游业带来太大的增量。因此，对一个城市获得收益的持续提升和旅游形象的建立而言，大型赛事未必是充分条件，还需要赛事举办地本身具有一定的持续吸引力。

还有研究发现，除了打造旅游目的地外，赛事还促进了主办国家和城市的出口。因为申办大型赛事必然是开放的，这种开放表明，该国家或地区正在向世界其他国家和地区发出全球化和贸易自由化的信号，这个信号效应可以被称为"赛事信号效应"。之所以能够发出这个信号，是因为大型赛事如奥运会，总是选择在政权稳定、经济较好、发展前景较好的国家和城市举办。当然，有争议指出，可能不是因为奥运会促进了国家强劲出口和开放，而是因为出口高增长和开放度更高的国家更有可能申办奥运会。能够申办大型赛事的国家和城市，往往本身具有优势，而通过举办大型赛事，可以促使国家和城市的经济自由开放，大型赛事具有锦上添花的作用。

当然，在正外部性存在的同时，可能也存在负外部性，如奥运会项目要求的截止日期，可能导致粗制滥造、不够严谨的设计和占用资源等现象，不仅破坏既有规划和发展，阻碍了常规项目和投资，而且赛后不合理的设施和债务可能导致严重的税收和环保等后遗症。

负外部性是指一方当事人从未获得赔偿的交易中，承担了意外成本。如果一个赛事只涉及举办各方应得的成本和收益，那么举办方就可以根据这些成本和利益决定赛事是否举办，为赛事的启动提供资金。然而，如果赛事涉及负外部性，则主办方可能无法作出经济上有效的决定，从而放弃投资，那么赛事的供给将会减少，不能为整个社会带来最大的净收益。如图 5-5 所示。

图 5-5 中，横轴为赛事的数量 Q，纵轴为赛事的价格 P。初始的供给曲线 S 为边际成本曲线 MC，$S = MC$，需求曲线 D 为边际收益 MR。假设不考虑负外部性情况下，均衡点价格为 P^*，均衡产量为 Q^*。如果考虑负外部性，那么存在被忽视掉的边际成本 XMC，如赛事带来了环境吵闹和交通拥挤，则全社会实际的新的总边际成本 $MC' = MC + XMC$。从图 5-5 中可以发现，由于这时候新的边际成本 MC'较高，与市场需求不存在交点。那么，这反过来说明，在不考虑赛事外部性成本的情况下，市场存

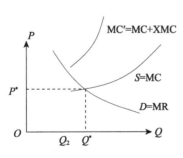

图 5-5　考虑赛事的负外部性影响

在过量的赛事。

四、举办大型赛事的成本

有收益就有成本，举办大型赛事同样需要较高的成本。首先是场馆修建的成本，如举办夏季奥运会，往往需要修建较多场馆。大型赛事的举办，要确保有足够的基础设施来容纳预期的运动员和游客。此外，组委会一般要求主办国至少拥有上万间酒店和可容纳上万名游客的住房。还需要拥有便利的交通线，既能接待成千上万的国际游客，又能支持游客在酒店和体育场馆之间往返。但如果这些设施在赛事后并不属于强需求的项目，则可能被市场遗弃。根据历史经验，很多赛事项目的市场吸引力不足，不仅修建前需要补贴，修建后还需要持续的投入。同时，场馆建设完成后，举办赛事时需要在停车场、会议媒体、网络通信、活动管理、安全保障、志愿者培训、危机管理[①]等内容上花费大量资金，尤其是安保资金的投入，如图 5-6 所示，大型赛事举办时，一般会构建详细的管理架构，处理各项成本。

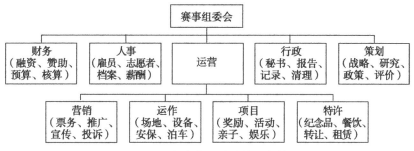

图 5-6　赛事的组委会管理架构

如图 5-6 所示，赛事设置处理成本的管理组织架构，一般分为财务、人事、运营、行政和策划等。其中财务包括融资和赞助的预算核算；人事包括招募志愿者、建立人事档案、发放薪酬；行政包括记录报告、担当秘书、定期记录整理；策划则包括战略研究、政策评估评价等。运营是重要的板块，可以细分为赛事营销、项目设立、特许设置和场地运作等，具体包括票务制作、推广宣传、处理投诉、场地安保、搭建设备、泊车安排等细节，也包括设置亲子娱乐、关联性奖励活动、纪念品销售和餐饮安排等。这些组织节点均要消耗资源，在带来收益的同时也在支付成本。

当然，也有大型赛事承担的成本，看似是赛事导致的，但并不能只归属于赛事。一个大型赛事耗费的支出，可能本来就是当地政府既定的支出内容。例如，两个城市的高速公路，因为赛事举办而提前修建，被作为赛事的成本，但实际上赛事只是影响了公路建设的时间，赛事发挥了"刺激"作用而已，因为即使没有这个大型赛事，当

---

① 赛事中的危机管理，一般采用 6F 原则：forecast（事先预测原则）、fast（迅速响应原则）、face（直面责任原则）、fact（尊重事实原则）、frank（坦诚沟通原则）和 flexible（灵活变通原则）。

地政府也会修建高速公路。因此有时候，将一个地区的正常支出与赛事的支出严格区分，较为困难。正是因为这个原因，部分赛事的举办地政府官员和组织者不愿公布全部的赛事成本核算，往往不会对外公布财务报表，因为公众的偏激和争论可能会带来很大的麻烦。

同时，一般情况下，赛事的成本容易超预算。以奥运会为例，统计发现，1968年至2012年的每届奥运会都比原计划花费更多，超出预算大约150%，有的甚至超出10倍。不仅是赛事申办成功后容易超预算，在申办之前，由于竞争激烈，往往成本很大，也会超预算，尤其是国际大型赛事。研究发现，到了最后，候选城市的竞争目标，关键不在于能否获得申办权，而在于能否击败其他竞争对手，这被称为赛事竞标者之间的"军备竞赛"。

五、申办大型赛事的争议

从收入和成本看，举办大型赛事存在较多争议，那么，为什么这么多城市年复一年地为举办大型赛事而激烈竞争呢？以申办夏季奥运会为例，早期的申办国主要为欧美国家、日本，但自2000年以来，不仅旧的申办国继续申办，新兴发展中国家的申办申请也越来越多，申请城市包括北京、曼谷、开普敦等。

小知识：
世界杯历史

细看赛事的申办，首先需要区分赛事的类型。即使都是国际大型赛事，但世界杯与奥运会也有很大不同，前者可能有更大的盈利潜力。因为尽管世界杯相比奥运会，不是为全世界各个体育运动类型的观众提供观赛服务，创造的收入可能降低，但其要求的场馆类型少，投入的成本较少。足球作为具有广泛接受度的运动项目，可以利用现有的足球场馆，减少成本投入。同时，场馆赛后的利用率也较高，那么其综合的成本较低，净收益较大。

一般大型赛事的组委会，不会让申办城市只主办赛事中单个特别有吸引力的项目，而是要求主办方办赛事的全部内容。例如，申办世界杯，不允许只选择举办某一场明星比赛，而是必须包揽所有的比赛。若从市场结构理论分析，当垄断企业决定了生产数量，那么消费者将接受需支付的产品价格。当赛事组委会将产品限定为一个整体赛事包时，举办方考虑到不能以较低的总成本只举办某部分赛事，只能二选一，要么支付全部赛事的总成本，要么不举办任何赛事。

图5-7中，横轴为赛事的举办数量Q，纵轴为赛事的举办价格P，也即购买成本。我们可以假设国际奥委会像一个垄断者，它向各申办城市收取每届奥运会的垄断性价格P^*，各个申办方购买所需的奥运会赛事。主办城市选择申办Q^*项目集合的赛事，其城市

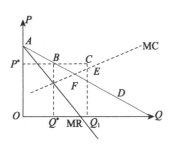

图5-7　大型赛事机构对
举办地的垄断定价

将享受消费者剩余 ABP^*。但国际奥委会往往会宣布，如果该申办城市想申办奥运会，必须把所有的赛事全部包揽，不仅包括足球、篮球、网球等热门、观赏性较强的项目，也要包括举重、射击等一般性运动项目，即项目数量需要达到 Q_1。在此规则下，主办城市不得不以 P^* 的价格购买比它自身想要的更多赛事，会导致有 $BCEF$ 的损失，因为城市支付了高于想要数量的消费者剩余。尽管有损失，但只要申办方在 Q^* 数量的赛事上享受的消费者剩余 ABP^* 大于它们在 Q_1 数量赛事上的损失 $BCEF$，净收益为正，这一损失就会被主办城市接受。因此，过度举办赛事比没有任何赛事可举办的收益要好时，城市仍然会选择举办，哪怕是过度举办。

其次，需要分析具体受益的部门。从受益部门看，即使举办一场大型赛事的总成本超过了当时的总预算，但主办地的不同部门受益不同。其中一些部门，可能获益更多，如酒店业、交通业、建筑业，这些受益部门可能更有动力推动申办。

最后，需要考虑收益所处的期限。申办赛事在期限上收支往往不匹配，尽管短期成本较大，但长期可能受益。当然，也可能有一些非经济原因，如一个国家或城市为了提高综合国力，促进体育的教育理念，通过赛事给主办城市带来精神价值，激发公民自豪感和幸福感。有人比喻，大型赛事是一个国家的大型"生日聚会"，聚会能促进感情，并不期待在聚会上产生积极的回报。

从申办赛事的竞争角度看，申办类似于参与竞拍。当竞拍没有绝对价值时，赢的申办者可能会为中标花费太多的成本。正是因为赛事举办的收益和成本无法精准测算，主办方可能分别预测短期成本和收益，这也导致了无法清晰解释申办行为。有时候，主办方赢得了申办，却输掉了收益，遭受批评。

假设所有参与申办的城市，都根据它们对赛事价值的预期进行出价，出价最高者可以赢得拍卖。出价最高的原因，可能是高估了赛事的好处，存在一种过度自信的乐观。当过于乐观时，申办者就会夸大赛事的价值，那么申办者的出价可能会超出大型赛事真正的价格。同时根据拍卖理论，申办的竞争状态过于激烈，将使得拍卖参与者忘记初衷，沉溺于赢得申办权这一目标而忘记了经济收益分析。也就是说，在拍卖中取胜这件事的重要性可能比奖品本身更有价值。一般情况下，中标者出价的溢出程度就是利润损失的程度，通常会随着竞标者的数量增加而增加。有理论分析发现，激烈的竞争下，参与申办赛事可能更多反映了赢得奖品的愿望，而不是奖品的内在价值，这被称为赛事申办"赢者的诅咒"。

案例资料

F1 中国站总成本超过 60 亿元人民币，可能会成为上海要背负很久的包袱——千万不要再走不计成本办赛的老路

2013 年 4 月 12 日，上海国际赛车场内传出赛车的轰鸣，在此后的两天里，全球

最"烧钱"的 F1 大赛在这里完成进入中国第十年的比赛。

这 10 年，上海的天际线不断增高，从金茂大厦到环球金融中心，再到上海中心，中国经济的飞速发展让每年因 F1 来上海的国际宾客总能发现新的变化；这 10 年，中国社会全面进入汽车时代，挤进上海国际赛车场的观众主体已经从纯粹看热闹的"猎奇"市民，逐步转变为真正的车迷。

但对于 F1 中国站来说，这 10 年却并非一帆风顺。2004 年，当赛车运动刚刚开始在中国起步时，F1 这一全球顶级赛事就在政府主导下被匆忙引进。2013 年，尽管 F1 给上海和中国带来了或许可观的综合收益，也在一定程度上推动了中国赛车文化的形成，但政府为此付出的高昂代价仍备受争议，这也时刻警醒着那些热衷于打造"体育名片"的其他中国城市。

上海举办之初的火爆景象一去不复返

很多上海人都记得 2004 年第一届 F1 中国大奖赛举行时一票难求的盛况，上海媒体曾形容，"一张 F1 门票是 2004 年中秋节最好的送人礼物"。

3 天比赛拥进约 27 万观众，正赛当天有 15 万观众，中国站的火爆堪称 2004 年 F1 全球 18 站比赛中最大的亮点。

但是，F1 刚进中国时带来的轰动效应，更多出于人们并不会持续太久的好奇心理。"2004 年时，虽然一票难求，观众仍然蜂拥而至，但很多人根本不知道 F1 是什么，怎样看 F1 比赛以及怎样理解 F1 所要传递的高科技的运动精神。"上海久事赛事公司市场总监杨亦斌在接受记者采访时表示。

随着观众对 F1 新鲜感的迅速消失，从第二年开始，中国站逐渐降温，正赛 15 万人次的观众数量成为中国站至今也难以超越的纪录。

更为难堪的是，中国站比赛还曾因观众不足激怒过 F1"掌门人"伯尼。

根据杨亦斌给记者提供的资料，F1 中国站的观众数量在 2007—2009 年间跌至谷底，每届比赛的观众总数均未超过 15 万人，其中 2009 年比赛的观众总数仅有 12 万人，相比巅峰时期，F1 中国站比赛的观众人数流失了一半多。

从 2010 年开始，中国站观众的数量缓慢回升。2010 年观众总数为 15.5 万人，2011 年为 16.3 万人，2012 年为 18.5 万人。2013 年因为赶上中国站 10 周年纪念，官方预计观众总数还会继续增加。

从观众数量上看，依然无法与当年的二十几万人相提并论，但观众的构成却发生了明显改变。"成熟的观众群体正在培养起来。"杨亦斌表示。

看热闹的观众比例在下降，忠实车迷的比例在上升，作为上海最大的车迷组织——锐速车迷会的负责人，薛晶晶对此有着明显感受。

锐速车迷会在 2008 年创建时吸纳了 1 万会员，现在会员人数为 8 万左右。"因为车迷会为会员提供 F1 全年比赛的网上直播服务，同时还有每年 8 次左右的线下集体活动，我们能够跟踪每个会员的活跃度，根据分析，我们有 80% 的会员活跃度都很高。

由此可以判断，这些活跃会员基本都是 F1 运动的忠实车迷。"薛晶晶表示。

2003 年，为了给次年的 F1 中国站预热，上海国际赛车场有限公司与央视达成合作协议，授权央视进行为期 8 年的 F1 比赛转播。薛晶晶正是在这一年第一次通过电视观看了 F1 的全年直播。她最初也是看热闹，但因陶醉于 F1 的速度与激情，薛晶晶最后成了一名资深车迷。在她看来，中国的许多忠实车迷都有和她相似的成长经历："尽管我们之前对 F1 完全不了解，但因为 F1 中国站的举办，让我们有机会了解和喜欢上这项运动。没有 F1 中国站，我们也不可能在几年里发展了 8 万会员。我相信，全国范围内肯定还有更多的车迷。"

赛车运动的普及比打造高端赛事更重要

F1 登陆中国 10 年，中国站比赛终于出现了第一位本土选手——马青骅。2013 年 4 月 12 日，这名 25 岁的年轻人代表卡特汉姆车队完成了练习赛，虽然排名倒数第一，并且还不具备参加正赛的资格，但马青骅已经迈出了中国赛车运动具有历史意义的一步。如果放到中国赛车运动在这 10 年并无长足进步的背景下，马青骅的成绩更显得难能可贵。

从 2004 年 F1 中国站第一届比赛开始，媒体就在猜测中国何时能出现第一位 F1 车手。即便一个国家可以凭借超强的经济实力在短时间内弥补赛车运动硬件薄弱的缺陷，但培养车手所需要的软件却绝无一蹴而就的可能。

2013 年 4 月 10 日下午，正在德国训练的中国车手程丛夫在接受记者电话采访时表示，以他过去 10 年的体验，中国赛车运动"软件"的发展速度很难让人乐观。

"中国与欧美赛车运动发达国家之间，在赛车文化和人才培养体系建设等方面的差距非常大。"程丛夫表示，"绝大多数中国人所理解的赛车运动，还是一项有钱人玩的'烧钱'运动。其实，在欧美国家，又有多少车手出身于富豪阶层呢？"

包括"车王"舒马赫在内，绝大多数 F1 车手都来自欧美国家的平民或中产阶层，车手的家庭通常只负担他们在赛车启蒙阶段的投入。

中国的车手往往需要家庭负担动辄数百万元乃至上千万元的高昂费用，"这本身就是个不正常的现象，像我这样的车手如果成长在欧洲，家庭根本不需要花费那么多。赛车运动在欧美国家已经形成了由汽车厂商、赞助商、汽车运动协会和车队等参与的车手培养平台，这个平台会为年轻车手提供成长所需要的各项保障条件。"程丛夫表示，"可以想象，如果一项运动只有少数富人才能参与，而把广大普通人排除在外，这项运动能够发展壮大吗？如果是在那种发展模式下，F1 比赛又怎么能够拥有几亿观众？"

从这个层面理解，尽管 F1 进入中国已经多年，但现代赛车运动的理念却尚未扎根。

由于缺少车手培养平台，一方面，中国年轻车手的来源局限在富裕家庭；另一方面，年轻车手缺少上升通道。"我一直鼓励有条件的中国年轻车手到欧洲来训练和比赛，因为在这里，从入门的卡丁车到顶级的 F1，整个赛车运动的人才培养通道是完整和畅通的。"程丛夫表示，相比之下，中国车手能够在国内得到的发展空间却非常有限。

"因为无法看到自己的未来，所以中国很多车手是以'玩'的心态参与赛车运动，而在欧洲，年轻车手很早就接受了职业精神的教育，为了不断进步，他们对自己的身体素质、驾驶技术和思维反应等各方面能力均有很高的要求。"

10 年时间，中国终于出了一个马青骅，但业内都清楚，马青骅成功的关键因素是机遇，是中国这个巨大市场对 F1 赞助商的吸引力。从车手培养的角度而言，中国人距离 F1 还很遥远。

在一些业内人士看来，F1 登陆中国的 10 年，本应是中国赛车运动实现跨越发展的黄金 10 年，而事实上，却是失去的 10 年。

这 10 年，中国各类赛车比赛五花八门，很多地方均以引入一项赛车比赛为荣耀。表面上是地方政府、汽车厂商、运动协会共享繁荣的盛宴，事实上却是车手培养体系建设等基础工作的滞后，让这个已经步入汽车时代的国家，依然徘徊在赛车运动普及大门之外。赛车文化的薄弱决定了中国赛车运动可持续发展的后劲不足。

锐速车迷会的很多会员已经从观赏比赛向参与体验的阶段过渡，然而，当这些会员带着孩子在卡丁车俱乐部享受驾驶乐趣时，他们中有多少人具有培养子女成为赛车手的经济实力？实际上，在国内很多地方，甚至连卡丁车俱乐部都没有。而舒马赫、塞纳等 F1 顶级车手无不是从驾驶卡丁车起步的。

别再让"城市名片"成为城市的包袱

2004 年，在首届 F1 中国站比赛举办之际，上海体育学院体育赛事研究中心陈锡尧教授就提出了这样一个疑问："F1 在中国能红火多久？"陈锡尧的疑问来自中国贫瘠的赛车文化。

如果从 F1 中国站的忠实观众比例不断上升的角度看，F1 登陆中国 10 年，的确对培育中国赛车文化发挥了作用，但政府为此付出了高昂的代价。

据上海媒体披露：上海国际赛车场的一期共投资 26 亿元，F1 举办费前 7 年共计约 11.62 亿元，每年电视转播权购买是 1.5 亿元。也就是说，前 7 年 F1 中国站的总成本近 50 亿元，平均每年成本为 6 亿多元，加上 2011 年与 2012 年各投入 10 亿元，在前 9 年里，F1 中国站的总成本超过了 60 亿元。而上海赛道在第一个合同期的 7 年里，只有基本的门票收入以及相关的旅游、纪念品等收入，总计不到 4 亿元。

在陈锡尧看来，举办 F1 这一世界顶级赛事提升了上海的国际形象，满足了市民的精神文化需求；围绕 F1 赛事运转的都是世界一流汽车企业和赞助商，这些企业和赞助商因 F1 与上海亲密接触，有可能与上海或中国其他城市进一步联系；上海作为 F1 赛场所在地，城市建设因此而受益；F1 赛事还对上海旅游业起到提振作用……这些都是F1 中国站产生的无形效益。

但就算有这些效益，2010 年，当上海与国际汽联的 7 年合约即将到期的时候，仍然传出上海希望卸掉 F1 中国站这个巨大包袱的消息。有知情人士分析，如果没有 F1，投资巨大的上海国际赛车场将如同鸡肋。因此，上海只能继续承办F1。

今天的上海，实际上是在为2001年作出举办F1比赛决策的那一届上海市政府买单。当时，上海不计成本地引入F1，无论此后官方如何高度评价F1中国站给上海创造的综合效益，都无法否认，这项比赛也是上海可能要背负很久的包袱。

"有英国记者问我，'到底是中国需要F1，还是F1需要中国？'我的答案是，F1肯定需要中国，但中国真的不一定需要F1。"陈锡尧说，"当然，现在无须再讨论中国需不需要F1了，上海近两年已经尽可能地摸索出一套举办F1中国站比赛的成熟商业模式，并使办赛的综合效益最大化，外界也看到了这些成绩。但上海留下了一个经验，这对中国其他城市，特别是二、三线城市是一个警醒——千万不要再走'不计成本办比赛'的老路。"

近些年，以提升城市形象为最大诉求，中国很多城市纷纷引入国际赛事，一些赛事的运动项目甚至在国内毫无群众基础，这些赛事能够吸引观众的最主要理由就是"看热闹"，但实际办赛效果往往不尽如人意，对举办地来说就成了"赔本赚吆喝"。

"由政府主导办比赛，这是中国特色。"陈锡尧说，"我们并不是反对政府主导的办赛模式，而是希望政府的办赛理念能够有所转变。按照中国经济目前所处的发展阶段，老百姓对比赛不是没有需求，但最需要的不是看热闹的比赛，而是参与性的比赛。政府要首先培育体育文化，为老百姓参与体育运动创造条件，而不是盲目地引进赛事。"

资料来源：《中国青年报》。

小　　结

大型赛事区别于其他一般体育比赛，有三个明显特点。一是人数规模巨大，媒体深度关注；二是频度较低，不经常举办；三是参赛者和观赛者来源分散，尤其是国际化。评估赛事的影响和价值可以采用多种方法，基本思路是赛事前后对比。具体而言可分为四种：一是简单"赛前—赛后"对比分析，二是"拟合—赛后"对比分析，三是双重差分对比分析，四是"控制对象—实验对象"对比分析。

大型赛事如奥运会、世界杯，均会对主办地区产生巨大影响，它们吸引来访的消费者和远程的观众，通过他们的消费为一个地区带来新的经济收益。不仅如此，赛事还能留下长久的基础设施遗产，遗产在赛事结束后产生经济效益。然而，由于替代效应、挤出效应和分流效应，赛事真正的经济收益可能低于预期值。

举办大型赛事，尤其是奥运会，其代价可能会非常昂贵，因为主办城市通常必须修建适合竞技的体育设施，且在建设完成之后，还伴随着运营成本、安保成本等难题。

尽管大型赛事有这些问题，但是各个国家和城市还是排队竞争举办权。如果不能清晰界定自身的成本和收益，包括直接与间接、短期与长期的成本和收益，那么申办者可能陷入"赢者的诅咒"之中。

讨论问题

1. 发展中国家是否应该举办大型国际赛事，如奥运会？
2. 国际奥委会是否应该选择一两个固定地点举办奥运会？
3. 一个国家或城市申办大型赛事，有可能陷入"赢者的诅咒"吗？

第二节　体育赛事的竞争平衡

有人问，为什么喜欢足球？有一种回答：因为足球是圆的，圆代表一切皆有可能。如果总是少数球队经常赢球，而其他球队几乎总是输球，那又会怎样呢？毫无疑问，这些比赛将不再那么有趣。在 1956 年，有研究指出，成功的比赛必须建立在相对均衡的竞争基础上，而不是对手过强或过弱。当势均力敌的比赛发生时，这可能意味着竞争很激烈，这时候比赛的可观赏性很强。这种比赛中势均力敌的状态被称为比赛的竞争性平衡，即比赛结果的不确定性。那么，如何衡量竞争平衡？为什么俱乐部运动队和球迷会关心竞争平衡？能够用来比较联盟竞争平衡的工具有哪些？是否有效？

一、竞争平衡是体育消费的动力

有研究发现，体育作为竞赛表演业的一部分，体育迷就像音乐爱好者一样，通常被表演者的绝对实力所吸引。当然，绝对实力不是唯一的因素，相对实力也很重要。一个证据是，相比一个实力较强而获胜者已成定局的情况，一场势均力敌的冠军争夺战往往会产生更多的体育消费需求。

（一）竞争平衡与消费者

没有消费者愿意自己喜欢的俱乐部运动队输给别人，但是长期来看，偶尔的输球，可能会让比赛变得更有趣。如果一种比赛，在相当长的时间里，总是一边倒，那么比赛的吸引力将下降，观众可能很快感到无聊。因此，比赛的持续吸引力可能反而取决于比赛结果的不确定性。支持某个俱乐部运动队的消费者，可能既希望看到竞争激烈的比赛，又希望看到新的冠军诞生。

按照竞争性平衡理论，应该有一个最佳的获胜概率，增加和减少获胜概率时，对球迷的期望快感有一个对称的影响，但事实上，球迷消费者对竞争性平衡理论可能不以为然。从其效用的角度来看，尽管一个不确定的比赛结果可能比一个已知的结果更有趣，但球迷更喜欢一场轻松的胜利，而不是看到他们的球队被打败。赛事竞争性平衡原理的适用性，在现实中遇到较多挑战。例如，研究发现，尽管欧洲足球联赛的竞争常常缺乏平衡，但由于足球非常受欢迎或某个足球队很受欢迎，球迷并不怎么关心竞争平衡。

分析其原因，是体育消费者可能对自己球队获胜概率的感觉不同，消费者会有既定的偏好，这种既定的偏好来自已有的参照点和参照标准，当有了依赖性的参照点，球迷消费者更喜欢胜利而不是失败。

从较新的行为经济学来看，消费者成功的收益效用与失败的成本损失之间，存在着不对称。这种不对称，即前景理论中，个体消费者会对收益和损失区别对待。消费者对损失表现出更大的厌恶，而不是对成功的渴望，这被称为损失厌恶。意外的胜利比预期的胜利效用更高，而意外的损失比预期的损失效用更低，更令人痛苦。同时，实证研究表明，消费者喜欢不确定性的结果，他们最有可能参加主队有 60%～70%胜算的比赛，而不是 50%胜算的比赛。70%相对于 50%，已经表现为缺乏竞争性平衡，但往往更符合体育消费者的需要。

（二）竞争平衡与供给者

竞争平衡除了对球迷消费者有影响，对俱乐部运动队和联赛也很重要。尽管所有的俱乐部运动队都喜欢赢球，不愿意输掉任何一场比赛，但他们也关心联赛自身的"健康良性循环"发展。如果同一支运动队赢得每一场比赛或每一个冠军，球迷消费者可能会失去兴趣。根据长期的利润最大化或胜率最大化目标，没有平衡性的比赛终将使球迷流失，不符合联赛的最佳利益。

联赛的目标与单支运动队不同，联赛经常采取促进竞争平衡的政策，因为单支运动队缺乏维护竞争平衡的手段或动机。单支运动队要么做不到，要么没有动力去做。

当然，对竞争不平衡的关注程度以及增加竞争平衡的意愿，在各联赛和地区可能大不相同。保持竞争平衡往往需要人为干涉，其不是联赛的自然市场化状态。在没有干预的情况下，市场的自然竞争结果更可能是少数运动队在大多数运动队衰退的时候保持了强竞争力，那么，整个联赛的吸引力就容易下降。因此，联赛就会去创造一个更具竞争力的环境。尤其是涉及器材和道具的比赛中，联赛会不停调整。如乒乓球运动，由于中国队一直处于强竞争力的状态，为了增加竞争平衡，世乒组织会调整球的大小、发球的规则等；又如在汽车比赛中会要求所有的汽车发动机满足一套严格的标准，在标准下实现复杂轨道的速度最大目标。可见，为了保持体育消费的市场规模，在多数运动项目中，通过人为干预来维持和增加联赛的吸引力是必要的。

如果一些球队最大化胜率，或者一个俱乐部运动队的投资者，不计成本地只考虑赢，而其他队最大化利润，竞争平衡也可能受损。一方面，这支运动队自身的投资回报率可能很低，甚至处于亏损，其赢得了比赛却输掉了利润；另一方面，整个联赛或联盟的吸引力下降时，其利益也将受到长期的损害。

二、竞争平衡的影响因素

（一）收入的影响

收入对获胜以及竞争平衡存在较大影响。一方面，有研究发现，低薪俱乐部运动队很少能够在赛事中取得成功；另一方面，也有研究发现，俱乐部运动队团队的薪资和获胜之间只有微弱的相关性，甚至俱乐部运动队整体的质量与俱乐部运动队中人均收入并没有密切关系。

当然，随着时代的变迁，收入的来源也在发生变化，从电视时代之前完全依赖门票收入，到电视时代依赖电视转播，再到网络时代依赖网络播放，俱乐部运动队创造收入，越来越不受体育现场的限制。因此，收入更多的俱乐部运动队，可能是更受互联网欢迎的队伍，而不是比赛获得金牌的队伍。也就是说，收入对竞争平衡的影响处于持续的变动之中。

整体上，受欢迎程度高的俱乐部运动队，往往比受欢迎程度低的俱乐部运动队从胜利中获得的收入多。如图 5-8 所示，一个受欢迎程度高的俱乐部运动队在获得冠军时，将获得更高收入。

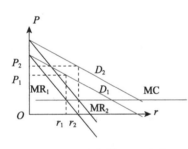

图 5-8　不同受欢迎程度的
比赛获金差异

图 5-8 中，横轴为赛事获胜的概率 r，纵轴表示得到的边际收益或付出的边际成本 P。设市场中分为两类运动项目，其中一类，俱乐部运动队受欢迎的程度较低，市场需求为 D_1，边际收益为 MR_1；而另一类，是受欢迎程度较高俱乐部运动队，需求为 D_2，边际收益为 MR_2。可见，每多赢一场时，受欢迎程度高的运动队所收到的赛事收入价格 P 较高，$P_2 > P_1$。如果所有俱乐部运动队都要实现利润最大化，那么它们经营的边际收益就等于边际成本。设一场胜利的边际成本对于所有的俱乐部运动队都是相同的。对于一个受欢迎程度低的俱乐部运动队而言，$MR_1 = MC$ 发生在 r_1。一个受欢迎程度高的运动项目，$MR_2 = MC$ 发生在 r_2。实现利润最大化时，$r_2 > r_1$。这说明，在其他条件相同的情况下，运动项目受欢迎程度高的俱乐部运动队，比运动项目受欢迎程度低的俱乐部运动队获胜的概率高出更多。

（二）边际报酬递减的影响

不同运动项目以及不同运动队的收入不同，则获胜的概率不同。那么，受欢迎程度高的运动项目的运动队，可能比受欢迎程度低的运动项目的球队更有动力，也更有实力招募人才和赢得比赛。当然，这也是有限度的。因为每一项赛事获胜后，边际收益递减，这一规律使得俱乐部运动队追求胜利的动力受到抑制。可以说，边际报酬递减对无边扩张行为起到了减速作用，因为削弱了任何一个俱乐部运动队类似炒作明星球员的动力。所有的运动项目都会遵守这一规律，无论是篮球还是足球、乒乓球还是羽毛球，边际收益递减，对应着边际成本上升，如图 5-9 所示。

图 5-9 中，横轴依然为赛事获胜的概率 r，纵轴表示得到的边际收益或边际成本 P。此时，市场中分为两类运动队，其中一类，市场需求为 D_1，边际收益为 MR_1；而另一类，需求为 D_2，边际收益为 MR_2。随着获胜概率 r 的增加，边际报酬递减，边际成本 MC 急剧上升。对于受欢迎程度较高的俱乐部运动队，尽管收益较高，但成本上升也快，如招募有实力的运动员付出了较高代价，那么此时 MC 是上升的。

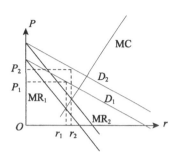

图 5-9　边际报酬递减时不同受欢迎程度的比赛获胜差异

三、竞争平衡的测量方法

（一）赫芬达尔–赫希曼指数

一个特定时间段内赢得冠军的球队数量这样直观的单一数值，不能用来衡量竞争性平衡。赫芬达尔–赫希曼指数（HHI），最初是用来衡量一个行业内企业集中度，可以更好来反应获胜的集中度。具体计算公式如下：

$$HHI = \sum_{i}^{N} \left(\frac{C_i}{T} \right)^2$$

式中，C_i 为第 i 支运动队赢得的冠军队次数，T 为要考察的比赛时间年数，N 为联盟中运动队的数量。

当 HHI 达到最大值 1.0 时，表示完全不平衡。HHI 最小值为 1/N，例如，一个联赛中有 5 支运动队，过去 5 年内，每个运动队得过 1 次冠军，则 HHI=[$(1/5)^2 + (1/5)^2 + (1/5)^2 + (1/5)^2 + (1/5)^2$]=1/5。

（二）标准差衡量法

衡量竞争力平衡，第一种方法是考察俱乐部运动队在赛事中的胜率。在胜率上的巨大差异，意味着运动队在赛事中的竞争平衡性较差。胜率的差异和集中度变化，体现在胜率的标准差上。标准差作为统计学的概念，是样本观测值与样本均值之间的距离。计算某个系列赛事的胜率标准差，公式如下：

$$\sigma_{W,t} = \sqrt{\frac{\sum_{i=1}^{N}(WPCT_{i,t} - 50\%)^2}{N}}$$

式中，$WPCT_{i,t}$ 为联赛中第 i 支球队在 t 年的胜率，50% 为全年所有球队的平均胜率，

N 为联盟中球队的数量。标准差越大，则说明获胜百分比的分散程度越大。如果联赛 A 的标准差是 0.09，联赛 B 的标准差是 0.03，说明 A 联赛的竞争性平衡低于联赛 B。

不过，用此胜率百分比的标准差衡量竞争平衡有一定的局限性。因为统计上的大数定律告诉我们，如同抛硬币的次数越多，则越接近 50%，故比赛的胜率标准差，可能随着比赛次数的增加而缩小。因此，即使一个联赛是完全竞争性平衡的，但在短期内某些球队比其他球队赢得更多的胜利，可能算出的胜率标准差不代表实际情况。随着赛事次数越来越多，此时连胜和连败开始互相抵消，就像抛硬币的正面和反面，最终趋近于 50%。

因此，取而代之的是第二种方法，此方法可以跨越较长时间，如一个赛季，衡量在给定的时间区间内冠军的集中度。冠军集中度高，指的是联赛有一小部分运动队，总是年复一年地赢得冠军。因此，可以首先计算一个完全平等的联赛的胜率的标准差是多少，如果时间不等，则先剔除时间周期不同的数据，因为需要考虑比赛次数不同的影响。此种考虑了比赛次数的标准差，可以称为理论胜率标准差，则其计算公式为

$$\sigma_l = \frac{50\%}{\sqrt{M}}$$

式中，σ_l 为理论胜率标准差，M 为每支球队参加的比赛次数。之所以是理论胜率标准差，是因为每支球队在理论上都有 50% 的概率赢得每场比赛。此式的含义是，如果一个球队在一个赛季参加 64 场比赛，则理论胜率标准差是 $50\% / \sqrt{64} = 6.25\%$，如果只打 16 场比赛，则理论胜率标准差为 $50\% / \sqrt{16} = 12.5\%$。

（三）频率分布法

通过观察球队连续赢得冠军的频率分布，我们可以评估竞争的平衡程度。极端上，如果某个运动队几乎每年都会赢得锦标赛，那么联赛中的胜率就失去了意义。在另一个极端，如果每年都是不同的球队赢得锦标赛，那么竞争是过度平衡的。例如在 A 联赛，在近 10 年里，30 支球队中有 3 支赢得了 70% 的冠军，而在 B 联赛里，没有球队赢得 2 次以上的冠军。那说明，B 联赛的竞争平衡程度高于 A 联赛。

（四）洛伦兹曲线图

对于任何集中度的衡量，基尼系数指标是典型的代表。基尼系数的计算公式为

$$1 - \sum_i [f_i(z_i + z_{i-1})]$$

式中，f_i 为每个收入区间的人数比例，如每个区间为 25%；z_i 为达到收入区间为 i 的收入累计分数；z_{i-1} 为达到收入区间 i 前一个区间的收入累计分数。

当然，基尼系数也可以使用洛伦兹曲线的图形工具进行表示。因此，竞争性平衡，

也可以参照基尼系数等方式，以洛伦兹曲线进行表示。洛伦兹曲线往往是为了显示收入不平等，考察资源在人口中是否均匀分布，其思路是观察收入占总人口的百分比。例如，如果最贫穷的10%人口的收入只占总收入的3%，而最富有的 10%人口的收入占总收入的 25%，说明收入较为集中在富人之中。与此相似，可以将球队的胜率占球队数量的百分比作为衡量指标。在一个竞争完全平衡的联赛中，10%的球队将获得10%的胜利或积分，20%的球队将获得20%的胜利或积分，以此类推。竞争越不平衡，则实力最弱的球队获得胜利或积分的百分比就越小。一般绘制洛伦兹曲线，每隔 10%为一个分界点，描出占比值，直到第 10 个点，即达到100%为止。如图 5-10 所示。

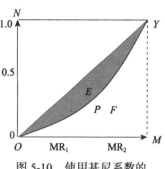

图 5-10　使用基尼系数的洛伦兹曲线表示竞争平衡

图 5-10 中，横轴 OM 表示运动队数量的累计占比，纵轴 ON 为获胜的累计占比。OPY 为洛伦兹曲线，则基尼系数 = E/（E + F），其中 E 为 OPY 与 OY 之间的灰色面积，F 为 OMYPO 之间的面积。可以看到，OPY 为斜率为 1 的直线，表示完全平衡，因为10%的球队获得 10%的胜利。竞争越不平衡，曲线就越向下突出。

（五）标准差比值法

为了衡量一段区间内的赛事竞争平衡，也可以用整个区间或赛季的胜率标准差与理论胜率标准的比率的比值 R 作为衡量指标，于是有

$$R = \frac{\sigma_{W,t}}{\sigma_l}$$

基于这个比值，可以更好衡量竞争的平衡性，因为相当于将普通的胜率标准差进行了标准化，剔除了比赛次数的干扰。但如果比赛不是看胜率，而是看排名的变化，即考虑球队在排名中相对位置的变化，则可以用如下数学公式：

$$\sigma_{T,t} = \sqrt{\frac{\sum_{i=1}^{N}(\text{WPCT}_{i,t} - \overline{\text{WPCT}})^2}{N}}$$

式中，T 为赛季数；而 $\overline{\text{WPCT}}$ 为球队在 t 赛季的平均胜率。如果某个俱乐部运动队总是同样的记录成绩，则 $\sigma_{T,t}$ 将是 0。如果球迷长期关注球队，那么在很长一段时间内，不同季节的变化对球迷的兴趣至关重要。如果所有球队的 $\sigma_{T,t}$ 均是 0，则完全没有竞争性不平衡，那么一个可能的变化是球迷会减少对所有球队的需求。

四、实施竞争平衡的措施

为了促进竞争平衡，许多体育协会或体育联盟制定了较多制度或政策，如收入均衡制度、工资帽制度、征收奢侈税、逆序选秀等。收入均衡和薪资限制，旨在通过防范受欢迎程度高的俱乐部运动队在追求人才时不计成本地加薪，来限制这些运动队俱乐部的固有优势。而逆序选秀往往是通过分配新人才给实力较弱的俱乐部运动队，来平衡竞争。这些工具均是人为设定的，本质上是为了限制自由交易，如球员与出价最高者签署合同的权利。

一般情况下，自由交易和竞争平衡不能共存。由完全竞争市场的经济学可知，自由运作的市场，能够将资源分配到最有价值的地方。当人为阻止市场进行自由分配时，如果没有额外的交易成本，则这种阻碍可能无效，依然按照市场机制实现资源的分配。如图 5-11 所示。

图 5-11 中，横轴为产品的数量 Q，纵轴为价格 P。如果以体育门票为例，设门票价格为 $P^* = 150$ 元，按照市场供给 S 和需求 D 均衡，数量为 Q^* 的门票将会售罄。假设体育管理协会认为 150 元太贵了，将门票价格降至 $P_1 = 110$ 元。此时，必然出现过剩的需求量 $Q_1 - Q^*$，出现排队等待、黄牛倒卖、管理协会定量定向配给等情况。如果通过各种方式买到的 110 元门票还能卖出去，那么很大的可能是最后还是卖到市场价 P^*，即 150 元。甚至部分体育消费者拿到手的价格，可能超过 150 元。假设老王愿意花 300 元买一张票，而小王有这张票，小王估价为 120 元。如果老王能以 120～300 元的价格买到此票，则老王和小王的效用均会提高。例如，如果老王付给小王 200 元，老王享有 100 元的消费者剩余，小王享有 80 元的生产者剩余。

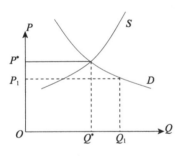

图 5-11 限价对竞争的影响

当然，如果老王和小王很难交易成功，如很难知道对方需要买票或卖票，也即存在大量交易成本的时候，市场最终并不会配置成功。例如，假设老王不得不在知名的微信公众号上刊登 200 元的广告，才能找到小王，即老王将面临 150 元的市场价格和 200 元的交易成本，合计超过 350 元，那么因为此时这张票的总价格超过老王的预期总价 300 元，则老王不会再去购买该票。交易成本打消了老王额外费神购买此票的念头。一般而言，当存在大量交易成本时，资源可能不会流向市场应配置的地方。交易成本是指除了为商品或服务支付的价格之外，在市场上还要支付与买方或卖方进行交易的费用。因此，为了维持平衡、降低竞争，联赛或俱乐部运动队往往会在交易成本上做文章，即提高交易成本，例如阻止球员自由流动到市场工资价格最高的地方，从而维持平衡。

（一）工资帽与奢侈品税

限制球队支付给球员的工资，设置最高和最低工资水平的方式，被称为工资帽。工资帽制度，对竞争性平衡有较大影响。工资帽看似只限制球员的最高工资，其实也限制了球员的最低工资，只是人们大部分的注意力都集中在上限。工资帽也可以分为硬工资帽和软工资帽，硬工资帽是绝对的限制，而软工资帽对上限规定的限制存在特例。当然，软工资帽因为限制不够严格和僵化，更容易留住或吸引有天赋的明星球员。

例如当超过限额，联赛对薪水超过一定水平的球队可以征收额外的附加费，这种附加费相当于一种税收，类似对昂贵物品征收的奢侈品税，是一种"竞争性平衡税"。如果把工资超限也看作是违规，那么对违规的处罚，与超限征税发挥了同样的经济调整作用。因此，一个拥有超额工资和多重违规的俱乐部运动队，可能支付极高额的税。当然，这些税收的用处，主要是再分配给了工资不足的俱乐部运动队或非违规者，也有部分税收收入不分配给球队，而是分配给类似体育产业基金的机构。

一般而言，管制如果处理不好，与竞争相比，会更大程度地带来市场福利的损失，如图 5-12 所示。

图 5-12 中，横轴为需求和供给的产量 Q，纵轴为价格 P。如果不对市场管制限价，则市场的需求 D 和供给 S 均衡于 E 点，此时形成的均衡数量为 Q^*，价格为 P^*。如果实施最高限价为 P_1，最低限价为 P_2。[①]在实施最高限价 P_1 时，需求量为 Q_1，而供给量为 Q_2，需求量超过了供给量，即 $Q_1 > Q_2$，同时供给量从 Q^* 降低至 Q_2，如果是明星运动员，则以前能够通过发放高工资吸引和招募，现在将不

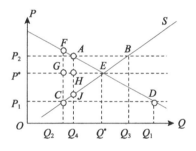

图 5-12　工资帽管制带来的经济租金

再容易招募成功。这对于只能支付低价格的招募需求方而言，增加了自身的福利，图 5-12 中显示为长方形 P_1CGP^*，只支付了 P_1 而不是较高的 P^*，那些能够有实力付出高薪水的俱乐部则存在福利损失，其损失的部分为三角形 EFG。整体俱乐部增加的净福利量为 $P_1CGP^* - EFG$，而作为赛事的供给方，运动员整体的薪酬有了天花板，存在损失，损失额为图 5-12 中的长方形 P_1CGP^* 以及三角形 CEG，也即 $P_1CGP^* + CEG$。那么，全行业的俱乐部和运动员共同的福利损失即为（$P_1CGP^* + CEG$）-（$P_1CGP^* - EFG$）=（$CEG + EFG$），也即大三角形 CEF，称为全社会的无谓损失，俱乐部和运动员两方谁也没有得到。

不仅如此，工资帽也会设置最低限价，如图 5-12 中的 P_2，同理此时价格不再为 P^*，而是 P_2 对应的供给量 Q_3 和需求量 Q_4，此时需求量少于供给量，对于那些不属于

---

① 最高限价指限制最大的价格，最低限价指限制最低的价格。

优质、明星、战绩较佳的运动员，俱乐部也必须付出此工资 P_2 时，招募方的俱乐部不愿意，而劣质运动员的供给增加。此时，相当于俱乐部对于招募 Q_4 的运动员，多付出了价格，多付出的工资为 $P_2 - P^*$，同样也导致了三角形 AEH 的损失，既想招到低价格的人但又很难招到，招聘的人数相对于 Q^* 减少至 Q_4。此时，低质量的运动员得到了 AHP^*P_2 的长方形好处，由于就业的人数减少，整体市场运动员的总福利也下降了三角形 EHJ，因此运动员的整体福利变化是 $AHP^*P_2 - EHJ$。此时，由于设置了最低工资帽，俱乐部公司既无法将劣质运动员的薪酬调整到市场价 P^*，又无法实现 Q^* 的人员，不能降薪的损失和存在招募缺口的损失，使得俱乐部一方整体的损失为 $-$（$AHP^*P_2 + AEH$）。同样，市场两方的总体福利变化是 $AHP^*P_2 - EHJ -$（$AHP^*P_2 + AEH$）$= EHJ + AEH$。即图 5-12 中三角形 AEJ 的部分。可见，工资帽如果设置不合理，会给整体市场带来损失。

（二）统一收入与补贴措施

随着收入规模和收入来源的增加，体育联赛联盟或协会一般会有一系列复杂的收入均衡机制。收入均衡用于平衡俱乐部运动队和球队的收入。例如，联赛将来自转播售出和赞助商的收入的 50% 投入一个公共资金池中，作为一种平均工资收入。那些创收贡献低于平均工资的俱乐部运动队，是收入的净受益者，而贡献更多的高收入俱乐部运动队，则是净支付者。当然，由于这样做的目的不仅是体现"劫富济贫"的人道主义，更是增加竞争性平衡，故会要求球队不能使用这些补偿性收入来偿还球队债务，一般要求资金专项用于提高球队质量。

从税收和补贴角度看，为了均衡收入，可以对部分俱乐部运动队征税，对另一部分俱乐部运动队补贴。如果某类俱乐部运动队因为受欢迎程度高而创造了更多收入，则收入均衡是对这类受欢迎程度高俱乐部运动队的征税，同时是对受欢迎程度低俱乐部运动队的补贴。在最极端的情况，将所有俱乐部运动队的所有收入，集中到一个中央池中，每个俱乐部运动队再从中获得平等的比例。但这样的后果是，所有俱乐部运动队都会搭乘受欢迎程度高的俱乐部运动队的创收便车，从拔尖者处获得经济利益。当拔尖者不希望被搭便车又无法避免时，就可能失去竞赛动力，那么，整个联赛将因此而无人贡献精彩表演服务。研究发现，收入均衡能增加竞争平衡，但前提是收入必须被用来提高竞赛质量。否则收入均衡机制存在较大问题，无法实现对球队的有效激励，联赛将沦落为"大锅饭"。

（三）逆序选秀

逆序选秀是欧美国家职业联赛中较为成熟的做法。逆序选秀指选择新的球员加入时，允许战绩最差的球队首先选择，战绩第二差的球队第二个选择，以此类推，赢得上赛季冠军的球队最后选择。所有未被选中的球员可以和任何球队签约。由于选秀往往往容易导致新人价格竞标战，把新人的工资炒到天价。为此，联赛设置规则，规定尽管球队有选择未签约球员的权利，但选择的顺序取决于每个球队在上个赛季的表现。

当然，逆序选秀存在一定的问题，逆序选秀可能只不过是将新球员薪水保持在低水平的一种工具，是对选秀球员市场力量的明确限制，对竞争平衡的影响不明确。因为有的球队为了在未来的选秀中增加自己的机会，可能故意输球，认为倒数第二名或第三名，反而不如倒数第一名好。

从理论上讲，逆序选秀通过将最优秀的新人分配给最弱的俱乐部运动队的方式，来促进竞争平衡。但这种平衡人才机制的发挥，取决于俱乐部运动队的动机、识别能力和培养机制。如果俱乐部运动队的动机目标不是找最优秀者，而是找平庸者，则逆序选秀机制难以发挥作用，或者球队尽管有很好的选秀机会，却不具备找到好球员的素质，或找到了但自身培养机制恶劣，则可能既埋没了新的人才，又不能实现竞争性平衡。

为了防范故意输球获得逆序选秀机会，有的联赛委员会设立了随机抽签制度，让拥有战绩排名靠后的几支球队抽签，使之均有可能获得最佳选秀权，而不一定是最后一名获得。可以说，抽签削弱了故意输掉比赛的动机，但也降低了最弱的球队从选秀中获益的可能性。

除了这些增加竞争性平衡的办法，还有赛程调整、升降级制度等办法。例如赛程调整方法将俱乐部运动队分区，每个分区的第一名对阵其他分区的第一名，第二名对阵其他分区第二名。更强的球队在接下来的一年里会打更艰苦的比赛，而较弱的球队在接下来的一年里会打更轻松的比赛，从而形成了一种自然的平局趋势，这使得联赛不至于过度竞争。而升降级制度，提供了一个额外的激励机制，让联赛不过于平淡，而是充满竞争。在开放的联赛中，排名靠后的球队直接被降级到一个较低的联赛，如依然排名靠后，则继续降级，这使得排名靠后的球队有动力去赢得比赛，直到保持在力所能及的最后等级。可见，在这个开放体系中，升降级制度不会增加联赛的冠军循环率，但会提高球队胜率的标准差，提高竞争性。

但对于一个封闭的联赛，如果一个球队也经历了一个糟糕的赛季，并且最终排名接近垫底，它可能没有多少获胜的动力。此时，没有严格的升降级压力，但面临"虽在联赛但被淘汰"的压力，此时球队可能会用剩余的比赛时间来投资未来的赛季，挑选新的球员，卖掉顶级球员，给球队寻找未来的潜力优势。因此，此时差队的胜率会进一步降低，这增加了胜率的标准差，尽管没有像升降级联赛那样激烈的竞争。

五、竞争平衡的代价

竞争性平衡措施，是人工的干预措施，属于一种管制。因此，竞争平衡常常会带来寻租。

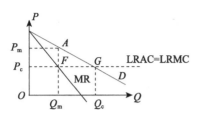

图 5-13 管制带来的经济租金

如图 5-13 所示，为简化起见，假设需求曲线 D 为线性，假设边际收益曲线 MR、平均成本 AC 和边际成本 MC 均不变，这使得长期的平均成本 LRAC 和长期的边际成本 LRMC 相等，LRAC = LRMC。图 5-13 中，如果是竞争条件下，则生产 Q_c 的数量，并以价格 P_c 出售。但在工资有管制时，可以把产出减少至 Q_m，并把价格提高至 P_m。图 5-13 中的三角形 AFG 与垄断的无谓损失一致。但是区域 P_cP_mAF，可以看作是一种特许权价值。当获得的收益是较为确定的时候，则单个竞争者就有一种为了被授予的排他性垄断特许权而花费的动机。此管制的特许过程中，单个竞争者将 P_cP_mAF 这部分称为经济租金。这部分花费之所以竞争者愿意投入，其目的是获得排他性垄断权，这被称为寻租。寻租正如地主收租金一样，代表了从消费者到垄断者的一种再分配。因为这个花费低于获得垄断所带来的收益，是有利可图的，因此愿意付钱给有管制权的人。

勇士一家独大毁了 NBA？其实 NBA 本来就是不平衡的联盟

2018 年，德马库斯·考辛斯加盟金州勇士队的消息在 NBA 球迷中炸开了锅。勇士 4 年内 3 次捧得总决赛冠军。如今已经坐拥王牌球员史蒂芬·库里、凯文·杜兰特、克莱·汤普森的勇士队，又将有"联盟最好中锋"之称的考辛斯收入麾下。将 NBA 的天才球员尽数集结，面对全新的勇士队，不少球迷大呼下赛季的 NBA 已经提前进入大结局，各俱乐部之间的竞争平衡也已完全被摧毁。

考辛斯是否真的能让勇士队如虎添翼还有待讨论，毕竟他自身的伤病是巨大的风险。而且数据表明，在没有考辛斯出场的情况下，新奥尔良鹈鹕队的获胜率反而更高。考辛斯征战 NBA 已经 8 个赛季，今年已经 28 岁，但是却从还没有尝到过季后赛的滋味。另外有数据显示，在赢得比赛方面，考辛斯作出的贡献并不大。

但是假设考辛斯真的和人们想象中一样，身体状态良好。同时我们也假设，大多数 NBA 球队均默认 2019 年 NBA 冠军已被提前锁定。但这真的会毁了 2018—2019 赛季的 NBA 吗？

几十年来，体育经济学家一直坚称，只有当所有球队都具备竞争力时，联赛才能达到最佳效果。这背后的道理很简单：如果最终结果是已知的，那么球迷们就会对比赛失去兴趣，不再去关注。虽然这个想法在理论上说得通，但现实数据却表明真实情况并非如此。一些针对棒球比赛的学术研究显示，至今并未发现联赛的竞争平衡水平能对各队伍的出勤率产生较大影响。同时当我们将探究对象转为 NBA 时，事实情况和专家的结论竟然恰恰相反。

让我们把时钟拨回 2018 年 7 月 2 日的早晨，勒布朗·詹姆斯正式宣布加盟洛杉矶湖人队，但是当时考辛斯还没有加盟勇士，而在考辛斯官宣之前，在球迷们心中又有多少 NBA 球队能够有实力争一争 2019 年的 NBA 总冠军呢？

当然，即使是在考辛斯到来之前，勇士队也依然是夺冠热门。休斯敦火箭队签下了克里斯·保罗，尽管失去了克林特·卡佩拉，火箭也颇具实力。同时如今湖人手握詹姆斯，我们不得不承认，他们现在也有底气去争夺冠军宝座。

但是除了这三支球队之外，放眼东西部，还有哪支球队有实力和机会呢？如果圣安东尼奥马刺队能够留住卡瓦伊·伦纳德，或是签下其他猛将，也许他们也能算上一个。无论如何，NBA 总决赛上肯定会有一支来自东部的球队，如多伦多猛龙队、波士顿凯尔特人队或费城 76 人队。

我们目前列出的这份夺冠热门名单中只包括 7 支 NBA 球队。也就是说，在一个理智的球迷看来，即使是在 7 月 2 日早上詹姆斯加盟湖人的消息曝出，考辛斯未官宣时，也有 23 支球队根本没有机会在下个赛季赢得 NBA 总冠军。

相比之下，让我们来看看 MLB 的情况，2018 赛季又有几支美国职业棒球大联盟球队有机会赢得 MLB 总冠军呢？有 10 支球队进入季后赛，过去的历史经验表明，不管之前表现如何，每一支参赛队伍都有可能成为最终赢家。例如，旧金山巨人队在 2014 年的所有季后赛参赛球队中成绩排名垫底，但他们仍然赢得了最终胜利。类似的情况在 2011 年也曾经出现过，总冠军圣路易斯红雀队在进入季后赛时的成绩也是 8 支球队中最差的。

鉴于这段历史，任何有机会在 2018 年进入 MLB 季后赛的球队都有机会赢得总冠军。赛季过半时，美国职业棒球大联盟中至少有一半的球队都有机会赢得总冠军。但反观 NBA，我们距离下一赛季开始还有几个月的时间，但我们有足够的理由相信，超过 75% 的球队根本没有夺冠希望。

NBA 和 MLB 之间的这种显著的区别并不是仅仅存在于 2018 赛季。两项运动的联赛历史都表明，NBA 的竞争从未像 MLB 那样激烈。截至 2018 年，在 NBA 的 30 支球队中，有 12 支队伍从未赢得过 NBA 总冠军，而剩下的 18 支球队中，有 8 支仅获得过一次冠军。此外，70% 的 NBA 总冠军都是由 5 支球队（波士顿凯尔特人队、芝加哥公牛队、金州勇士队、洛杉矶湖人队和圣安东尼奥马刺队）赢得的。而 MLB 的冠军分布则更均匀，截至 2018 年，美国职业棒球大联盟的 30 支球队中，只有 7 支队伍尚未赢得冠军，剩下的 23 支球队，有 20 支队伍曾多次赢得总冠军。

体育经济学家在研究时，也不仅仅是单纯地根据冠军的分配来评估竞争平衡水平。研究时常用的一个指标是，一个联赛实际的冠军分配与该联赛在竞争完全激烈状态下的冠军分配之间的比率，如果一个联赛的竞争性很激烈，这个比率应该是 1∶1。虽然竞争完全激烈的状态并不常见，但是据体育经济学教科书报告，近几十年来，在 NFL、

NHL 和 MLB 联赛中，这一比率通常小于 2。而 NBA 则完全是相反的状况，根据其历史数据，这一比率通常远远大于 2。总而言之，相对于北美主流职业体育项目而言，NBA 各队之间的竞争一直较弱。

NBA 竞争平衡水平较低的现象，可以用"身材高大的运动员较为短缺"这一原因来解释。简而言之，NBA 缺乏竞争平衡的现象与联盟吸纳的人才（即身高非常高的人）较少有关，这是联赛中一直存在的问题。然而尽管长期缺乏平衡，联盟的收入却始终有增无减。Statista 报告显示，联盟收入从 2001—2002 赛季的 26.6 亿美元增长到了 2016—2017 赛季的 73.7 亿美元。

不可否认，勇士的确是王者之师，并且仍然是赢得下一个 NBA 总冠军的有力竞争者（即使考辛斯帮不上什么忙）。但是 2018—2019 赛季 NBA 的剧情发展和之前的几十年也不会有什么太大区别。

这一局面在考辛斯加入之前已是如此，在他被勇士签下后仍然如此，即使到了考辛斯退役的时候，恐怕也不会有什么改变。

资料来源：懒熊体育网站。

小　　结

从长远来看，一个联赛要想长期具备吸引力，就必须让各个球队保持一种适度的竞争。尽管俱乐部运动队短期对失败的厌恶，导致它们更喜欢一边倒的胜利，但球迷和联赛可能都希望保持竞争性平衡，尤其是联赛机构。因此，增加竞争性平衡的政策总是由联赛机构委员会或协会制定，单个球队总是喜欢胜利而不是失败。

衡量竞争性平衡的方法有多种，包括赛季内的胜率标准差、赫芬达尔–赫希曼指数（HHI）、洛伦兹曲线等。

为了维持竞争性平衡，在球队利润最大化、球员收入最大化目标下，人们会干预体育市场的自由交易，继而影响体育资源的分配。

对体育市场的干预，主要体现在提高经济学的交易成本，如限制球员从受欢迎程度低球队向受欢迎程度高球队的转移，实施收入均衡机制、工资帽制度、奢侈税和逆序选秀等。

讨论问题

1. 联赛应如何做才能保持赛事的竞争性平衡？

2. 如何衡量一个赛事的竞争激烈程度？

3. 为什么很多球迷对他们的主队如此热情，即使一些队伍几乎没有机会赢得冠军？

自学自测  扫描此码

第 六 章

体 育 场 馆

第一节　体育场馆的成本收益

很多体育场馆已经成为城市的核心地标。从区域经济发展的角度看，体育场馆往往是城市化进程中城市发展良好的体现，且往往与最新的城市规划相匹配。基于此，有必要分析修建体育场馆等体育设施，给城市、俱乐部运动队、居民带来的好处。问题包括：新建体育场馆如何使居民生活更好？新建场馆如何有助于当地经济？新建体育场馆有什么潜在弊端？

一、体育场馆收入和成本

新建一个场馆如何使体育消费者受益？最直接的是观看比赛的收益。体育消费者观看比赛，主要是体育消费者从新建体育场馆中获得并享受了观赛的座位。从体育场馆看，更好的座位会增加上座率，那么就会增加体育场馆的收入。这种收入被政府用于支持更好、更多的体育建设，如打造更好的运动队，可以使全部消费者获得的经费支持力度增加。一般而言，体育场馆创造的门票等一系列收入，尽管看起来也算是一大笔钱，但可能只属于当地经济总收入的九牛一毛。从这个角度说，场馆直接创造的收入，对当地经济的影响非常小。

假设体育消费者追求福利最大化，新的场馆提供了更多的运动场所和更多观赛的机会。设福利或利润函数为

$$F = R(Q) - \text{FC} - \text{RC}$$

式中，R 为收入，是观赛或参赛或运动的消费者数量 Q 的函数，R 随体育消费者数量 Q 的增加而增加。体育场馆的成本有两个部分，一部分是与体育消费者数量无关的固定成本 FC，一部分是随着体育消费者数量增加而轻度上升的运营成本 RC。

当新建一个体育场馆时，只增加建造体育场馆的固定成本 FC，因为运营成本 RC 不会随着体育消费者的数量增加而剧烈改变。如果场馆获得的收入超过固定成本 FC，则新建体育场馆会获得利润，增加消费者福利。当有了一个美观的、全新的场馆时，观赛或参赛的体育消费者会增加。如图 6-1 所示。

图 6-1 中，横轴为体育消费者数量 Q，纵轴为观赛或参赛的场地价格 P。当新的
体育场馆没有被修建时，体育场馆的供给 Q_1 接近 0，此时，与体育需求曲线 D 的交点
A 代表的价格 P_1 较高，一旦增加一个体育场馆，则边际成本剧烈下降，从 AB 线下降
至 BC 线。此时，场馆的价格为 P_2。当然，随着体育
消费者进入体育场馆的数量 Q 增加，场馆的边际成
本 MC 因为运营成本的变化，沿着 BC 线轻微上升。
但由于体育场馆的座位供给有限，一旦达到场馆的座
位数量上限，即为 Q_2 时，边际成本又开始急剧上升，
边际成本线变为 CE 线。新增体育场馆的边际成本
MC 整体为 $ABCE$ 线。

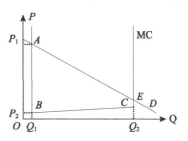

图 6-1　新建体育场馆的供需变化

当然，不是所有的体育场馆边际成本都会有如此
理想的变化，一般是先缓慢下降，保持不变，然后在
达到场馆容量极限时，急剧上升，如图 6-2 所示。

图 6-2 中，横轴为体育场馆的座位需求量 Q，纵
轴为场馆的成本 C。由于体育场馆的固定成本较高，
所以随着出售的座位数量上升，边际成本 MC 下降，
因此平均成本 AC 也跟随下降。部分体育场馆或简洁
型健身公园一旦修建完成，所耗费的新增边际成本一

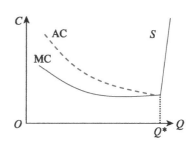

图 6-2　体育场馆的高固定
成本及容量限制

般不会上升，而是一直处于较低状态。也即从供给成本看，其供给的边际成本是接近
不变的。但从图 6-2 中可以发现，当达到场馆的容量 Q^* 时，边际成本急剧上升。

新建体育场馆时，消费者增加。国外研究发现，几乎所有新建的体育场馆都会在
建造后的几年里上座率增加，平均上座率会上升 30% 左右。然而，随着时间的推移，
一个新的场馆的吸引力会逐渐消失。这被称为新建场馆的"蜜月效应"。"蜜月效应"
大约持续 10 年，即上座率通常在大约 10 年后回到原来的水平。10 年后，随着时间的
推移，对于一个旧的体育场馆而言，如果其中的比赛质量也变差，则消费者会纷纷离
去，上座率迅速下降。

除了新建体育场馆，翻修旧的体育场馆也较为普遍。翻修旧的场馆未必吸引更多
的新球迷消费者，也即球迷消费者的数量一般并不增加。但是，翻修后，体育场馆的
收入可能会增加。研究发现，海外体育场馆，因新场馆可以增加豪华包厢，这部分特
殊座位将为场馆提供收入来源。少量的豪华座位，反而是场馆的重要收入来源。为什
么出现这种情况？研究发现，因为豪华座位需求的收入弹性较大，如图 6-3 所示。

图 6-3 中，横轴为体育消费者的收入水平 Y，纵轴为豪华座位的需求量 Q。可以
发现，随着横轴收入的增加，豪华座位的需求量增加，而且增加的百分比大于收入的

增加的百分比。正是由于体育消费者的收入水平逐步提高，人们对豪华座椅的需求更快增加，从而使得豪华座位为体育场馆提供了重要的收入来源。

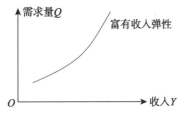

图 6-3　体育场馆中豪华座位
需求的收入弹性

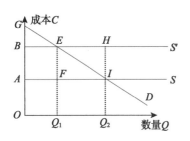

图 6-4　体育公共投资提高
全社会经济水平

最后，即使是本城市中不观看比赛或不参赛的居民，也能从体育场馆中获益。较易观看比赛，或者说随时可以近距离看到比赛，对居民而言，是一种随时可用的期权价值。期权价值是指可以去参与或观看比赛，也可以不去，这种参与和观看比赛的权益是一种选择权，具有价值。一个人总是重视拥有期权，即使有些期权很少被行使。

而且，针对体育场馆这种在一定区间内供给成本不变的特征，政府只要通过补贴等方式参与，即可为体育消费者带来较大福利，如图 6-4 所示。

图 6-4 中，横轴为数量 Q，如全民健身人数或体育场馆的座位数，纵轴为提供体育服务时的成本 C。水平的供给曲线 S'，表明一个体育场馆的容量尚未达到极限时，成本几乎不变。如果市场的需求量为 Q_1，体育需求的变动不会改变，当前均衡处于 E 点时对应价格 B。现在假设政府对每一单位产品补贴 AB 数量，那么包含补贴的单位成本就下降到 A，即（$OB-AB$）。政府这一补贴将产生多少的体育消费收益？更低的价格将使消费者剩余增加多少？从图 6-4 中可见，政府释放的消费补贴收益等于 $ABHI$，即每单位的补贴 AB 乘以新的均衡数量 AI 对应的数量 Q_2。消费者剩余由最初的 BGE 增加至 AGI。因此消费者剩余的增加是 $ABEI$。可见，消费者剩余的增加 $ABEI$ 小于补贴的收益 $ABHI$，消费者得到的净效用不止消费者剩余。这说明，对体育场馆进行补贴会产生良好的结果，即补贴的收益超过消费者剩余的增加，因为体育场馆是成本不变的供给。

二、体育场馆与城市经济发展

除了为体育消费者带来收益，新建体育场馆也产生许多不同类型的费用支出，这种支出本身是拉动 GDP 的一种因素。当体育场馆修建或施工时，将为建筑业创造就业机会，这是体育场馆项目给地方政府带来的第一步收益。当体育场馆修建完成时，体育消费者就可以持续来观看和享受比赛。为体育消费者提供服务的体育场馆员工，将在新体育场馆中获得更高的收入，将有更多的储蓄和消费，促进了经济增长。

消费在体育场馆赛事上的支出，也对地方政府的经济产生了间接影响，使那些与赛事不直接相关的人受益。如果赛事的消费和投资引起了收入的提高，高收入可能导致一个地方消费和投资增加，收入以及消费持续增加的正反馈，这被称为乘数效应。乘数效应是一种溢出效应，可以促进经济的增长。

假设在某体育场馆经营一家餐馆，由于增加了上座人数，餐厅的收入增加了 100 万元。餐厅有了收入，继续花 50 万元扩大经营，则扩大经营的投资支出成为乘数效应的一部分，持续循环。

当然，由于资金流动至下一个环节，没有花掉所有的收入，所以乘数影响会变得越来越小。例如，收入中消费者花掉的那部分比例叫作边际消费倾向，定义为 A，则边际消费倾向很难等于 100%。研究表明，欧美发达经济体每多挣 1 美元，就要花掉90% 以上，因此 $A = 0.9$，持续下去，直到额外支出变得几乎为零。那么它们对经济的总体影响是：$R = 100$ 万元 $+ 90$ 万元 $+ 81$ 万元 $+ 72.9$ 万元 $+ \cdots$。对这个无限的总和求极限，不难求解收入的总影响是 1 000 万元。总支出 1 000 万元与初始支出 100 万元之比的系数即为乘数，如果定义为 Q，则 $Q = 1\,000$ 万/100 万 $= 10 = 1/(1 - A) = 1/(1 - 0.9)$。可见，乘数效应使得体育场馆初始的一个相对较小的收入被放大，然后对区域经济产生巨大影响。

当然，一般而言，上述的乘数适用于理想的情况，如不考虑进出口的影响。当体育场馆所在的区域是开放的经济体，与其他区域或国家进行着广泛的贸易交易。若此时体育场馆带来的收入并不用于消费本地产品，而是消费来自其他经济体的进口产品，则乘数效应将减弱。因此，考虑引入边际进口倾向 B 到乘数中，来排除资金外流的影响，则更准确的乘数是 $Q = 1/(1 - A + B)$。可以看出，此时的乘数小于理想中的乘数。研究发现，大城市的体育场馆，乘数一般比小城市更大，因为大城市的内需更大，能购买更多本地制造的商品。如果一个体育场馆所在地方的乘数效应不能大于 1，则意味着该体育场馆对当地经济没有乘数效应。

有趣的是，在经济促进上，体育场馆作为一个不动产，即使无法移动，也可以刺激一个地方的贸易顺差或增加贸易逆差。贸易顺差是一个地方出口的商品和服务的价值与其进口的商品和服务的价值之差，逆差则是反向的差值。例如，如果体育场馆举办的赛事活动，吸引了周边地区的体育消费者，那么相当于本地场馆的服务，出口到周边地区。如表 6-1 所示。

表 6-1　体育场馆相关活动带来的贸易顺差

序号	体育活动名称	借方/贷方	进口/出口
1	区外游客购买的场馆门票	贷方	出口
2	区外游客购买的场馆纪念品	贷方	出口
3	区外游客的酒店餐饮消费	贷方	出口
4	区外某集团对本地场馆的投资	贷方	出口
5	从区外银行借款	贷方	出口

续表

序号	体育活动名称	借方/贷方	进口/出口
6	场馆支付给外地体育组织的特许费	借方	进口
7	雇用外籍员工的薪酬发放	借方	进口
8	购买区外的体育设备设施	借方	进口
9	投资入股区外俱乐部运动队	借方	进口

表 6-1 中，体育场馆相关的活动，包括每场比赛都有一些体育消费来自本地以外的地区，如区外游客购买的场馆门票、纪念品，区外游客的酒店餐饮消费，区外某集团对本地场馆的投资以及从区外的银行借款等类型活动。这些活动相当于贸易出口行为，从区域贸易或国际贸易的财务会计报表上看，属于报表中的收入，是借贷方中的贷方。而场馆支付给外地体育组织的特许费、给外籍员工的薪酬、购买区外的体育设备设施以及投资入股区外俱乐部运动队等活动，相当于贸易进口行为。从区域贸易或国际贸易的财务会计报表上看，属于报表中的支出，是借贷方中的借方。当体育场馆能够吸引更多外地游客，增加消费或者增加资金，则增加了本地的贸易顺差。

当体育场馆从区外和国外进口设备以及支付时，产生了费用，则增加了逆差。有分析发现，部分体育场馆有可能会减少当地消费者从其他城市的进口，因为如果消费者到体育场馆观看比赛，则这部分钱就无法花在其他需要进口的地方，那么进口下降，从而导致了贸易顺差的增加。当然，如果体育消费者本身也不准备将钱花费在进口上，而是花在本地的其他消费上，那么从一个区域或国家看，体育场馆消费相比其他消费，只是在当地发生了替代性消费，并没有显著增加经济体系中的总消费。

当然，体育场馆对于经济的促进作用，可能要打一些折扣，其本身有一些外部性。首先，与大型赛事的举办一样，存在挤出效应，如果城市为体育场馆的建设提供资金，那么可以投入其他新建筑项目的资金减少，被体育场馆的建设替代了。其次，可能使得税负增加，如果为了支撑体育场馆建设，必须征收更高的税收，那么对纳税人不利，纳税人会面临更大的负担去承担其在体育场建设上的支出。

因此，实证研究发现，体育场馆对经济发展的影响并不明确。新增的体育场馆，不管是对经济增长还是对税收、就业或工资水平的影响，其显著性均不高。有的研究发现，距离体育场馆越远，影响越小，并且快速消失。而在其他条件相同的情况下，体育场馆对所在的周围社区有较大影响，对潜在购房者也更具吸引力，但对整个城市几乎没有影响。

一个体育场馆对当地经济的影响，也取决于该地的规划布局。如果一个城市将体育场馆整合到城市结构中，那么它可能就最大化了体育的正外部性。例如把球场和酒店或公园结合在一起，当大家来看球赛时，也会在周边景点消费，从而增加城市的吸引力。

将体育场馆修建在郊区还是市中心，各有利弊。如果考虑将体育场馆修建在城市郊区，好处是可以将体育赛事和休闲度假相结合，坏处是郊区远离市区，交通成本较高，且必须配备大的停车场，这一定程度上增加了体育场馆所需的用地空间。同时，为了吸引消费者，体育场馆一般需要配套餐饮场所、酒店和其他娱乐场所。此时，从某种程度上看，该类体育场馆就像一个迷你的小城市。

如果将体育场馆修建在市中心，可能为周围社区带来更大的便捷效应。但高昂的建设费用可能会使建设的成本远高于收益。越靠近城市中心，房地产价格越高。一般而言，房地产价格与离市中心的距离成反比，如图 6-5 所示。

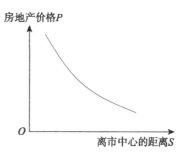

图 6-5　体育场馆的房地产价格
与离市中心的距离的关系

图 6-5 中，横轴为离市中心的距离 S，纵轴为房地产价格 P。由图中可见，距离 S 越远，则房地产价格越低，二者之间成反比，且呈现非线性变化趋势。随着土地价格升高，为了节约土地，房地产的容积率越来越高。因此越靠近市中心，建筑物越来越高。而体育场馆，往往不能像写字楼一样高耸，占用的土地成本更高。因此，在市中心建设体育场馆面临巨大的固定成本，当实际的需求不足时，场馆的整体成本将变得非常高。当需求因为市中心人口众多而较高，而场馆的容量又不能满足时，会限制体育消费者的消费，使得场馆的回报率降低。

三、体育场馆的正负外部性

一个知名的体育场馆能为城市的形象塑造作出贡献。如果看比赛的人在体育场馆附近的餐厅或酒店住宿消费，则这些与体育场馆无直接关联的企业和家庭就会从中受益。例如北京工人体育馆，自 1959 年建成至 2020 年，已连续承接了多届全国运动会，作为中国国际体育交往的桥梁来举办国际赛事。同时，它从体育出发，辐射至休闲娱乐业、房地产业、餐饮业、商业、广告业、旅游业等多种行业，甚至成为时尚、前卫的代名词。体育场馆能为城市带来成就感、自豪感和认同感。整个城市，因为体育场馆的存在，有了更广阔的前景。一个城市的所有居民，都可以享受在体育场馆举行活动时产生的好处。这种好处，不是通过电视观赛，而是通过近距离感受获得。体育场馆成为城市的一项公共产品。公共产品在消费中是非排他性和非竞争性的。非排他性意味着该商品对任何人都是可得的，而非竞争性意味着一个人的消费不会阻止另一个人消费商品。

尽管在体育场馆观看现场比赛，不是一种公共产品，因为体育消费者不能随意进入场馆，除非有空座位并买票。但随着转播的远程化，消费者即使没有到现场观看比赛，也可以享受来自场馆的欢乐。这种效用可能会延伸至所在城市之外，居民会产生一种优越感。可见，体育场馆具有公共产品属性，对所在地区的千家万户产生了一系列的效用。

体育场馆作为一种重要的公共设施，其建设和运营的成本也很高。投资建造体育场，往往投资回报不高。因为从回报看，体育场馆并不完全符合利润最大化定位，其具有很多公共属性。从直接的市场看，仅靠市场自发的资源配置状态投资体育场馆很难实现，政府一般会较多地使用体育场馆，同时，政府为了公众利益，对体育场馆的门票等项目会有较多干预。可以说，体育场馆是市场失灵的产物。市场失灵发生的重要原因之一就是外部性。外部性是指在提供商品或服务方面，供需双方之外的第三方获得了无计划、无补偿性的成本或利益。例如一个第三方消费者可以搭便车时，原本提供车的供给方和原本需要车的需求方的合作，让第三方搭便车者得到了利益。如果一个产品，总是容易被"搭便车"，那么这个产品往往是公共产品。那么，市场供给者将没有动机提供这类产品，这样会使得市场提供的公共产品太少。如果市场提供的产品谁都可以滥用，就会产生悲剧。

因此，体育场馆的投资和修建需要政府的参与和实施。政府的参与，一定程度上确保了支付全部费用的人能从其行动中获得对应利益。当一个投资者投资新的体育场馆，尽管能为社会带来巨大利益，但自身却无法获得这种利益时，政府可以通过向场馆投资者提供补贴的方式来防止市场失灵，改善社会和城市的经济福祉。新建体育场馆给社会带来好处，这些好处不只是针对当地的俱乐部运动队或体育消费者，因此政府应该从全社会的整体价值出发，考虑对体育场馆修建的补贴。

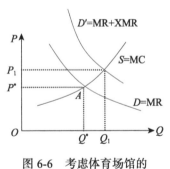

图 6-6 考虑体育场馆的
正外部性影响

正外部性是指未直接参与交易的一方当事人，从交易中获得意外收益。体育场馆的正外部性如图 6-6 所示。

图 6-6 中，横轴为体育场馆的数量 Q，纵轴为体育场馆的服务价格 P。初始的市场均衡时，场馆数量为 Q^*，场馆价格为 P^*。此时，供给曲线 MC 与收益曲线 MR 相交于 A 点。当有收益但并没有被供给者获得时，则有正外部性。此时，并没有考虑场馆的正外部性，如果考虑场馆存在正外部性收益，可以将正外部性表示为 XMR，如体育场馆促进人们运动，使得城市的医疗资源占用被降低、人们更健康，继而有更高的劳动生产率，且人们更容易释放情绪从而有更低的社会犯罪率，那么政府应当将这些社会性收益以补贴或退税等方式返回给体育场馆。那么体育场馆新的收益曲线 $D' = MR + XMR$。可以发现，此时的市场均衡产出为 Q_1 而不是 Q^*。也就是说，在没有考虑正外部性收益的情况下，体育场馆向市场提供的场馆供给服务不足。

因此，政府资助体育场馆，是具有合理性的。因为体育场馆具有正外部性。政府应为体育场馆的修建提供公共资金，因为投资体育场馆并不是投资私有体育项目。一般性的私有体育项目，其项目的收益与成本往往相匹配。而体育场馆的公共性，使得其自身收益无法覆盖投资成本，但如果在场馆自身收益的基础上，还能考虑体育的正外部性，则自身收益加上外部性收益之和会超过自身成本加上负外部性之和。那么，政府实施补贴就可以确保社会福利的最大化。

体育场馆的正外部性，可以给消费者带来各项不用支付成本的好处，那么消费者的需求曲线为 D 时，如图 6-7 所示。

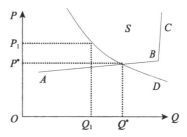

图 6-7　体育场馆产品的正外部性

图 6-7 中，横轴为体育场馆提供的赛事活动数量 Q，纵轴为服务收取的价格 P。体育赛事的正外部性使得市场的需求处于 D，在体育场馆的边际成本仅有较少变化的情况下，体育场馆的供给曲线为 ABC，此时，市场中体育场馆应满足 Q^* 点的比赛服务数量。但是，体育场馆只想在 Q_1 点上提供赛事服务，使得市场中实际的赛事均衡数量 Q_1 是小于 Q^* 的，即 $Q_1 < Q^*$。这是因为，体育场馆自身的收入低于给市场消费者带来的总收益，从而导致体育场馆提供的赛事服务数量 Q_1 太少。如果政府又对体育场馆设置了限价，如为图 6-7 中的价格 P^*，则体育场馆很难收到 Q_1 点对应的价格 P_1。为了让体育场馆提供更多的比赛，政府应该为体育场馆提供额外的运营补贴，或者在体育场馆修建之初就采取公共资金资助的方式，使得体育场馆的后期供给可以满足体育消费者需要，为消费者提供正外部性。

当然，体育场馆除了能带来正外部性之外，也可能在某些时候产生负外部性。例如一个体育场馆在决定是否举行比赛时，可能只考虑场馆自身的运营成本，如工资、差旅和奖金等，通常不会考虑比赛可能给周围人带来的过度拥挤、污染健康和交通拥挤等外部成本。这时候，相当于体育赛事的私有成本强加给了全部社会。

相反，如果该场馆运营公司已经考虑到了所有的社会外部性成本，如要给周围居民提供补偿，那么该公司将提供较少的赛事服务，"生产动机"将会降低。因此，如图 6-8 所示。

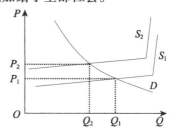

图 6-8　征税对供需产生影响

图 6-8 中，横轴为体育场馆提供的赛事活动数量 Q，纵轴为服务收取的价格 P。体育消费者的需求曲线为 D。图中，场馆的供应曲线为 S_1，其只考虑了包括场馆直接花费的私有成本。此时，场馆这个生产者和体育消费者共同产生的市场均衡点为 Q_1。而如果考虑社会的外部性成本，需要场馆给城市周围居民提供赔偿，则体育场馆的成本变高，于是供给曲线左移至 S_2，可见包括场馆自身和社会成本的总供应曲线 S_2 位于 S_1 的左侧。按照社会总成本，社会最优供给数量是 Q_2 而不是 Q_1。Q_1 和

Q_2 的差异，表明了不考虑负外部性成本，将导致体育场馆公司供给了过多的赛事服务。体育场馆收取的价格和社会期望价格之间也存在差异，不承担负外部性成本，导致场馆向体育消费者收取的费用较少。当体育场馆不为它们造成的拥堵和噪声买单时，成本较低，它们就可以收取更低的价格。这对观看比赛的体育消费者有好处，但牺牲了那些不到现场观看比赛的周围居民，他们承受着体育场馆强加给他们的负面成本。

对于体育场馆这种负外部性，政府是否愿意消除？极限上，确保体育场馆不产生任何负外部性的唯一方法，就是不让它们提供任何比赛服务。但如果刻意为了避免负外部性，终止体育场馆的比赛服务，则可能会让城市的情况变得更差。因为体育场馆除了可能有负外部性，还有正外部性，净外部性往往是正的。

与此同时，体育场馆的负外部性往往会随着时间的流逝而下降。一是周围居民的心理逐渐适应。在新建造场馆的社区，居民最开始经常痛苦地抱怨它带来的问题。然而，居民适应以后，将体育场馆作为一个特别建筑，不仅不会烦恼，反而往往认为其是一个地标，是城市生活的资产，已经与生活融为一体。二是体育场馆附近的商铺价格。因为体育场馆附近可以开展生意，且有人气而涨价，这种经营的收益可以超过负外部性，让附近居民过得更好，如北京工人体育馆提供的正外部性价值。三是体育场馆周围的房产价格会消除这种负外部性。体育场馆周围的房子被买卖时，卖出房产的人可能已经得到了补偿。补偿的原因是体育场馆的商业环境氛围使得房地产价格上涨，如北京奥林匹克公园附近的房价变化。

四、体育场馆综合体的规模效应

体育场馆的成本上升，有许多原因。其中主要是城市土地价格上涨，场馆的房价也因此上涨。体育场馆占据的土地面积较大，如果这些面积没有被充分利用，则面临较大的空间闲置成本，这也导致部分设施建设后，运营成本逐步走高。如果不能在满足需求的基础上降低成本，则容易出现亏损。一个思路是将体育场馆设施打造为综合体，如包括舒适的餐厅、互联网娱乐设施、停车场、电影院等，这些便利设施集中在一起，可以在长期产生规模效应。有了规模效应，则形成规模经济，如图 6-9 所示。

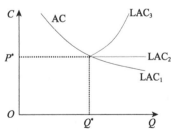

图 6-9 中，横轴为体育消费者的数量 Q，纵轴为场馆的服务成本 C。随着体育场馆服务的人数越来越多，则场馆的长期平均成本越来越低。如果体育场馆不仅能为购买座位的消费者提供服务，也能为不购买座位的那些消费者服务，即为那些前往场馆但可能并不观看比赛的人，提供书吧、娱乐、酒吧、咖啡等服

图 6-9　体育场馆的长期平均
成本与规模经济

务，或者一些亲子项目，如孩子参加比赛，父母为孩子购买其他服务，则体育场馆长期的平均成本将降低，将可能从 LAC_2 降至 LAC_1。当从 LAC_2 降至 LAC_1 时，我们称之为规模经济效应。反之，则需要避免体育场馆走向规模不经济的 LAC_3。

五、修建体育场馆的寻租成本

可以发现，体育场馆的价值较为复杂，具有正负两方面。尽管投资成本较高，但仍然被作为城市发展的标志，是城市居民的"文化图腾"，也是旅游以及精神文化的聚集点。各个城市将体育场馆的建设作为极其重要的投资项目。

体育场馆和体育设施为什么被修建？从受益对象看，一项运动从零起步，逐步走向繁荣，才使得该项运动的场馆建设，在市场中逐步增加。除了市场自发的建设，部分体育场馆，尤其大型的体育场，往往作为公共建筑设施或政府活动的产物，如为奥运会而建的场馆。不管是市场自发投资还是政府修建体育场馆，除了酒店等行业受益之外，从地区竞争看，较多国家的地方政府保持了竞争状态，可能也使得体育场馆被修建的动机增强。对于地方政府而言，不仅有招商引资的竞争，也有经济增速比赛和地区居民口碑反馈的竞争。如果主政的地区领导者，为了获得、保持和提高城市的地位，在城市中留下地标，那么修建体育场馆是较好的选择。

同时，在欧美国家，俱乐部运动队往往具有巨大的影响力，它们可以利用这种市场力量，挑选不同的城市，使得城市之间形成竞争。而城市为了吸引运动队，也可能以新的体育设施作为吸引手段。

地方政府将所在地的体育场馆套房、办公大楼和餐厅等设施，以零价格或低价格提供给俱乐部运动队时，相当于地方政府把体育设施作为对外的补贴工具。这就是为什么部分城市即使在部分民众反对的情况下，依然建造体育场馆。

如何合理利用举办大型赛事后的场馆

大型体育竞赛场馆的赛后利用问题一直是世界性的难题。曾经成功举办过全国大学生运动会、全国运动会、亚运会等大型体育赛事的广州，也面临着同样的问题。

据了解，为举办 2010 年亚运会，广州新建比赛场馆 12 个，其中包括位于大学城体育中心的广州自行车轮滑极限运动中心和大学城广州工业大学板球场。5 年过去了，这些比赛场馆渐渐被人遗忘。广州大学城亚运场馆使用现状如何，在经营管理中又遇到哪些困境？对此记者进行了调查。

冷冷清清，场馆大多无人问津

广州大学城体育中心位于大学城中心区生态公园北部，占地约 26.9 万平方米。中心内包括主体育场、田径训练副场、自行车馆、轮滑馆、攀岩场、小轮车场和极限运动公园等7个场馆,场馆呈链条式分布。

记者首先来到距离高校宿舍区较近的中心体育场。体育场大门紧闭,周围空地也无行人活动。场外墙上张贴的开放时间表显示,该场并不免费对外开放,使用租赁费为1 200元/时。

不远处是设有2 500个座位的自行车馆。绕场馆一周,除在东大门外修剪草坪的一名物业人员外,记者没看到其他行人经过。场馆二层平台上4张乒乓球台因久未使用而布满灰尘。

相较于二层平台的空无一人,自行车馆一层稍显热闹。一层部分空间被一家健身房承包。而自行车竞赛场中心场地则贴上地胶成为羽毛球场。场地内4人正在练球,其中一人告诉记者,场馆上午8时至10时免费开放,前来练球的人相对较多。其余时段按照每小时60元的价格收费。

与自行车馆相比,旁边的攀岩场、轮滑场和小轮车场显得更加"寂寞"。3个开放式的场地内均无人运动。记者看到部分攀岩设备螺丝松动,铺垫的厚海绵因连日阴雨而发霉。

除此之外,位于广东工业大学的板球场同样无人问津。这个拥有2 000个固定座席、直径150米草坪的板球场,是国内唯一的标准板球场。

从2015年7月底到8月初,记者先后两次前往大学城体育中心实地走访,看到的都是冷冷清清的景象。而大学城体育中心官网公告栏显示,攀岩场上次举办赛事是2014年11月。

从2011年至2015年,攀岩场共举办过6次比赛,频率勉强达到一年一次。自行车场馆除举办比赛和活动外,还将场地中心改造为羽毛球场,以吸引周边大学生和市民。但是,多名在大学城读书的学生表示,各学校内均有足够的羽毛球场地,且收费便宜得多。

使用现状,场馆每年赛事少

广州市体育局广州大学城体育中心主任蔡成林介绍,从2011年到2015年上半年,大学城体育中心7个场馆每年举办体育赛事的总数依次为8项、11项、13项、10项和14项。这些赛事中,还包括"全国山地自行车联赛"等由大学城体育中心承办而非直接使用场馆的比赛。

而对于使用频率是否达到此类大型场馆的赛后使用标准、各项赛事的观众上座率如何等问题,蔡成林表示并不清楚。华南师范大学体育科学学院副教授庹权则认为,平均每个场馆一年举办一场比赛的使用频率是非常低的。

蔡成林介绍,除了承办体育赛事,大学城体育中心还将场地租赁给足球、自行车等运动队,用于日常训练。"广州富力足球俱乐部常年租用我们体育场副场用作一线队伍训练基地。"

根据大学城体育中心提供的数据，从 2011 年到 2015 年的场馆投入分别为 298.74 万元、711 万元、804.83 万元、1 103.44 万元和 895 万元，经营收入 2011 年约为 124.18 万元，2012 年约为 347.37 万元，2013 年和 2014 年的场馆经营收入为 600 万元左右，预计 2015 年场馆经营收入将超过 600 万元。

从数据来看，场馆每年的管理投入均超过经营收入。蔡成林表示："场馆是为公众服务的，并不以营利为目的。"

那么，7 个场馆是否发挥了应有的社会效益？资料显示，2015 年上半年各场馆累计开放达 29 184 小时，接待进场活动市民群众合计 75 323 人次，接待人数同比 2014 年增长约 50%。2015 年上半年，各场馆平均每月人流量约为 1.2 万人次，每日人流量约为 400 人次。

从数据来看，场馆每年的管理投入均超过经营收入。对于大学城体育场馆管理是否需要达到收支平衡，以及是否需要收回近 5 亿元的建设成本等问题，蔡成林表示场馆并不以营利为目的。

但是在庹权看来，空洞的数字并不能准确反映场馆的使用效应。"体育场馆的功能主要有两个，一是承办体育比赛，二是供市民进行体育运动。如果市民进场地只是参观一下，场馆就没有发挥应有的功能。"他说。

而对于大学生普遍抱怨的免费开放时间过短、场地收费过高等问题，蔡成林强调，中心内 12 个开放项目的收费标准，都已由物价局批复。为吸引大学生，部分场馆也制定了相应的优惠政策。如使用自行车馆内羽毛球场地的大学生，凭学生证可享受五折优惠。

专家意见：应结合高校，因地制宜利用

由于大学城远离市区、交通不便等原因，各场馆始终存在人气不足的问题。此外，部分场馆专业性强、功能相对单一，较难满足市民日益多样化、多元化的体育文化需求，是场馆"门庭冷落"的另一因素。如板球、竞速自行车和攀岩，三项运动在国内的普及率并不高，普通人根本不懂如何使用场馆，加之全国每年举办的相关赛事也比较少，场馆自然在全年大部分时间处于闲置状态。

另外，蔡成林介绍，场地配套设施还不够完善，也是阻碍中心内场馆发展的原因之一。而在庹权看来，想要提高大型竞赛场馆的赛后利用率，相关部门在规划、建设场馆之初，就必须秉持"瞻前顾后"的态度，将后续利用问题考虑在内。

"有人诟病大学城体育中心地理位置过于偏僻，但是如果在规划之初就是为了与高校结合，这就是一种值得肯定的利用方式。"庹权介绍，现在国外兴起了一种叫作"城市综合体"的模式，即将体育场馆看作是一个更大规模建筑群的一部分，使体育建筑与其他建筑相融合，体育功能与其他功能相补充。其中一种形式，就是将体育场馆与教育相配套，充分发挥场馆在青少年教育方面的基础性作用。

"将板球场或者攀岩、轮滑等极限运动场馆建设在大学城是否合理，这件事情是值得商榷的。"庹权说。按照大学城体育中心的解释，将极限运动场馆建在大学城，是因为年轻人为极限运动的主要人群。

但他认为，目前广州高校对高危运动项目持谨慎态度，因此并未开设极限运动课程，对相应场馆设施便无硬性需求。"如果规划之初能与大学城各高校讨论，听取其意见，可以有效降低极限运动场馆常年空置的风险。"

"一个场馆在设计的时候，就要预留改造和开发的空间。"庹权说，如果一个场馆每年只能举办一次大型赛事，且无法吸引足够的受众，那么就没有建成大型、高规格场馆的必要。

以大学城自行车馆为例，每年的专业竞速自行车比赛并不多，而普通人根本不可能使用大坡度的赛道。除去 2 000 个座位和专业场地自行车赛道，中间剩下的空间不到 1/4，仅把剩余空间改造成为羽毛球场，非常浪费。

庹权介绍，搭建临时看台，甚至修建临时场馆，是避免浪费的一种方式。这么一来，也减轻了管理和维护场馆的负担。在场馆的日常使用方面，他认为，大学城体育中心还应加强与各高校的合作，注重开发大学生这一庞大受众。

一方面，可以协助各高校创办攀岩、轮滑、板球等协会，促进高校有组织地利用场馆。另一方面，体育系统还可与高校联合进行规划，在高校开设相关课程，通过体育教育培养大学生对相关运动的兴趣，以提高这一群体的参与积极性。

资料来源：《南方日报》。

小　　结

最典型的体育设施，即体育场馆，stadium，来自希腊语中的 stadion，最初指的是一个特定的距离，后来指的是在这个距离中的比赛，最后是指观看比赛的观众的座位。一般体育场馆设有豪华包厢或高级座位，可能吸引更多的球迷，使得门票和场馆的其他业务收入增加。

一方面，体育场馆可以把人吸引过来参加体育活动；另一方面，如果场馆周围有便捷的商业场所，还可以让居民在场馆周边进行娱乐消费和购物。商家有动力搬迁至体育场馆附近，带来一系列的就业机会，包括酒店业、酒吧等，如北京的工人体育馆。当然，体育场馆作为需要重型投资的建筑项目，需要仔细测算。

体育场馆的造价昂贵，即使是非综合体育场馆，如网球场和篮球场，甚至乒乓球场的建设，成本也很高。由于高昂的建设成本，建造方就需要考虑新建设投资所能带来的收益回报水平。

城市受益于新体育场馆的存在。一个新的体育场馆可以增加城市的贸易顺差，增加外来人口在城市的消费，减少城市居民在其他地方的消费。这种额外的支出可能会产生乘数效应。当然，由于体育消费取代了其他消费，因此乘数效应可能变小。

虽然体育场馆很少直接创造新的经济活动，但是它们可以促进一个城市或城市群的经济活动，且新体育场馆的"蜜月效应"可以持续多年。

讨论问题

1. 体育场馆与创业园相比，哪一个可能会有更大的正外部性？
2. 如果新建体育场馆，在哪里选址最好？
3. 谁将从新体育场的乘数效应中受益？

第二节　体育场馆的金融投资

由于体育场馆是一种公共物品，因此在其融资来源中，政府公共部门支出的占比较大。具体而言，这种投资如何细分？首先是设施建设资金，其次是相关运营补贴。

体育特许经营具有较强的谈判能力，如国际奥林匹克委员会与主办城市之间，主办城市在建造和维护体育场馆中所负担的份额比过去大得多。那么，这种市场的力量来自何处？在这背后，大型活动相关的赞助商是否也在选择主办城市方面发挥类似的市场力量？

一、投资体育场馆带动经济发展

政府投资体育场馆，不仅有利于体育本身，也有利于全社会经济的发展，只要这种投资回报率较高或投资形成的公众效益大。一般而言，政府投资体育场馆对全社会经济水平的提高情况，可以表示为图 6-10。

图 6-10 中，横轴为全社会的总收入，也即总产值；纵轴为全社会的总支出，也即总需求。C 代表消费，I 代表私人投资，G 代表政府支出，45°线表示产

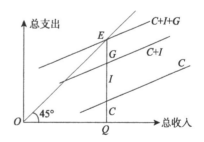

图 6-10　体育公共投资提高
全社会经济水平

出供给与需求相等的均衡情形。由于全社会的支出可以简化为消费 C、私人投资 I、政府支出 G 三部分，故可以表示于图中的三条线 C 线、$C+I$ 线和 $C+I+G$ 线中。从全社会看，若仅有消费而没有投资，需求会低于供需均衡点时的总需求，消费加上私人投资，也不足以使需求达到充分就业的均衡水平，还必须加上政府的支出投资。有了政府投资，需求线可以与均衡线相交于 E 点。也就是说，政府对体育场馆的投资支出，对全社会的经济发展较为重要。

二、体育场馆资金来源

（一）政府投资体育场馆

政府财政投资体育场馆，因为体育具有公共物品性质，可以被人们用于免费观看比赛、讨论比赛，让人们免费享受。这种公共产品属性，具备较强的正外部性，即使不是观赛的体育消费者也会从体育场馆的比赛中受益，小至强身健体，大至国力提升、国民地位提高带来的自豪感、城市烙印感的增加等。在这种情况下，体育场馆与其完全由自由市场提供，不如由政府提供更有效，如图 6-11 所示。

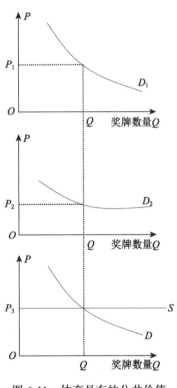

图 6-11 中，横轴为体育产品数量，如国家队获得的金牌数量 Q，纵轴为金牌的价值 P。由于金牌具有公共物品特点，除了运动员本身，其他的消费者或居民，均可以享受体育国家队获得金牌的荣誉感。从图 6-11 中可以看出，每个人对国家队获得金牌奖励的荣誉感都存在需求，设两个人的需求线分别为图中的 D_1、D_2。尽管每个人对奖牌的价值认定有差异，第一个消费者认定奖牌的荣誉价值为 P_1，第二个消费者认定奖牌的荣誉价值为 P_2，但每个人获得的荣誉感却是同等的，可以表示为图中 Q，如一支围棋体育队获得 3 枚金牌，则每个国民获得荣誉的数量均为 3。那么，全国的荣誉感需求曲线，可以是每个人荣誉感的垂直加总线，即图 6-11 中 D。因为每个人之间的荣誉感享受是非竞争的。而金牌贡献者的供给曲线，是具有固定成本的 S 线，不会因为享受荣誉的国民数量越多就越大，即每个国民消费者对国家队金牌的需求，不影响另一个国民消费者，享受荣誉的消费是同时进行的，不竞争、不具有排他性且互补。

图 6-11 体育具有的公共价值

体育的公共产品属性使得政府往往会承担体育场馆的投资，或补贴这些带来积极外部效应的体育类公司。例如俱乐部球队也具有公共产品属性，有时候政府就通过补贴体育场馆来补贴当地的俱乐部运动队。当然，球队这样的俱乐部运动队作为公共产品，政府进行资助或补贴较难，因为居民消费者对俱乐部运动队的消费可能是无形的。喜欢俱乐部运动队的消费者，远远多于去体育场馆现场观赛的球迷或城市居民。因此，政府或城市为俱乐部运动队付费的方式可能不是直接根据赢得比赛付费，而是通过补贴俱乐部运动队使用的体育场馆。直接发放收入等，其效果可能不如依据训练时间对占用场馆的成本进行补贴。

（二）征税作为资金来源

补贴体育设施或俱乐部运动队时，存在一个关键问题：政府如何增加收入来用于提供补贴？尽管理论上，政府可以通过向每个居民或每个企业征收税收或费用来为补贴提供资金，但更好的思路是谁受益，谁付费。体育的公共产品属性，其正外部性导致很难确定谁受益。例如，如何决定一个人应该为一个体育 IP 权支付多少费用？一个

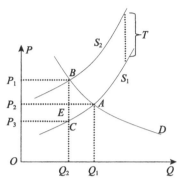

思路是，政府可以寻找体育场馆、俱乐部运动队较直接的受益者，可以对这些受益者进行征税，将征得的税收再用于补贴给体育场馆或俱乐部运动队。当然，前提是这些直接受益者愿意缴费，或者被征税后，依然能够受益。在找到这些征税对象的方法中，有一种被称为拉姆齐原则，即税收应与政府对商品或服务的需求的价格弹性成反比。也就是政府应该对需求价格弹性较高的产品征税。例如，为了提供修建新体育场馆的资金，是对滑雪场酒店征税还是对运动康复医疗诊所征税呢？为了简化分析，如图 6-12 所示。

图 6-12 对滑雪酒店征税
用于体育补贴

图 6-12 中，横轴为产品数量 Q，纵轴为价格 P。假设可以对滑雪场酒店和游乐场两类消费者分别征收 T 元的税，来获得资金用于补贴。图中，滑雪场酒店的需求曲线为 D，税收为 T，对酒店征税 T 元，则征税导致消费者看到的供应曲线比不征税的供应曲线高 T 元，即图中从 S_1 线移动至 S_2，与需求曲线 D 的交点从 A 变为 B。此时，在滑雪场酒店消费的房间数从 Q_1 下降到 Q_2，税收造成的无谓损失，等于 BAC 的面积。这一税收负担，包括滑雪场酒店消费者的消费剩余损失 ABE 和滑雪场酒店经营者的生产者剩余损失 ACE。

如果是对康复医疗诊所征收 T 元税，为便于分析，假设与图 6-12 中的供应曲线 S_1 和 S_2 相同，也上移了税收 T 元，如图 6-13 所示。

图 6-13 中，横轴依然为运动康复的需求数量 Q，纵轴为运动康复的价格 P。与滑雪场酒店不同，一个人受伤了以后，对运动康复诊所的刚性需求较强，不能选择不去，相对于选酒店，体育消费者选康复诊所时，替代品较少。因此，康复诊所需求对价格变化的敏感性远低于滑雪场酒店。由于此时需求曲线 D 缺乏弹性，以至于运动康复的数量 Q 几乎没有变化，Q_1 与 Q_2 之间的差值较小，征税带来的价格上涨了，P_1 减去 P_2 的差值，几乎就是税收的全部金额 T，即

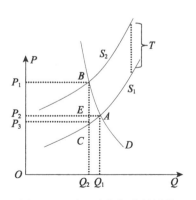

图 6-13 对运动康复诊所征税

（$P_1 - P_2$）$\approx T$。因为运动康复税造成的产出损失很小，所以 ABC 面积代表的社会无谓损失很小。也就是说，如果政府想征收一项能最大限度地减少社会福利无谓损失的税，那么对运动康复征税，相比对滑雪场酒店征税，可能是更合适的选择。然而，社会需要公平，人们不愿给已经受伤的人施加更大的负担。

从社会公平度而言，如果一项政策最大限度地落在那些最有支付能力的人身上，给那些需要救急或者低收入的人带来较小的负担，那么它就满足了公平的内涵。由于滑雪场酒店的消费，是相对富裕的家庭在度假时承担的，而运动康复是各种受伤群体均不想要承担的，因此向滑雪场酒店征税，比向运动康复诊所征税，更加公平。尽管根据一般的效率最大化原则，是将社会的无谓损失降到最低，但相对于效率性，社会的公平性也很重要。

因此，为了补贴体育产品，应对形如高尔夫产业和滑雪场酒店业征税，而不是对运动康复、体育公园消费等征税。如果不分消费统一进行征税，可能对所有人是公平的，但税收形成后，用于公共支出却可能带来不平等的利益。如果对特定动机征税，反而可能更公平，因此，人们去住滑雪场酒店更多是享受运动带来的快乐，可以对酒店征税，而不向运动康复诊所征税。与此相似，有研究发现，依赖彩票销售来支持体育设施的建设，可能就是一个不公平的来源，因为购买体育彩票的人，可能是社会的低收入群体，这被称为体育彩票消费的"累退性"。

一些经济理论认为，政府应该依靠使用费，如体育场馆门票税、停车场税或体育特许权年费，而不是公共税收来资助设施。但这样会导致体育在公共利益方面与普通体育消费者相抵触。例如部分体育场馆，因为依靠豪华包厢和高档座位收费获得收入来源，但这可能使得中低收入的体育消费者去观看体育比赛时，更难享受这些现场的豪华座位，使得部分市民和消费者觉得体育消费不公平。也就是说，如果政府只依靠收费，那么在体育消费中，少数富人的私人消费又会挤掉广大民众的"平等性"公共消费。例如，假设住在北京的人相对河北张家口的人富有，在张家口滑雪场的消费能力较强，北京民众使用滑雪场的频率较张家口高。如果修建滑雪场时，对张家口居民的征税较多，而对北京去消费滑雪场的消费者征税较少，那么对承担税收负担的张家口居民不够公平。除非住在张家口的居民，后期可以从滑雪场分得较多收入。同时，因为机会成本的存在，张家口居民支付的税收，一旦被用于建造滑雪场，就不能被用于当地的其他支出，如增补警察或学校教师，如果张家口政府为了增补警察或提高学校教师待遇，又增加其他税收，如征收房地产税，则这些房地产税收负担，将落在全市区有房的居民身上。

三、体育征税的代价

正是由于运动康复医疗相关的体育产品具有公共产品属性，在征税上就需要区分。一般而言，可以假设全社会有两个体育消费群体，一个相对富有，一个相对不富裕，可以如图 6-14 所示。

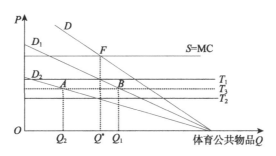

图 6-14　对富人和穷人征收不同的税率

图 6-14 中，横轴为体育公共物品的数量 Q，纵轴为体育产品的价格 P。因为体育公共物品允许每个人以较低的价格享受甚至免费享受，则全社会的总需求曲线可以由每个体育消费者需求相加，故图 6-14 中，总需求线 D 是由消费者 D_1 和消费者 D_2 相加而成。总需求线 D 与社会总供给曲线 S 相交于 F 点，由于供给在边际成本上较为固定，不随消费者消费的数量发生变化，如体育场馆或某项体育奖牌投入额，故有 $S = \mathrm{MC}$，此时的体育产品均衡量为 Q^*。为了保持公平性，一般对富有的体育消费者征收较高的税 T_1，对于收入较低的体育消费者征收 T_2，$T_2 < T_1$。而如果不是对穷富两个体育消费群体分别征收不同的税率，而是征收平均的税率，如图中的 T_3，则会发现，此时不富裕的消费者对体育物品的需求偏向 Q_2，而相对富裕的消费者偏向 Q_1，两类体育消费者群体，并不是均指向 Q^*。

可以发现，对于公共产品属性较强的体育消费产品，不适合普遍征税。如果对类似体育场馆或体育公园等体育产品征税，则会对低收入者造成较大的影响。

一般而言，更合适的征税产品，类似烟草产品和酒类，在体育产品中，可能是滑雪、高尔夫、帆船、彩票等收入较高消费者消费的产品。对这类产品征税，一般也会受到许多普通市民的欢迎，可能是因为参与这些活动的消费者是高收入群体或认为这类税收是对"奢侈"行为的不鼓励。当然，即使是该类税也会面临尴尬，往往无法同时达成既实现征税又不鼓励奢侈的行为。如图 6-14 所示，如果税收能够阻止这种"奢侈"行为，则会造成巨大的社会无谓损失，税收导致该类体育经营者的收入受损。但如果滑雪、彩票本身是接近"上瘾"的体育运动，则该类体育消费者对它们的需求是缺乏价格弹性的。当对这种需求缺乏弹性的体育产品征税时，由于需求量的变化很小，因此造成的社会福利无谓损失较小。

尽管增加税收，可能并不能阻止该类体育消费者去消费"奢侈"的体育运动，但全社会对征收该类税的反对意见会较少。

值得注意的是，政府为了将收入用于投资或补贴体育，向民众征税，除了可能造成无谓损失外，还可能给不相关的非体育群体带来额外负担，从而增加不公平，如使那些没有从体育设施中受益的人承担税收。如前所述，假设政府对每个在滑雪场酒店住宿的人征收 10 元的酒店税。假设在征税前，有 200 万人平均每人在滑雪场酒店住 3 个晚上。那么，税收将每年增加 6 000 万元。但这是假设滑雪游客不会对住在当地酒店的更高成本作出反应，也即不论是否涨价，都会去住。税收的实际影响，可能不仅导致滑雪场酒店的价格上涨，尽管不到 10 元，还导致了在滑雪场酒店居住的消费者数量下降。体育消费者在滑雪场酒店每晚会支付更高价格，类似如图 6-13 中的 P_1 – P_2 部分，是税收中的一部分。由于政府征收了 10 元的税，但滑雪场酒店一晚的价格上涨不到 10 元，则酒店经营者每晚的收入低于征税前的水平。酒店的价格反而下降，即图 6-13 中从 P_2 下降至 P_3，这也是将 T 元税收转嫁给滑雪场酒店的那一部分。

图 6-13 中的（P_1 – P_3）乘以酒店房间数 Q_2，即图中的矩形 P_1P_3CB 的面积。这个矩形面积，多于酒店房间原来价格矩形 P_1P_2EB 的部分，是由住在滑雪场酒店的消费者承担的。而低于原价的矩形面积 P_2P_3CE 部分，是由滑雪场酒店的经营者承担。当游客通过减少或缩短滑雪度假时间来应对酒店价格的上涨时，滑雪场酒店就会受到伤害，税收导致酒店收入减少。

总体来看，为体育向其他商品征税，或向体育运动项目征税，除了考虑税率的选择、税收效率的保持外，对于税收的公平性考虑，也很重要。因不公平而失败的税收可能存在，例如，一个地区修建一个体育场馆，对地区所有商品征税。这种税收对象过于广泛，使得体育场馆后期能直接受益的纳税人缴纳额与不能直接受益的纳税人的纳税额相同，看似公平，实际造成了不公平。最好的选择，还是针对那些从体育设施中受益最多的人，将税收来源与受益者相匹配，即将最大的税收负担放在那些从体育设施中受益的人身上。

四、建造体育场馆的金融工具

（一）发行债务建造体育场馆

一个区域的政府如果没有通过提高税收来支付新的体育设施修建费用，那么可能采用借款发行债务的方式。发行债务，可以是向金融机构借款或者面向全社会募集债券的方式。债券是债务人向其持有人支付利息的承诺凭证，债券的面值通常是 1 000 元，债券的利率被称为票面利率。债券的利息支付额，即票面利率乘以它的面值。因此，5%息票的债券，每年向持有人支付 1 000 元×5% = 50 元。当然，也有可能每半年付款，那么每次付款为 1 000 元×5%/2 = 25 元。

一般而言，个人和小公司通常向银行等金融中介机构借款，大公司和政府通常通过发行债券直接募资。政府通过债券募集资金来修建投资体育设施时，是否可以减轻政府的负担？在理论上，借贷和税收可能对居民产生同样的影响。借款发行债务，难以减轻该区域居民的税收负担，因为它只是推迟了不可避免的事情，即用现在的债务，代替以后偿还债务时的税收。一般而言，政府采用债务融资较多，而不是直接征税。

尽管发行债务，不能从根本上减轻民众的税负，但它可以跨期减轻负担。因为后代也能够享受新体育设施的好处，所以他们应当承担一部分债务，使当前人们的负担降低。因此政府投资或补贴体育的资金来源中，相比征税工具，债务融资工具使体育资金的募集难度较小。当然，如果政府投资或补贴的体育设施寿命并不长，那么未来的几代人，不但不能享受体育设施的成果，还可能要为上一辈废弃的非遗产埋单。因此在实践中，常常需要考虑一项新体育设施的"蜜月期"，如果"蜜月期"不够长，则成为废弃设施的时间周期就容易变短。

从债券工具的成本看，地方政府发行的债券比公司债券更有优势，因为地方政府债券是免税的。例如 1 000 元的政府债券将支付 5%的利息，则持有人可以获得 50 元票息，即 1 000 元×5%。但如果持有企业债券，则税后所得较少，如 25%税率下的税后利息为 50 元×(1 − 25%) = 37.5 元。地方政府债券的免税性，会增加需求，但政府债券的使用，一般限制在为公共利益服务而不是为企业利益服务。

图 6-15 中，横轴为募集资金量 Q，纵轴为体育债券的价格 P。如果没有免税，如其他条件相同的公司债，此时由于税后回报较低，则对债券持有的需求曲线为 D，债券的发行供给曲线为 S，此时的均衡债券资金额为 Q^*，债券价格为 P^*。当免税时，将导致体育债券的需求曲线从 D 移动至 D_1，价格从 P^*上升到 P_1，需求增加，债券的价格也升高。可以想象，在均衡状态下，风险相同的企业债券和政府体育债券的税后利率会相同，否则没有人会购买较低回报的企业债券。如果在 13%的税率下，企业债券必须支付 5.747%的税前收益率，才能有 5%的税后回报，即 5.747%×(1 − 0.13) ≈ 5%。

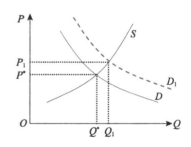

图 6-15　募集资金量与
体育债券价格的关系

由此可以发现，政府体育债券的利率低于风险相同的企业债券利率。由于政府体育债券向持有者支付的利率较低，因此可以降低体育的借款成本，继而可以降低建造体育设施的成本。正是由于体育设施的公共产品属性，政府可以发行体育方面的政府债券。

有时候，政府可以将税收工具和债券工具结合起来，如将增加的税收收入，专门用于偿还体育债券持有人的债务利息，这被称为以税偿息。以税偿息将最大限度地减轻当期城市消费者和企业的负担。同时，新的体育设施还可能刺激就业，增加游客、酒店收入，以及娱乐餐馆的收入。反过来，这种收入增加时，又导致了现有税收的税基增加，因此可以不提高城市的税率。

（二）PPP方式修建体育场馆

一个区域或政府为了主办赛事或城市发展，投资修建新的体育设施，或对目前的陈旧设施进行修改，是常有现象。政府为了能扩大对体育设施的支持力度，可能在体育设施的融资工具上进行综合考量。例如，在资金来源上不仅使用税收、债券工具，还使用体育彩票等方式。在体育项目上，进行详细分类，一般分为三类：一是公共产品属性较强的公共设施类产品，如体育公园、体育跑道等项目；二是有一定公共属性但也具备一定收入能力的项目，如儿童游乐场所、大众游泳馆等；三是具备盈利能力的项目，如高尔夫球场、海上游艇基地、水疗中心、极限运动度假基地等。

针对不同的项目，使用不同的工具。除此之外，政府往往还比较重视吸引民间投资，但由于许多体育设施成本是间接的或不可观察的，因此一般单独依靠民间企业，不仅很难衡量体育设施的价值，而且对其成本的估计也有很大差异，企业需要与政府一起合作。例如，即使一个民间公司愿意捐赠一个体育场馆，但政府仍需要协助其建立停车设施，并对相关的交通和其他基础设施进行各种改进。政府对体育类投资的资金来源及项目类型如图6-16所示。

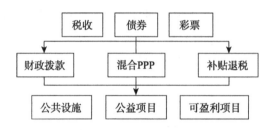

图6-16　政府对体育类投资的资金来源及项目类型

图6-16中，体育资金来源可以分为税收、债券和彩票三类，体育项目可以分为公共设施、公益项目和可盈利项目三类。在资金运用方式上，可以全部来源于财政资金，使用财政拨款方式，也可以使用补贴退税方式以及PPP方式。

PPP是指public-private partnership，即政府和社会资本合作，共同参与公共基础设施建设，即由社会资本提供公共服务，政府依据公共服务绩效评价结果向社会资本支付对价。对于体育场馆及设施的融资，PPP可发挥较多作用，主要是因为PPP可以将项目收益与激励方式结合起来。与BOT（建设—经营—转让）相比，PPP中政府对项目中后期建设管理运营过程参与更深，政府和企业合作的时间更长，信息也更对称。

根据经济学的激励理论，一般而言，项目的收益与双方之间的信息成本相关。这种信息成本，表现为合同的规范透明度和政府方对项目方的授权时间。PPP的企业与政府合作中，尤其重要的是双方信息合作的恰当程度，重点包括政府对企业确定的合同细节。由于体育设施往往是较为复杂的综合体，如果政府与企业确定的合作细节较少，那么容易出现不达标却无法监督的情形，如果合同约束的细节过多，可能使得企业失去了能动性，机械执行，造成监督成本过大。同时，体育 PPP 项目，往往也依赖于政府对企业在体育项目上的授权时间。如果授权时间过早，则同样容易出现项目失控的现象；如果授权过晚，则不能有效激励合作的企业，如图 6-17 所示。

图 6-17 中，横轴为使用 PPP 方式的体育项目合同细节度或政府一方对合作企业的授权时间，纵轴为体育项目的价值。如图 6-17 所示，政府与私人合作的 PPP，需要在项目收益和交易成本之间选择适合的临界点。要降低双方之间的交易成本，就需要保证 PPP 合同的规范性与激励性，规范性体现在对项目细节的事先约束，激励性体现在合作执行中的灵活度以及双方的易协商性。如果合作的企业与政府在 A 点沟通后，政府就进行授权，此时的合同细节还不充足，后期的成本会增加，可能降低体育项目价值，项目可能被粗制滥造后呈现出来，价值为 P_1。但如果进入 C 点时间或合同的细节足够多时，才进行授权和合作，则项目的价值也可能将受到影响，价值为 P_3。较优的阶段是体育项目的合作条款细分了适度的信息点，同时激励时间也处于较为合适的时点，即图 6-17 中的 B 点，此时，体育项目的价格可以达到 P_2。

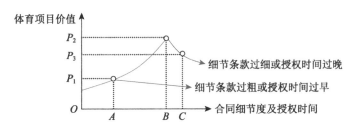

图 6-17　体育 PPP 合作模式中的激励

当然，在实践中，由于体育场馆是较为复杂的公共设施，同时又兼具营利性，为了在 PPP 合作模式中降低双方的交易成本，会设置较多具体条款，见表 6-2。

表 6-2　体育 PPP 模式中对体育设施修建的约定

SMART 原则	成本较高的方式	降低成本的条款
具体的(specific)	以良好的标准新修场馆	新修场馆，需遵守政府"体育场馆"标准
可测量的(measurable)	确保场馆适合体育活动	确保场馆结构良好，具有足够的通风、照明和热舒适度
可实现的(achievable)	确保内部温度始终在 Z ℃	当室外温度为 X ℃与 Y ℃之间时，保持室内为 Z ℃
现实的(realistic)	确保温度控制系统的故障在 2 个小时内修复	确保温度控制系统在工作时间 8 小时内以及工作之外 16 小时内得到解决
及时的(timely)	提供性能年度报告	提供故障日志和月报

表 6-3 中，为了降低 PPP 合作的交易成本，一般会制定较为科学的原则，如最左列显示的 SMART 原则，从这些原则中可以发现，为了降低政府与企业的信息对称成本，通常应列明具体的细节要求。例如表的中间列中，政府对体育场馆的要求，不如表中右侧一列规定得清晰。右侧一列相比中间列，可以降低体育设施合作修建的沟通成本，提升体育场馆的使用价值。

五、测算体育场馆投资回报

球队、体育场馆或赛事的价值如何计算？客观上，可以采用项目净现值（NPV）的方式计算。一种商品或服务的现值（或折现值）就是一系列未来收益在今天的价值。对体育投资项目，先估算收入和支出的现金流，然后评估 NPV 值并对该值的敏感性进行分析，如图 6-18 所示。

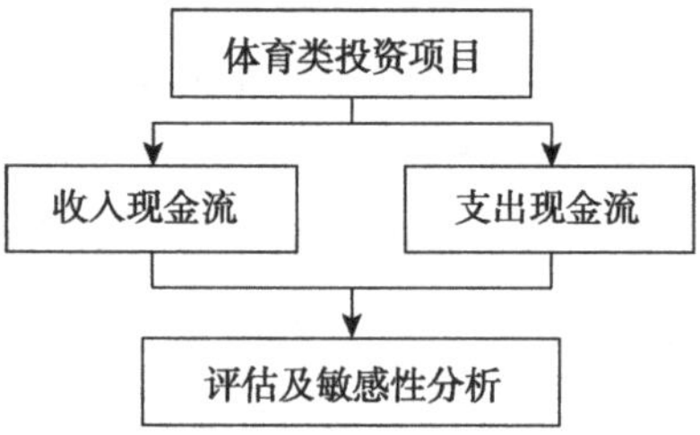

图 6-18　体育类投资项目流程

考虑资金的时间价值，可以使用净现值法。将体育投资项目投入使用后的净现金流量，按资本成本或企业要求达到的报酬率折算为现值，再减去初始投资以后的余额，叫净现值，通常用 NPV 表示。体育投资项目中，为了简化，首先假设建造体育场馆的所有费用（C）在体育场馆建设起步时支付，其次假设可以从体育场馆球队那里获得收入，如租金、其他门票收入等。

NPV 的计算公式为

$$\text{NPV} = \left[\frac{c_1}{(1+r)} + \frac{c_2}{(1+r)^2} + \frac{c_3}{(1+r)^3} + \cdots + \frac{c_n}{(1+r)^n} \right] - C = \sum_{i=1}^{n} \frac{c_i}{(1+r)^i} - C$$

式中，c_i 为第 i 年的净现金流量；r 为贴现率，或者称为资金成本或企业要求的报酬率；n 为项目预计使用年限；C 为初始投资额。

对于净现值法的决策规则是，在只有一个备选方案的采纳决策中，净现值为正者则采纳，净现值为负者则不采纳，在有多个备选方案的互斥选择决策中，应选用净现值是正值中的最大者。从这可以看出，净现值法考虑了货币的时间价值，能够反映各种投资方案的净收益。

当然，对一个市场化的体育投资项目，除了考虑净现值，还可以测算体育项目的内部报酬率。内部报酬率又称内含报酬率，可以用 IRR 来表示，是使投资项目的净现值等于零时的贴现率。

内部报酬率实际上反映了投资项目的真实报酬，计算公式为

$$\left[\frac{c_1}{(1+r)} + \frac{c_2}{(1+r)^2} + \frac{c_3}{(1+r)^3} + \cdots + \frac{c_n}{(1+r)^n} \right] - C = 0$$

可见，使得上式等于 0 时的 r，即为内部报酬率。在只有一个备选方案的决策中，如果计算出的内部报酬率大于或等于企业的资本成本或必要报酬率就采纳；反之，则拒绝。在有多个备选方案的互斥选择决策中，选用内部报酬率超过资本成本或必要报酬率最多的体育投资项目。

42.5 亿美元和 10.2 亿元债券，两组数据照亮中国体育场馆融资前路

2018 年，中国体育场馆界有两个热议的话题，具体而言就是两个数字：42.5 亿美元和 10.2 亿元债券。

42.5 亿美元：美国体育大亨斯坦·克伦克（Stan Kroenke，其名下拥有或曾拥有 NBA 掘金队、英超阿森纳队、NHL 科罗拉多雪崩队、MLB 圣路易斯红雀队等职业球队）决定牵头投资 42.5 亿美元，为其名下的 NFL 洛杉矶公羊队打造一座占地 298 英亩（1 英亩≈4 046.86 平方米）的超级体育场。42.5 亿美元刷新了美国体育场馆造价历史纪录。在这之前，美国最昂贵的场馆是曾投资 17 亿美元的新泽西大都会球馆，而 NBA 目前最受关注、被誉为科技属性最强的 NBA 主场——萨克拉门托国王队新主场黄金一号的造价也"不过"5.65 亿美元。

10.2 亿元债券：国家发改委批准广州珠江实业集团有限公司就其中标的开封市体育中心建设项目发行 10.2 亿元专项债券，这是自国家发改委 2017 年推出《社会领域产业专项债券发行指引》、鼓励发行体育产业专项债券以来，我国企业发行金额最大的一个体育产业专项债券，具有鲜明的开拓意义。

克伦克在洛杉矶打造的这座预计造价 42.5 亿美元的超级体育场，早在 2016 年 1 月就已被批准，目前已经动工。球馆位于英格尔伍德（目前尚未出售冠名，所以下文暂称之为英格尔伍德体育场），因为娱乐功能超级齐全而被誉为"NFL 的迪士尼世界"。最初预估造价为 23 亿美元，但此后鉴于洛杉矶要举办 2028 年夏季奥运会和 2022 年 NFL 超级碗，所以这座场馆的修建规格和抗震级别被再度提升，预估造价最终一路狂飙至 42.5 亿美元。

克伦克和他的妻子、沃尔玛超市继承人安·沃顿·克伦克将联手为球场投资 16 亿美元，而应克伦克夫妇邀请，摩根大通将牵头美国银行、花旗集团、公民银行、GSP Capital 等 8 家银行一起为该项目投资 22.5 亿美元，另外的 4 亿美元缺口将发行专项债券。毫无疑问，英格尔伍德场馆偿还债务压力很大，除了每年要向银行偿还至少 5 000 万美元的利息外加 1.83 亿美元的利息储备外，克伦克夫妇在体育场修建过程中需要提前发行 VIP 个人座位许可证费用来偿还债券。但克伦克夫妇对英格尔伍德场馆的运营前景充满信心，认为场馆将在 5 年内实现盈利。

毫无疑问，英格尔伍德体育场能够通过社会融资撬动 42.5 亿美元，这注定将成为美国体育产业的里程碑事件，美国体育场馆的强大融资能力和信用背书让人震撼。而反观我国体育场馆融资史，在很长一段时间内主要靠国家和地方财政直接拨付，而向社会资本进行融资的能力接近为零。

按理说，参考国外体育产业的融资模式，在理论层面，我国体育产业的渠道大体可分为银行信贷、体育彩票、股票上市、引入风投、发行债券、吸纳产业基金投资这六种模式。但事实上，在2014年之前，这六种模式基本都行不通，即使最近几年体育产业概念变得异常火热，银行信贷、体育彩票、股票上市、发行债券这四条道路，或受限于中国体育产业发展现状，或受制于国家政策，仍均停留在理论层面。

具体到体育产业细分领域，体育场馆是最难向社会融资的体育细分产业。很多时候，就连国有银行都不愿意给体育场馆建设贷款，所以体育场馆建设的资金来源在过去往往是由政府动用财政资金进行直接专项拨付。即使PPP融资模式最近几年被大力倡导用于公共设施建设后，这一模式用于体育场馆领域的也不多见，原因就是当前中国体育场馆运营能力较差，后期债务偿还能力令人忧心。投资人一不小心往往会沦为运营商，债权变成运营权，这让体育场馆融资成为体育产业融资中的老大难。

好在，国家发改委在2017年8月印发了《社会领域产业专项债券发行指引》，大力支持企业发行健康、养老、教育、文化、体育、旅游这六大专项债券，而发债企业可使用债券资金收购、改造其他社会机构的相关设施。在这其中，体育产业专项债券被明文规定可主要用于体育产业基地、体育综合体、体育场馆、健身休闲、开发体育产品用品等项目，以及支持冰雪、足球、水上、航空、户外、体育公园等设施建设。此番，广州珠江实业集团有限公司就其中标的河南省开封市体育中心建设项目发行10.2亿元专项债券就属于体育产业专项债券，其中5.1亿元用于开封市体育中心建设项目，5.1亿元用于补充营运资金，而整个工程预计投资也不过13.1亿元，此番发行债券基本覆盖了接近80%的成本。而有了国家发改委力挺的体育产业专项债券，我国体育产业融资能力终于可以再上一个台阶。

具体谈到本次为开封市体育中心发行10.2亿元债券的广州珠江实业集团有限公司，近年来也成为国内最先进的体育场馆运营商之一。珠江实业集团旗下在20世纪90年代末专门成立了广州珠江体育文化发展有限公司（以下简称"珠江体育文化公司"），珠江体育文化公司自2001年开始承担面积10万平方米广州体育馆的运营管理，成为破解大型体育场馆赛后利用难题的探索先行者。近年来，珠江体育文化公司通过场馆运营方式创新形成了"受托运营管理场馆、大型赛事顾问管理、市场开发"的多元跨区域格局。

珠江体育文化公司这些年不断北上，中标多项体育场馆建设和运营项目。2005年中标了江苏省承办的十运会部分场馆的运营工作，2013年又在山东省济宁市成立了子公司——济宁珠江体育文化发展有限公司，连续获得了山东省4座体育场馆的运营权。近年，珠江体育文化公司又瞄准了体育产业潜力巨大但体育场馆水准相对落后的河南省。

2017 年 3 月，珠江体育文化公司联合珠江实业集团旗下的兄弟公司广州市住宅建设发展有限公司成功中标开封市体育中心。2017 年 5 月又与中建七局组成联合体，力压河南当地群雄夺得河南省许昌市体育会展中心建设项目（项目总投资 23.93 亿元，建设期 2.5 年，运营期 15 年，中建七局负责投资建设，珠江体育文化公司负责部分投资和后期运营管理）。通过不断北上投资体育场馆，珠江体育文化公司成功实现了"品牌输出、异地拓展"战略，也为自己树立了"国内排名靠前、华南区域第一的大型体育场馆运营商"新标杆。

从英格尔伍德体育场通过社会融资撬动 42.5 亿美元一事可以看出，美国体育场馆商务运营的巨大收益前景是体育场馆能够顺利融资的根源，这也反衬出当前仍在亏损的我国体育场馆在商务运营层面具有巨大的改善空间。至于广州珠江实业集团有限公司能够获准就其中标的开封市体育中心发行 10.2 亿元专项债券，既体现出《社会领域产业专项债券发行指引》的政策红利，让中国体育产业真正切切实实多了体育产业专项债券这一融资渠道，又揭示出中国体育场馆未来的首要发展目标还是增强自身的商务运营能力，而这才是体育场馆获得融资的首要信用凭证。

作为原本立足广东当地的一家普通广州体育场馆公司，珠江体育文化公司能够一路北上攻城略地，核心原因也是在于它们拥有一流的体育场馆商务运营能力。这点是那些因为在许昌市体育会展中心和开封市体育中心项目中落败而有些愤愤不平的河南当地企业最需要反思的。

资料来源：体育大生意。

小　　结

体育具有公共产品属性，也具有较强的正外部性，体育消费者即使不参赛，作为观众也能从赛事中受益，小到强身健体，大到国家荣誉感、爱国感等。这种情况下，政府财政投资体育设施比市场提供更有效。

越来越多的城市开始将体育场馆视为其基础设施的一部分，并支付了新体育场馆建设的大部分或全部费用。因为许多费用是隐性的或难以量化的，所以公共支持的确切程度往往难以衡量。为了补贴体育设施，政府可以筹集资金，如发行体育彩票。

一方面政府可以寻找体育场馆、俱乐部运动队的直接受益者，对他们征税，再将税收补贴给体育场馆或俱乐部运动队，前提是直接受益者愿意交税，或具有交税的能力。另一方面，根据拉姆齐原则，税收应与商品或服务的需求价格弹性成反比，政府应对需求价格弹性高的产品征税。为体育征税是否有效率以及是否公平，成为重要的判断依据。大多数城市的税收，可能既不特别有效，也不公平，需要在体育征税中充分考虑。

讨论问题

1. 体育场馆为什么往往位于市中心?
2. 通过财政税收获得体育场馆资金, 其效率性和公平性如何?
3. 你认为体育场馆可以采用什么融资方式?

自学自测　　　扫描此码

第七章

体育运动员

第一节 体育运动员供需均衡

联赛的升降级制度，使得竞争更加剧烈，而球员的出售，使体育市场成为颇具特色的劳动力交易市场。最近几十年，所有运动项目中职业运动员的薪酬都有了很大的提高。例如 2019 年以来的 CBA 球员顶薪大约为 800 万元/年，实施工资帽之前，周琦、易建联等运动员的年收入达到 2 000 万元以上。那么，职业运动员收入水平如此之高的原因是什么？我们如何从经济学角度看待职业运动员的收入？

一、运动员的供给

从 2010 年至 2020 年，在这过去的 10 年里，CBA 球员的平均年薪从约 20 万元增加到约 100 万元。若依人均 GDP 计算，2010 年 CBA 的平均工资大约是 2010 年人均 GDP2.9 万元的 6 倍，到了 2020 年，几乎是人均 GDP（约 8.8 万元）的 11 倍。不仅篮球如此，足球等体育运动项目的工资水平也是如此。

运动员的工资市场，是典型的劳动力市场。在供给方面，运动员个人向俱乐部运动队提供服务。而俱乐部运动队为了实现利润最大化或获得金牌最大化目标，需要优质的劳动力。当然，因为俱乐部运动队未必追求收益最大化目标，而是更关注运动队中队员的素质提升，因此，运动队的投资方未必同步受益。为了简化分析，假设运动队的球员素质和俱乐部运动队的利润直接相关，即运动队的素质质量越好，俱乐部运动队的收益就越大。

同样，劳动力市场依然满足供给曲线和需求曲线均衡的供求关系。当没有被人为干涉时，劳动力市场的自由供需关系是影响运动员就业和薪酬的因素。但对于一些特殊的球员，如明星球员来说，可能不适用。对于具有强势招聘能力的明星俱乐部而言，可能也不适用。因为这些明星球员或知名俱乐部运动队，具有较大的话语权。这也导致出现一些体育中的特殊现象，如某个运动员张三在一场比赛中赚的钱比运动员李四在他整个职业生涯赚的钱都多。

一个运动员的劳动力供给曲线，类似于一个体育制造公司的产品供给曲线，但是也有较多区别。在体育制造产品上，产品供给曲线的数量，一般是体育制造公司提供

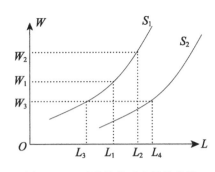

图 7-1 运动员的劳动力供给曲线

的产量，如球拍或门票的数量。产品供给曲线的价格，就是每单位产出的价格。但在劳动力市场中，劳动力的数量，一般指一个运动员愿意提供的工作时间，劳动力的价格则是运动员每单位劳动时间的工资。通常以运动员每小时所获得的薪水作为运动员的工资单价。

图 7-1 中，横轴为运动员的竞赛表演或训练时间量 L，纵轴为运动员的工资价格 W。图中一条向上倾斜的劳动力供给曲线 S_1，表示面对更高的工资 W，运动员愿意提供更多的运动竞赛表演或训练的工作时间 L。如果劳动时间与劳动的次数成正比，也可以将运动员劳动的供给的数量表示为劳动的次数。例如一个高尔夫运动员，在他职业生涯中的比赛次数表示在横轴，则垂直的纵轴衡量了他每场比赛的薪水收入。同理，如果分析一个体育联盟中的劳动力市场，则横轴的数量变量可以是在此体育联盟中所雇用的运动员数量，或者，如果考察一个典型运动员的全部职业生涯定价，那么横轴的劳动力数量变量可以是该运动员参加的竞赛表演次数。

图 7-1 中，工资从点 W_1 移动到点 W_2，说明随着一个运动员薪酬的增加，他将提供更多的竞赛表演，因此劳动量从 L_1 移动至 L_2。如果某个运动员的工资薪酬变低，如变为 W_3，其本应更少提供比赛至 L_3，但如果他目前的总收入低，不能承受更低的单位工资，那么该运动员能做的，是不得不提供更多的比赛，来维持他的生活。那么此时，他的劳动力供给曲线会反而向右移动到 S_2，在 W_3 的单位工资水平下，其提供的表演竞赛数量从 L_3 数量增加到 L_4 数量。

这是运动员劳动市场的供给与普通体育制造用品供给的不同，运动的劳动力供给曲线之所以呈现如此不同的改变，是因为运动员会根据自己每小时的休闲"偷懒"时间的收益和成本，选择自己的竞赛表演工作量。也就是说，休闲是一种资源，休闲是运动员选择不工作时"购买"的一种商品，多花一小时休闲的机会成本，等同于多一个小时的工作收入。也正是因为如此，运动员单位的休闲成本等于运动员的工资率。当运动员的工资低时，休闲的机会成本就低。但随着工资的增加，运动员可能会选择更加忙碌的工作，也可能选择"高薪休假"，不愿意那么拼命地提供竞赛表演服务。

这是因为，随着工资的提高，运动员会经历收入效应和替代效应。替代效应是指运动员"购买"闲暇时会牺牲更高的收入，即休闲成本随着工资的增长而上升，因此当工资上涨时，替代效应导致运动员工作更多。而收入效应，反映了更高的工资带来的购买力提高，如果休闲是一种正常的商品，那么，当收入增加时，运动员会增加他们的休闲时间，减少工作量。在这种情况下，收入效应会抵消替代效应。

一般而言，替代效应要强于收入效应，因此更高的工资，会导致运动员提供更多的劳动力，劳动力供给曲线向上倾斜，因高工资而不工作的人毕竟是少数。当一个运动员的非竞赛表演的其他收入下降时，其对所有正常商品和服务的需求都会下降，也包括对休闲不工作的时间购买。而休闲需求的下降，等同于运动员提供竞赛表演的劳动力供应增加。因此，正是由于收入效应，很多低收入的运动员，尽管打一场球的奖金不高，或提供培训的每小时培训工资不高，但为了不降低自己的总收入，不得不更加努力地提供服务。

二、俱乐部的需求

俱乐部运动队，把运动员的劳动作为一种生产的投入要素时，会从投入产出的角度考察运动员劳动力的价值。由于运动队对外提供竞赛表演时，总收入或者说总产值可以表示为 TRP，总产值是竞赛表演产品的数量 Q 与竞赛表演价格 P 相乘，即 TRP = QP。那么，当考虑随着运动员数量变化时，竞赛表演总收入的边际收益产品，即 TRP 的导数变化，可以表示为 MRP。由边际关系可知，边际收益产品 MRP = 边际收益 MR × 边际产出 MP。根据产品市场定价原理，当竞赛表演市场处于竞争激烈时，竞赛表演产品的定价 P = MR，那么此时有 MRP_L = P·MP，如果称此时的 MRP_L 为 VRP，即有 VRP = P·MP。

假设一个俱乐部运动队使用两种投入要素，即资本 K 和劳动力 L，则资本是固定的，如花费资本购买高端装备、招聘明星运动员。为了考察俱乐部运动队对运动员劳动的需求，设短期运营中，该俱乐部运动队只能通过改变运动员劳动力的投入，来改变运动队在市场中获胜的奖牌产出 Q。同时竞赛表演市场激烈竞争，俱乐部运动队不能影响其竞赛表演的市场价格 P。俱乐部运动队通过选择运动员 L，最大化俱乐部运动队的收益。当实现价值最大化时，雇用一名运动员的边际收益，等于雇用该运动员的边际成本。设运动员多工作一个小时的边际成本，即运动员的工资 W。而增加一个运动员的好处，是可以获得该运动员产生的额外体育收入。对于增加一个运动员而产生的额外体育收入，可以称为劳动力的边际收益产品，即 MRP_L。由于竞争市场中，竞赛表演的边际收益 MR 等于价格 P，因此 MRP_L 就是单位产出价格 P 乘以边际产出 MP，即

$$MRP_L = MR \cdot MP_L = P \cdot \frac{dQ}{dL}$$

式中，MR = P 时，MRP_L = P·边际劳动量 MP_L。

以一个体育教育培训机构为例，如果增加一个运动员教练，该教育培训机构每月可以增加 20 个学员的教学工作量，从每个学员身上可以获得的收入为 5 万元，则该运动员教练对培训企业总的贡献价值，为每月 100 万元。根据利润最大化目标，该体育培训企业会雇用足够的运动员教练，直到教练作为劳动力占企业的边际成本，即教练工

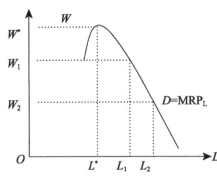

图 7-2　体育培训企业的劳动力需求曲线

资 W，等于企业培训的边际收益 MRP_L。假设体育培训市场的竞争非常激烈，则该培训企业是市场培训价格的接受者，那么，随着教练劳动力投入增加，即招聘数量的增加，教练劳动的边际产量价值将下降，因此该培训企业对教练劳动力的需求曲线向下倾斜（如图 7-2 所示）。

图 7-2 中，横轴为体育培训企业对运动员教练的需求数量 L，纵轴为运动员教练的工资 W，即培训企业的单位劳动成本。可以发现，由于边际收益递减的影响，随着培训机构招聘的运动员教练数量 L 的增加，则运动员教练的边际产出下降，图 7-2 中的曲线 D 代表 MRP_L，也代表了劳动力市场的需求曲线。图 7-2 中，对运动员教练劳动力需求曲线，在 L^* 时，教练的劳动边际产量 MRP_L 处于峰值，此时教练得到的工资为 W^*。在 L^* 左侧时，任何一点表示每个额外的运动员教练生产的培训价值都超过前一个，此时招人的单位教育产出在提高。但根据边际收益递减规律，从 L^* 开始后，培训企业雇用的运动员教练越多，则其增加的单位教育产出越少。当然，培训企业付给运动员教练的工资也越少。培训工资为 W_1 时，雇佣数量为 L_1，培训工资下降至 W_2，培训企业雇用更多的教练 L_2。从图 7-2 中可以发现，培训企业需求的教练劳动力的单价 W 与教练的数量，即劳动力的数量，呈负相关，这与消费者对其他制造业的商品或服务的需求曲线相似。

在竞赛表演中，运动员产生的边际产出价值，可能比体育健身培训的运动员教练产生的边际产出价值更难衡量。这是因为，一方面，体育的竞赛表演不是依靠一个单独的运动员个体即可完成，运动员之间往往相互依赖，如足球运动，前锋、中场、后卫之间的配合很重要。即使考核各个运动员的具体价值指标较多，包括失球数、得球率、控球率等，但指标不稳定，即波动性可能较大。另一方面，运动员是人，每个人都有状态好坏之别。经常爆出黑马和冷门，也会出现"走向平庸、趋于回归"的状态。在一场竞赛中，可能不同的运动员、不同的教练、不同的场地和不同的比赛时间相组合，得到的比赛结果大相径庭。

这也是为什么很多衡量运动员价值的指标非常不稳定，使得劳动力市场中对运动员薪水有较大的分歧。对运动薪酬工资的分歧，就是源于对劳动力需求的分歧。有人抱怨运动员薪酬过高，也有人认定运动员的薪酬过低。当然，越来越多的科技手段，如大数据、体育工程及体育人工智能的出现，可以帮助区分运动员的表现与比赛环境，从而更科学地衡量运动员的市场价值。

三、运动员与俱乐部运动队的供需均衡

运动员劳动力市场，可以根据市场总体需求和总体供给找到均衡点。如图 7-3 所示。

图 7-3 中，横轴为运动员的劳动力数量 L，纵轴为劳动力的价格 W，即工资水平。运动员被俱乐部运动队需求的市场曲线为 D，运动员自身愿意提供竞赛表演的市场供给为 S。那么，供需曲线的交点，即运动员劳动力数量 L^* 和工资均衡水平 W^*。当市场条件发生变化时，例如在图 7-3 中，假设随着俱乐部运动队数量的增加，对运动员的需求也将上升，那么需求曲线将从 D 移动到 D_1，并导致均衡球员数量从 L^* 上升到 L_1，均衡

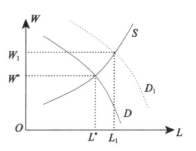

图 7-3　运动员劳动力市场
的供需均衡

的工资水平上升到 W_1。相反，当运动队数量下降时，如多个运动队合并时，可能会导致运动员的工资降低。

又如，当某个运动项目变得更加受欢迎时，如电子竞技，市场将增加对电竞运动员的需求，电竞运动员的边际收益产值将上升。当然，这个增长不是由于电竞运动员的产出能力提高，也即并非供给因素发生改变，而是体育消费者需求的增加，导致该运动项目的边际收益增加。更高的边际收益表示有更高的边际收益产值，这也导致了劳动力需求向右移动，并带来更高的工资。再如，当宏观经济形势发生恶化，人们对观看体育比赛的需求下降，同样将使运动员的 MRP（边际收益产品）下降。俱乐部运动队的竞争程度，也会影响运动员的整体需求，因为俱乐部运动队的数量，会随着竞争对手的进入或者某个联赛的扩张收缩而变化。

当然，如果对球员的数量进行限制，如球员协会规定只有获得资格考试的运动员，才能进入招聘环节，那么由于每个俱乐部运动队招募不到需求的人数，运动员市场价格将上涨，如图 7-4 所示。

图 7-4 中，横轴为运动员就业人数 L，纵轴为运动员的工资水平 P。在运动员需求 D 和供给 S 下，均衡的就业量为 L_1，球员的工资为 P_1。但协会给出了一个约束性的进入条款，球员必须先获得资格，导致球员的供给数量受到限制。如 L_2 处的垂直线所示，可以看出，这一限制，减少了总就业量，但导致了运动员工资增加至 P_2。

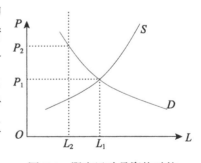

图 7-4　限定运动员资格时的
就业均衡

四、竞技运动员的薪酬定价

一个竞技运动员参与竞赛，作为一种劳动形式，其劳动价值的定价与绝大部分行业的劳动价值存在较大不同，尤其是在边际上。竞技运动员的价值，不同于生产制造业中工人的劳动，不是由工作量或工作时间决定，而是依据能不能获胜、能不能赢得冠军。这也是竞技运动员市场价值的定价依据。

　　按照生产要素定价，劳动要素得到对应的 MRP，表明一个劳动者如果比其他劳动者更有效率，则得到的奖励将更高。但竞赛行业的特殊性，使得即使是业绩上的微小差异，也会造成薪酬上的巨大差异。即使参赛的运动员在绝对实力上相差无几，但薪酬却差异巨大。也就是说，在竞赛行业中，相对劳动生产率比绝对劳动生产率更重要。对运动员而言，比赛中排名的顺序是最重要的定价标准，而不是各自的绝对成绩，获得金牌是关键。

　　例如，在 2017 斯诺克玉山世界公开赛上，丁俊晖与威尔逊进行了 7 天的艰苦激战，赢得了冠军。在如此激烈的比赛中获得金牌，给丁俊晖带来了 15 万英镑收入，而亚军威尔逊只得到了这个数额的一半。在淘汰赛中，第三轮被淘汰选手只比第一轮被淘汰的选手多挣 3 万英镑，获得的报酬奖金差别不大。尽管从整体上看，不管是高尔夫、围棋还是举重，一般随着比赛的进行，赢得比赛的回报率会增加，但回报率的差值会在冠军和非冠军之间剧烈拉大，劳动的回报率，并不与比赛的排名序列呈线性变化。竞技运动员的劳动市场价值定价，不看 MRP 的具体值，而看 MRP 所处的位置，这也说明体育竞赛市场中，消费者注重消费的序数效用而不是基数效用。

　　尽管俱乐部运动队希望像其他行业的雇主一样，将运动员的奖励建立在严格的 MRP 上。战绩好一点，回报就高一点，让业绩表现与薪酬回报成正比。但往往一个竞技运动员的 MRP 也很难测量。有时候，在一个运动竞赛中的"劳动质量"，取决于运动员个人基础能力之外的众多偶然因素，如比赛场地的状况、天气状况或现场的氛围。

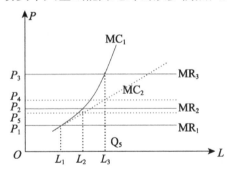

图 7-5　运动员努力的边际收益与奖金支付的边际成本

如果俱乐部运动队不能排除这些因素，则难以提供有效的线性激励。因此，运动员的激励结构，表现为薪酬随着排行榜上的排名上升而上升，但薪酬分配高度不均。如果从边际回报的角度观察，如图 7-5 所示。

　　图 7-5 中，横轴为竞技运动员的劳动付出量 L，不管这种付出是因为天赋而主动投入，还是因为外部压力被动强化训练驱动。纵轴为竞技运动员获得市场薪酬工资价格 P，既是俱乐部运动队付出的边际成本，也是运动员得到的边际收益 MR。从边际收益看，一个竞技运动员，尽管随着努力程度的增加，获胜的概率也增加，但运动员的边际收益 MR 未必随着努力的增加而增加。因为努力训练投入增加，可能只是获胜的一个必要条件，而不是充分条件。不努力训练，不可能获得冠军奖牌；但非常努力地训练，也未必能获得超高收益。图 7-5 中水平线 MR_1、MR_2、MR_3，分别表示获得铜牌、银牌、金牌三个不同名次的收益，与努力程度不存在正向递增关系。

　　但是，赛事的组织者、俱乐部运动队以及体育消费者和赞助商，希望看到竞技运动员努力训练，因此设立了随着运动员竞赛排名上升而急剧增加的奖金，这种奖金作为边际成本，其曲线如图 7-5 中 MC_1 所示。对于不同层次的努力所获得的奖金，竞赛的奖金供给方会设置较大的级差，这使得 MC_1 不仅向右上倾斜，且随着运动投入增加而变得更陡峭，即边际成本会加速增加，图 7-5 中 $(P_3-P_2) > (P_2-P_1)$。图 7-5 中，从 L_1 移动到 L_2，竞赛的奖金供给方为运动员增加的努力，提高了支付的奖金，从 L_2 移动到 L_3，竞赛的奖金供给方也增加了支付的奖金，尽管 $(L_2-L_1) = (L_3-L_2)$，即努力的程度增加相同，但支付的边际奖金成本会加剧增加。

一个运动员设定自己的努力水平为 L_1，他获得铜牌，获得的边际收益为 MR_1，如果获得银牌，边际收益达到 MR_2，MR_2 与 MR_1 有差别，在获得金牌时，边际收益 MR_3 与 MR_2 的差别更大。因为有较大的奖金差异，边际成本差异较大，运动员有更大的动力去努力获胜，冲击冠军。相反，如果对努力的奖金边际成本是线性变化的，如 MC_2 线所示，此时的奖金在不同名次之间差异较小，$(P_4-P_5) = (P_5-P_1)$，将导致同样努力水平的运动员得到的边际收益减少，那么对运动员获得金牌的激励不足。可见，正是由于竞赛的奖金供给方将奖金发放集中在冠军头部的设置，使得边际成本非线性地变化，也使得头部竞技运动员获得的边际收益远超后面的排名者。

由前述可知，竞技运动员根据名次排名的方式获得报酬，符合劳动生产效率相对最高原则，与劳动生产率的绝对水平关联度较弱。但从收入的分配来讲，可能不公平，容易造成"效率与公平"之间的争论。

正是如此，运动员中的超级明星，其收入是非明星运动员的数倍，这种收入差异与运动实力差异不对称、不成比例的变化，被称为超级明星效应。可以发现，这种效应，源于体育消费者序数效用和劳动生产率序数相对位置的影响。如图 7-6 所示。

图 7-6 中，横轴为体育消费者对运动员的需求数量 Q，纵轴为运动员的市场价格 P，如果两个运动员技术能力接近，他们的市场价格应该是接近的，都为 P_1。但如果一个运动员因为技术好一点点，获得过冠军，成为明星运动员，较为稀缺，

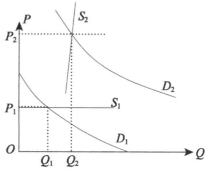

图 7-6　运动员的明星效应收入定价

供给量不为 S_1，而是 S_2，那么消费者对他竞赛表演的观赏需求就要大很多，不是 D_1，而是 D_2，因为很少有消费者愿意花费时间刻意记住没有印象的非明星运动员。那么，明星运动员因为稀缺，其市场价格将为 P_2，$P_2 > P_1$，这种定价差距，远远超过了他们实际技术能力的差距。

竞技体育这种按照排名定价的方式，和其他形式的娱乐活动类似，均受到超级明星效应的影响，因为人们总是容易记住排名世界第一的运动员，如同容易记住世界最

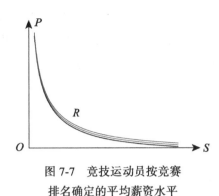

图 7-7　竞技运动员按竞赛
排名确定的平均薪资水平

高山峰是珠穆朗玛峰，但记不住世界第二高峰的名字。同时，现代科技和媒体宣传方式可能强化了超级明星效应，通过远程视频或 VR（虚拟现实），体育消费者可以在手机上看到更多最佳运动员的信息，表现出"强者恒强"的马太效应。图 7-7 所示为竞技运动员按竞赛排名确定的平均薪资水平。

图 7-7 中，横轴为运动员的获奖排名顺序 S，越靠近原点 O，则表示竞赛排名成绩越靠前，纵轴为市场的薪酬定价 P。可以发现，市场的薪酬曲线 R 非常陡峭，多条线中，第一排名的薪酬远远高于后面排名的薪酬，且薪酬越高，人数越少。正是因为比赛获胜的经济回报极为偏重顶尖运动员，因此体育竞技运动员的收入分配高度有偏。大多数比赛的前 10%获奖者的奖金，远超全部选手总奖金的 10%。

这种运动收入不均的情形，是因为市场体育消费者对排名顺序给予了差异化定价。运动员之间的薪资收入水平，按照比赛的排名顺序，处于陡峭状态。尽管这种陡峭状态，大多数是因为运动员竞赛成绩之间的差距也处于陡峭状态，但薪酬水平之间的差值陡峭程度，与竞赛成绩之间的差值陡峭程度也有不同。运动员之间的薪酬差异，与运动员本身的竞赛成绩差异之间，存在一定的不同步。如图 7-8 所示。

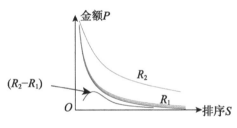

图 7-8　运动员竞赛成绩与薪资
水平的差值比较

图 7-8 中，横轴为运动员的排名顺序 S，纵轴为运动员的竞赛成绩价值和薪资水平，两者均为 P。可以发现，竞赛成绩与获奖排名之间呈反比的陡峭曲线 R_1，运动员的薪酬水平按照排名也呈现 R_2 的陡峭状，两个曲线很相似。但仔细来看，运动员的竞赛成绩和薪资水平并不是等幅度变化，若将两者之间作差，可以发现 R_2-R_1 的差值，存在倒 U 形效应。也即图中，冠军第一名与第二名之间，竞赛成绩可能差别不大，但薪酬水平却相差很大。其他时候，会呈现薪资水平差值与竞赛成绩差值之间相差较小的情形。

不仅单次比赛的奖金额呈现偏态分布，在运动队中，竞技运动员日常的薪酬结构也很不平衡。较多运动队中，一人的收入可能就占据了球队一半的收入，或者排名前三的运动员就占据了 80%以上的收入。这些顶级运动员，又被称为精英运动员，大大增加了体育消费者的观赏需求或"追星"消费。消费者总是希望看到冠军，这就导致了他们对亚军以及季军的需求均大幅减弱，即使冠军和亚军之间、亚军和季军之间、季军和没有奖牌的第四名之间的技术能力相差无几。

可见，竞技运动员的这种明星效应，如同某个公司在某个行业中的明星效应。许多行业的头部公司往往也占据行业利润的大头，尤其是从竞争变为垄断时，如互联网行业的腾讯集团和阿里巴巴集团。因此，对于这种收入分配的不均，我们可以用类似于衡量产业与行业垄断程度的指标进行考察，如极差系数、基尼系数或洛伦兹曲线等方式。

五、运动员收入

（一）运动员收入不均

收入不均，是体育竞赛的劳动力市场中的常态。在体育竞赛产业中，收入高的运动员人数较少，收入低的运动员人数较多。这种不均衡是否应该被打破？同时，运动员之间薪酬水平差距过大，是好事还是坏事？有研究发现，在其他条件相同的情况下，运动队工资水平差距越大的球队，俱乐部整体的战绩表现可能越差。当然，也有发现，收入差距可以提升俱乐部运动队表现，队员之间差距越大，则俱乐部运动队之间的合作越成功。可以说，边际成本递增与马太效应可以为运动员的努力提供动力。

当然，运动员之间薪酬水平差距过大也可能产生负面影响。当一个运动员为个人的奖励而竞争时，结果可能导致自私的心态，这会抑制俱乐部运动队获得成功所需的合作。有些案例表明，运动员比赛之前密谋伤害同组竞争对手，为自己提供获得冠军的机会，这显然严重违反了体育精神。

高度不均衡的奖励结构，也会导致有些青少年训练者工作时间过长，长时间的训练会带来持久的身体和心理伤害。有时候，为了取悦父母和教练，青少年训练者渴望有机会站在大赛的领奖台上，遭受了严重的损伤却没有得到及时的康复治疗，因为害怕错过获得大赛奖牌的机会。例如有些运动员会服用泻药、利尿剂等药物，来减轻青春期带来的体重上升问题，以便于在体操比赛中获胜，这显然是不可取的。

最典型的是使用兴奋剂，不少职业体育运动员经历过涉及兴奋剂的尴尬丑闻。大量使用合成代谢药物类兴奋剂，会导致心脏和肝脏的损伤、剧烈的情绪波动，甚至导致死亡。有些人认为兴奋剂只是寻求获奖的另一种方式，这与游泳运动员使用特殊设计的泳衣或自行车运动员使用新材料来减轻自行车的重量没有什么不同。有些人甚至说，使用兴奋剂是使那些负担不起私人教练和昂贵设备的运动员能够公平竞争的一种方式，使用兴奋剂的危险可能不会比剧烈的拳击、斗牛运动受伤大。但这些观点都是错误的，从健康和公平角度看，兴奋剂与其他提高个人成绩的方式在性质上不同。

尽管如此，兴奋剂的危险并没有阻止运动员停止使用。从经济学看，这隐藏着运动员冒险与社会监督之间的博弈，如表 7-1 所示。

表 7-1　运动员张三与李四的博弈

	张三不使用	张三使用
李四不使用	情形一：（1，1）	情形二：（2.5，0）
李四使用	情形三：（0，2.5）	情形四：（0.5，0.5）

表 7-1 中，假设只有张三和李四两个运动员，他们可能都有使用兴奋剂的动机，如果使用兴奋剂，可以提高成绩，尤其是在对方不使用的情况下，可以为自己带来优势。如果张三和李四能够在他们的体育项目中占优势，他们就愿意冒健康风险使用兴奋剂。由此可以分为四种情形，分别如表 7-1 中所示。情形一是两个运动员都没有使用兴奋剂，情形二是张三使用了但李四没有使用，情形三是李四使用了但张三没有使用，而情形四是两个运动员都使用兴奋剂。在情形一和情形四中，李四和张三都没有相对优势。设四种情况的两人收益用（R_1、R_2）表示，R_1 表示张三的竞赛回报，R_2 表示李四的回报。由表 7-1 中可见，情形一中，因为没有健康伤害，设两人的（R_1、R_2）为（1，1）；而与之对应的情形四中，两人均使用兴奋剂，他们的健康就会受到伤害，回报变为（0.5，0.5）。如果一人使用，另一人不使用，则使用的人会获胜，假设获胜的收益为 3，减去 0.5 的兴奋剂伤害，净剩余回报为 2.5，则情形二和情形三回报分别为（2.5，0）和（0，2.5）。从两方的博弈可以看出，情形一的回报要优于情形四，同时如果一方使用，另一方不使用，则使用兴奋剂的运动员获胜而另一个失败。可见，服用兴奋剂是一种占优策略。但是整体的结果，却是一个囚徒困境，因为张三和李四冒着对健康的伤害，却得不到任何好处。

兴奋剂的监督成本较高，孙杨的案例就是一个代表。2018 年的一次飞行药检，孙杨与兴奋剂检测人员出现分歧，孙杨质疑检测员官方身份等问题导致检测员未能带走样本。2019 年，虽然国际泳联认定孙杨没有违反兴奋剂条例，但是世界反兴奋剂机构不认可国际泳联的判定结果，并起诉国际泳联和孙杨，最终国际体育仲裁法庭于 2020 年宣布判决，孙杨被禁赛 8 年。当然，这一事件的结果还在持续变化之中。不断发生的丑闻揭示了使用兴奋剂的广泛动机，世界反兴奋剂机构面临的挑战较大。

（二）对运动员收入不均的调整

那么，针对薪酬收入的不均衡问题，如何调整？研究发现，若要在现有的收入水平上，对运动员的收入进行重新分配，或者说使运动员之间的收入均等化，反而可能会破坏整体体育的运行，导致体育全行业的福利降低。一旦失去了竞赛的激励，则竞赛的动力不足，既不会出现职业运动员，也无法赛出风格和水平。因此，可行的办法不是在运动员之间做收入均等的处理，而是让全体运动员的收入上升，即保证全体育行业或运动队的整体收入或福利上升。如图 7-9 所示。

图 7-9 中，为了表示比例之间的变化关系，横轴表示为运动员人数 Q 的对数 $\ln Q$，纵轴表示为收入的对数 $\ln Y$。如果根据收入水平对运动员按比例进行分组，可以发现各成员组之间，显示出不均衡但较为稳定的关系，如图 7-9 中 S_1 曲线，这被称为帕累托分配曲线。如果要将收入较低运动员的收入提高，则应将曲线右移至 S_2，而不是在 S_1 线中从 A 点移至 B 点。这是因为，经济激励使一些人福利增加而另一些人福利减少，最终使得总量全体人员的福利降低，对行业

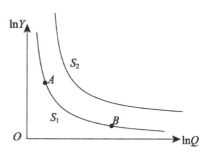

图 7-9　运动员人数与收入的
帕累托分配曲线

或全社会不利。相反，如果做出某些改变，使所有人的福利增加了，才是有经济效率的改进。全社会需要"利己不损人"的帕累托改进，"分蛋糕但不让蛋糕变小"是改进的目标，也是符合经济效率的做法。

如果不能在总量上提高所有运动员的收入，那么需要在一些具体的微观机制上减少运动员冲击冠军的负面作用。一个合理的奖金设定做法，可能是既需要创造令人兴奋的比赛，又要注意潜在风险的水平。不同的运动项目如赛车的奖金与高尔夫运动项目的奖金，设置需要不同。例如有研究发现，在赛车中，奖金之间的差距越大，赛车的平均速度就越快，奖金能激励人们开得更快。但为什么比赛组织者会在赛车比赛中，设置差距不大、不够拉开差距的奖金？

因为在赛车比赛中，所有的车手都在同一条赛道上同时比赛，因此差异化的工资会导致非常激烈的驾驶，这可能会带来灾难性的生命安全事故。由于赛车上到处都是广告，可以长时间在赛道上和镜头前出现，对赛事赞助商来说，长时间曝光非常重要，即"不能开得太快，否则车身的赞助广告还没看清楚就没了"。在汽车比赛中，如果不惜一切代价取胜，可能会导致严重的自身伤害，甚至伤害其他车手。而在高尔夫运动中，差异较大的奖金，并不会导致一个球员的安全事故，可能导致球员将球击入水中，这最多是尴尬不美，但却不危险。因此，以世界一级方程式锦标赛（FIA Formula 1 World Championship，F1）为例，复杂的奖金机制包括赞助商的赞助、年终奖金和各种其他的奖金，这些奖金都是车手在比赛中可以赢得的。同时，采用赛季积分制度，以积分总冠军的方式给车手以激励，让他们在整个比赛中都保持在赛道上，这样"长期积累"，才能带来赛季末的巨额奖金，而不是冒着撞车的风险去争取某一次积分。可以发现，赛车的奖金分布，一方面远没有高尔夫或网球那么极端，另一方面又要足以影响车手的行为。

整体上，将奖金的水平设定为既能激励比赛又能防控风险，是遵循经济学对效率和安全配置的综合结果。

2017 全球薪资报告解读——足球"五宗最"

2018 年 Sporting Intelligence 公布了 2017 年的全球薪资报告，数据的变化反映了 2017 年一年里，资本的偏爱以及全球体育的现金新流向。聚焦欧洲五大联赛以及我们的中超联赛，看看在足球世界的竞争中，薪资起到了怎样的作用。首先从"五宗最"来看看 2017 年的足坛动态。

1. 薪资之最——巴萨，英超

在 2017 年进入全球薪资 TOP10 的俱乐部中，有 3 家足球俱乐部：巴萨（4），巴黎（5）和皇马（9），而在一年之前，只有巴萨能够进入前十。

巴萨以 659.75 万英镑的总年薪排在所有足球俱乐部的第一位，在西甲联赛中，它们的预算总额比皇马高出了 700 万英镑，预算包括球员、经理、助理教练及教练团队的相关支出，也包括预备队、青年队和固定工资、浮动条款、社保、奖金、购置费用等方面的支出。从平均薪酬的排名中我们也可以看到，巴萨平均薪酬位于第一，皇马位于第二，马竞位于第三，随后是瓦伦西亚和塞维利亚。联赛的实际排名前 5 位也被这几家俱乐部所占据。

联赛层面，英超则毫无悬念地占据了薪资之最，它们的薪资总额高达 13 亿英镑，比排名第二的西甲联赛高出了近 5 亿英镑，而中超尽管薪资总额不及五大联赛，但单场付给球员的平均薪资仍比法甲高出了近 2 000 英镑，排在所有联赛的第九位。

2. 贫富差距之最——法甲

2017 年的联赛贫富差距之最被法甲联赛收入囊中，主要原因是巴黎过于雄厚的资金背景，远远将联赛中其他俱乐部甩在身后。因此，法甲的收入差距比达到了惊人的 21.5∶1，巴黎的平均薪资高达 650 万英镑，而最低的特鲁瓦只有 30 万英镑。联赛后几位的俱乐部薪资账单都在 1 000 万英镑以下，而巴黎则逼近 1.6 亿英镑。这是什么概念呢？巴黎薪资相当于联赛薪资后 14 位的所有球队的薪资总额。因此，在法甲前 10 %的球员（大部分都是巴黎的球员）拿到了联赛总薪资的 52%。

3. 转会交易额之最——英超

全球商业价值最高的足球联赛——英超联赛在 2017 年再一次用一系列令人瞩目的财报数据证明了这一称号。基于 2016—2019 三个赛季的新电视转播合同，2016 年赛季英超 20 家俱乐部共拿到了 24 亿英镑的转播收入，平均每家俱乐部都能分到 1.2 亿英镑。而 2017 年夏窗转会期英超的总投入达到了 14 亿英镑，打破了单个联赛单转会期的交易纪录。单就瓜迪奥拉执教的夺冠热门曼城，在这个夏季转会窗口就豪掷了超过 2 亿英镑（其官方财报数据为 1.61 亿英镑）。

4. 阵容价值之最——曼城

在国际体育研究中心（CIES）统计的一份世界足坛阵容价值榜单中，目前曼城以打破足坛历史的 7.62 亿英镑雄踞第一，排名前四的俱乐部中还有 2 家来自英超的俱乐部——曼联和切尔西，其阵容价值分别达到了 7 亿英镑和 5.75 亿英镑。而利物浦（3.9 亿英镑）、阿森纳（3.71 亿英镑）和热刺（3.22 亿英镑）也跻身前十。

5. 关注度之最——巴黎，中超

巴黎在夏窗以 2.22 亿欧元的天价签下内马尔的这笔交易震惊了整个世界足坛。而这出肥皂剧一般的情节就算是电影编剧也难以想得出来，巴萨坚持内马尔是非卖品，而巴黎却直接激活了内马尔的解约金条款，巴萨对此毫无办法。西甲主席哈维尔·特瓦斯表示他一定会将巴黎告上法庭，他认为巴黎这样的做法严重违背了欧足联财政公平法案的规定。卡塔尔财团旗下的巴黎的财力在法甲乃至在整个足坛都几乎是无人能及的，但即使这样他们还是丢掉了上赛季的联赛冠军。因此在夏窗他们除了以世界第一身价签下内马尔之外，还先租后买从联赛最大的竞争对手摩纳哥手中签下了法国天才姆巴佩。

为了避免更大的争议，规避财政公平法案的处罚，他们选择了先租后买的方式，将 1.8 亿欧元的转会费计到了 2018 年的夏季转会窗口，而欧足联对此也展开了正式调查。现在的焦点已经不再是巴黎是否能"买来"冠军，而是他们能多早锁定冠军，以及欧足联是否会对这样的现象视而不见。

联赛层面，虽然英超 Big6 的动作频频、竞争激烈，但纵观 2017 年的各国足球联赛，争议更多、焦点更多的无疑是中超联赛。依据 2017 年的全球薪资分析报告，中超联赛中基本薪资超过 1 000 万美元的球员数量仅次于英超联赛，而中超联赛前 10% 的球员拿着整个联赛 75% 的薪水，尽管中国足协不断出台政策限制目前夸张的"军备竞赛"，但是否真的能起到作用还有待观察。2016 年薪资分析时中超的头名广州恒大，在 2017 年已经被上海上港、天津权健、河北华夏幸福以及上海申花超过，尽管 2017 年广州恒大依然卫冕了联赛冠军，但联赛格局正被资本逐渐改变。

资料来源：体育商业评论微信公众号。

小　　结

在本章中，我们考察了职业体育中劳动力市场的运作方式。劳动力供给和劳动力需求很好地解释了为什么职业运动员的工资在过去几十年里增长如此之快。体育消费对一项运动的需求不断增加，使得球队对运动员劳动力需求不断提升。运动员可以通过投资人力资本来增加自己的收入。

竞技运动员参加比赛是一种劳动形式，其劳动力的价值不只是由工作时间或加权工作量决定，更多是由比赛名次决定。运动员的薪酬与普遍行业的定价方式不同，尤其是在边际成本收益上。

运动员的相对劳动率比绝对劳动率更重要，运动员各自的成绩不重要，运动员们成绩排名的顺序才是重要的定价标准，所以竞技体育的竞争十分激烈。

职业体育的收入分配，高度偏向那些排名第一的冠军运动员，这种不成比例的奖励，能够让运动员付出更多的努力。但基于排名和超级明星效应的这种奖励制度，也会带来一些负面性，可能会导致俱乐部运动队合作不力，伤害对手，甚至走向不健康的极端，如滥用兴奋剂，从而导致终身永久伤残。

讨论问题

1. 运动员的收入定价遵循了经济学的什么原理？
2. 从经济博弈看，使用兴奋剂的博弈为什么会持续发生？
3. 胜者为王的竞赛是一个完美的激励机制吗？

第二节　体育运动员市场结构

职业运动员的薪资在 20 世纪持续增长，其中一些运动项目相较于其他项目的薪资的增长速度更为明显。运动项目类型和职业体育联盟的相对权力，是产生薪资差距的主要原因。例如对球队和个人球员设置"工资帽"。

职业体育中为什么会产生各项针对球员薪酬的制度？如何推动球员薪资水平的提升？俱乐部运动队为什么要限制球员的进出？俱乐部运动队是否利用某些机制来减缓球员的工资增长？

一、俱乐部为强势招募方

在运动员和体育培训教练员的劳动力市场中，也存在垄断现象。如果一个劳动力市场中，雇员们只能为垄断方的雇主提供服务，运动员只能为某个俱乐部或某个联赛服务，那么称之为买方垄断市场。

按照经济学定义，买方垄断指的是商品或服务具有唯一购买者，当以垄断方式购买商品或服务，意味着只能向一个买家出售。当一种产品有大量买者的时候，他们的总需求曲线向右下方倾斜，因为它是以边际效用为基础的。一个人得到的一种产品数量越多，产品的边际效用越低，他愿意为额外增加一单位支付的数额越少。但如果在市场上，存在单一买者联盟或者像一个买者一样行动的一群买者，如俱乐部公司，此时的市场需求曲线保持不变。当然此时，供给曲线也保持不变，因为它表示在每一价格上所有的卖者共同提供的产品数量，供给价格以生产每一数量产品的成本为基础。

在完全竞争条件下，在任一时间买者都将连续购买产品，直到价格等于边际效用的那一点为止，但在买方垄断条件下，买者将会调整购买行为，使得他的边际支出成本等于边际效用。

买方垄断与卖方垄断的影响具有共同点。设在任何时间，拥有第一个单位的赛事产品，给体育消费者带来 70 元的边际效用，第二个单位为消费者带来 60 元的边际效用，第三个单位是 50 元，第四个单位是 40 元，以此类推。当赛事的市场价格为 40 元时，体育消费者将会购买 4 单位的赛事产品。因为体育消费者将会持续购买赛事产品，直到价格等于边际效用的那一点为止。

现在假设同样的这个体育消费者，是市场上产品的唯一买者，那么体育消费者希望购买的赛事数量越多，赛事产品的价格就越高。因为这个消费者成为买方垄断者，是唯一买者，如果他想购买更多的赛事数，他必须支付一个更高的价格，较大的赛事产出，是以更高的单位生产成本为代价的。他能够用 10 元购买 1 单位赛事，对应地，购买 2 单位时，每单位赛事需花费 20 元，总共花费 40 元。那么，第二个单位的赛事边际成本是 30 元，因为是 40 元减去 10 元，而不仅仅是第二个单位的实际价格 20 元。但是这个 30 元的边际成本，小于第二个单位的边际效用，那时的边际效用为 60 元，因此这个体育消费者将会选择持续购买它，直到购买 3 单位的这种赛事产品，因为在这个数量上，它的边际成本为 50 元，正好等于它的边际效用 50 元。

可以发现，在正常的向上倾斜的产品供给曲线条件下，买方垄断者将要购买的数量少于竞争性买者购买的数量，此例中分别为 3 单位和 4 单位，并且将会支付低于竞争性的价格，支付 30 元而不是 40 元。买方垄断者可以通过调整购买数量来控制产品价格。

在供给曲线具有完全弹性时，即生产的边际成本与平均成本相等时，供给价格将会保持不变，此时在买方垄断情况下，购买的数量与完全竞争情况下相同。相反，如果一个行业是在供给价格不断下降的情形下运转的，买方垄断者的边际成本将会低于产品的价格，他将会购买多于完全竞争时的产品。以劳动力市场为例，如图 7-10 所示。

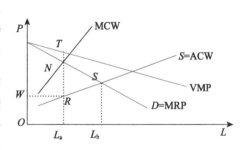

图 7-10　体育劳动力市场的买方垄断

图 7-10 中，横轴为劳动力的数量 L，代表雇佣量，纵轴为市场价格 P，也可以代表工资率。由于劳动边际收益产品是俱乐部多雇用一个运动员所带来的总收益的增加量，可以标记为 MRP，这是增加运动员进行赛事表演，并将赛事表演的门票等服务卖掉之后，俱乐部所得到的额外收益。俱乐部的短期劳动需求曲线就是它的边际收益产品曲线 MRP。当赛事产品的销售处于完全竞争时，边际收益产品 MRP 随着雇用运动

员的增多而不断下降，因为每一个新增运动员对额外产出的贡献比之前增加一名运动员的贡献要少，因此对边际收益的贡献也比之前增加的运动员的贡献要少，也即收益递减规律。

一个买方俱乐部垄断者面临的运动员劳动供给曲线，向右上方倾斜。当该俱乐部作为买方垄断者时，是该类运动员劳动力的唯一雇佣者，它面对的劳动供给曲线就是市场的劳动供给曲线，可以表示为 ACW，因为其代表了平均工资成本，是为了吸引特定数量的运动员而必须支付给每个运动员的工资率。在买方垄断条件下，边际工资成本 MCW 高于平均工资成本或者工资率 ACW。买方垄断者为了吸引额外的运动员，必须提高工资率，并且必须给全部运动员支付这个更高的工资率。因此，多雇用一个运动员的额外成本就高于支付给那个运动员的工资率。图 7-10 中所示的买方垄断者，将会雇用的运动员数量如图中 L_a 点所示，因为在这个数量时，雇用的最后一个运动员带来的边际收益产品 MRP 正好等于边际工资成本 MCW，即点 N。如果 MRP 大于 MCW，企业雇用更多的运动员就是有利的；如果 MRP 小于 MCW，俱乐部可以通过减少雇佣来增加利润。图 7-10 中所示的买方垄断者，将支付 W 的工资率。从供给曲线 $S=$ACW 可以看到，在这个工资率时，它能够吸引利润最大化的运动员数量为 L_a。

图 7-10 中，买方垄断的雇主面对着一条边际工资成本曲线 MCW，它位于市场供给曲线的上方。为了实现利润最大化，雇用数量会是 L_a 而不是 L_b，以便支付低于竞争时的 R 点工资，而不是支付 S 点的工资。买方垄断实现了超额收益 NR，是边际收益产品 MRP 与买方垄断工资之间的差额，即 $NR=NL_a-RL_a$。当俱乐部的赛事产品在产品市场上存在垄断时，边际产品的价值 VMP 将会超过 MRP，垄断收益将扩大 TN。

这反映出，一个劳动力市场的买方垄断者，雇用的运动员数量少于雇主之间相互竞争时所雇用的运动员数，即 L_a 小于 L_b。买方垄断者减少雇佣，是为了避免增加必须支付给全部运动员的工资。俱乐部在最大化目标下，只会雇用运动员直到边际收益产品等于运动员工资率的那一点。

若以曼联俱乐部雇用足球运动员市场为例，如图 7-11 所示。

图 7-11 中，横轴为曼联俱乐部需要的足球运动员数量 L，纵轴为给足球运动员的工资 W，也即价格 P。设对足球运动员聘用的边际工资成本，即曼联俱乐部的边际支

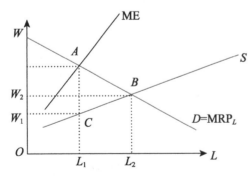

图 7-11 曼联俱乐部招聘球员的劳动力垄断

出，为 ME，是俱乐部运动队对每个足球运动员的购买价。假设曼联俱乐部作为运动员的买方，是市场中唯一的买方，那么足球运动员在全市场的供给曲线就是曼联俱乐部面临的供给曲线，这类似于卖方垄断市场中，卖方面临的需求曲线就是市场的需求

曲线。因为市场上运动员的供给曲线是向上倾斜的，只有曼联在愿意并有能力支付更高价格的情况下，才能购买更多优质的足球运动员。

尽管曼联是垄断的，但却无法准确判断足球运动员想要卖出的身价，所以很难做价格上的区分和歧视，为此，曼联需要为所有足球运动员支付最高的价格。当然，这会造成曼联的工资成本上升，即曼联的边际工资支出 ME 大于运动员供给的身价成本 S，有 ME>S。因此，曼联的边际支出曲线 ME 位于足球运动员的供给曲线 S 之上，这如同卖方垄断者的边际收入曲线位于需求曲线之下一样，曼联在边际上的工资支出成本增加。设曼联俱乐部需要雇用 10 名球员，每月支付 10 万欧元，总开支为 100 万欧元，但当雇用第 11 名球员时，必须每月支付 11 万欧元，那么曼联的总支出将增至 121 万欧元，边际支出 ME 为 21 万欧元，远高于 11 万欧元已有的球员工资。需求曲线 D 显示了曼联在招募运动员时的边际收益。由于此时是在球员招募的劳动力市场而非产品市场，这时对运动员的需求曲线即曼联俱乐部的边际收益产品 MRP_L。在 MRP_L=ME 之前，由于未实现边际收益等于边际支出，曼联会继续雇用运动员。如同卖方垄断者通过需求曲线来确定其售卖价格一样，曼联则通过球员的供给曲线来确定其支付的薪资水平。

因此，图 7-11 中的垄断性定价水平是给球员支付 W_1 的薪酬，而不是竞争性的薪酬 W_2。在图 7-11 中，ME 曲线与曲线 MRP_L 相交于 A 点，此时垄断水平的运动员招募人数为 L_1。但如果是在竞争性劳动市场中，一般性的企业会雇用 L_2 的员工，最后一个员工的边际收入 MRP 等于竞争性工资 W_2。可以发现，与竞争性劳动力市场相比，买方劳动力市场被垄断后，薪酬工资更低，招募运动员的人数也更少，使得就业率更低，导致了无谓损失，即图 7-11 中的 ABC 部分面积。

可见，在运动员的劳动力市场上，当卖方垄断者利用其市场力量抬高其商品的售价时，买方垄断者则利用其市场力量压低支付给生产者或球员的薪资。相对于完全竞争行业，两者都通过限制产品数量来实现利润最大化。产出和消费的下降，也必定给社会带来无谓的损失。

赛事中，没有明确业绩的运动员，尤其是作为替补的运动员或"学徒"的运动员，遭遇的买方垄断较多。可以通过比较运动员的市场估值和运动员的实际工资薪酬，来衡量俱乐部作为买方垄断的程度。尽管确定一个运动员获得的边际收益产品 MRP 较为困难，如运动员与俱乐部之间签署长期合同，使得每一年的薪酬未必能反映长期合同的 MRP，但通过数据建立实证探索，已经取得很多研究进展。

二、运动员为强势明星方

在运动员的劳动力市场中，俱乐部的买方垄断力也会因竞争性雇主的进入而被削弱，这如同商品市场中，竞争对手的进入会减弱一家公司的卖方垄断力。体育俱乐部运动队增加，则招聘需求增加，竞争加剧，买方垄断力量将减弱，运动员薪资上涨。提高运动员的薪资水平，类似"人才争夺战"。也有研究表明，运动员的薪酬快速增长，导致运动员的工资收入超过俱乐部在赛事产品上的边际收益。以竞争激烈的欧洲足球联赛为例，如果意甲试图降低球员的薪水，使得运动员的工资收入不超过俱乐部在赛事产品上的边际收益，那么可能导致球员去英格兰的英超联赛或者德国的德甲联赛。

为此，俱乐部以及俱乐部所在的联盟，常常设置较多措施，控制运动员整体市场的过高工资，防范俱乐部过度亏损。例如俱乐部运动队为了防范本队球员被挖走，防范运动员自由转会，尤其是在赛季中直接跳槽，在聘用合同上会对球员设置条款，通过限制运动员随时离职，将球员保留在自己的运动队，这些条款被称为"保留条款"，如"如果在某月某日之前，运动员和俱乐部运动队尚未就下一个赛季的合同条款达成一致，则在之前 30 天，俱乐部运动队有权以相同的条件，延长一年的合约"。这些条款规定，就是对运动员随时离职的约束。可以发现，按照这一规定，在合同期限内，球员只能效力于自己的俱乐部运动队，如果俱乐部运动队续签现有的合同，球员将继续为球队效力。尤其是与有价值的运动员的合同，运动队一般会重视这类条款。

可以发现，类似保留的这些限制条款，由于可以限制运动员对高薪交易的炒作，在一定程度上降低运动队成本。因其他运动队无法随意挖走本队运动员，这时候俱乐部运动队可能将球员的工资调节至能保留他的水平。

当然，保留限制条款，对部分运动员也具备价值，因为保留限制条款具有信号机制，一个俱乐部如果给某个运动员设置了保留限制条款，则可能表明他属于运动队中的顶尖一类。但如果俱乐部对所有的运动员都使用保留限制条款，则失去了信号作用，那么运动员往往会反对这种保留限制，给自己松绑，便于自由流动。

体育明星如同电影明星一样，具有稀缺的市场价值，这种市场价值类似一种"符号"。拥有明星运动员，往往是球队俱乐部影响力较大的关键。明星运动员欲得到较高的年薪，一般与球队先谈判，明确界定自己在合同期内，可以与其他俱乐部谈判，只是母队有保留该运动员的优先聘用权。明星球运动员之所以具有这些特定价值甚至"特权"，主要是因为难以替代，如图 7-12 所示。

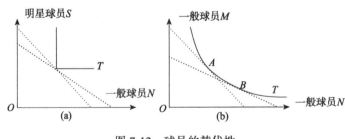

图 7-12　球员的替代性

图 7-12（a）中，横轴为一般球员数量 N，纵轴为明星运动员的数量 S，图 7-12（b）

的横轴为一般球员数量 N，纵轴也为一般运动员的数量 M。图 7-12（a）（b）分别表示两类球员的替代性，可以发现，图 7-12（b）中，一般的球员和非明星的球员之间，存在较好的替代性，不论是多一点球员 N，少一点球员 M，还是多一点球员 M，少一点球员 N，均可以实现俱乐部目标效用曲线 T。但在图 7-12（a）中，明星球员 S 和一般球员 N 之间，不存在替代性，再多的一般球员，也无法替代明星球员，一个俱乐部需要保持明星球员在一定的比例，才能实现目标效用曲线 T。

三、运动员与俱乐部薪酬博弈

当然，如果市场化程度较高，运动员为了抵抗俱乐部或联盟的这些限制，也会成立球员保护协会，类似工会组织，采取集体行动，一起谈判，以便提高工资和福利。或者名义上不叫协会，但是形成代表运动员利益的联盟，采取一些措施，防范俱乐部过度降低运动员的薪酬，或防范俱乐部为了获得比赛胜利，不惜危害运动员的身体和安全。尤其是部分极限运动，运动队如果不优先考虑运动员的安全，只想让其在比赛中取得成绩，则可能给运动员带来巨大伤病。

有的国家，运动员在加入俱乐部运动队之前，需要先获得联盟的资格证书。从市场供给的角度看，这一制度提高了行业规范性，也限制了运动员进入俱乐部的人数。

例如全球知名的国际职业网球联合会（ATP）和女子网球协会（WTA），定义了合格网球运动员的准入标准，但也在一定程度上造成了运动员供给的受限，从而在一定程度上提高了网球运动员的工资。当然，同时也给协会本身带来了较多收入。这种限制进入的效应，可以如图 7-13 所示。

图 7-13 中，横轴为联赛需要的运动员人数 L，纵轴为运动员的薪酬福利工资 P。当要求运动员必须先成为联盟的会员或必须先获得资格证书时，将使得市场中的运动员供给减少，这种减少在极限上，使得市场的劳动力供给曲线不再为 S_1，而是变为垂直的 S_2，那么，运动员的供给曲线将变为图 7-13中 ABC 所示的 S_2 曲线。此时的球场的工资薪酬不再是 P_1，而是受限人数的 P_2。

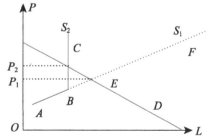

图 7-13 通过资格认证等限制
运动员进入比赛

当然，这种人为设限的做法，会降低运动员劳动市场的经济效率，限制就业。同时，更高的薪酬工资也意味着俱乐部有更高的成本。如果一个国家或地区总是设置较多的限制，使得俱乐部运动队无法招到适合的劳动力，这将使该国或该区域的俱乐部处于竞争劣势，那么可能导致这些俱乐部迁至国外或其他地区。

除了与俱乐部谈判工资，运动员协会这类组织也可以将运动员分层分类，使其中的优质运动员与俱乐部之外的赞助商、主办方等谈判，实现工资之外的收益。例如，建立锦标赛奖金机制，不同等级的比赛，会赢得不同的奖金。在比赛条件方面也不相同，如不同的酒店类型、服装道具等，都可以看成是对运动员劳动力供给曲线的限制，是一种增加运动员工资薪酬的办法。

如果俱乐部运动队很强势，运动员的协会组织也很强势，双方会出现以"垄断抵制垄断"的对抗。或者说，明星运动员的溢价能力，导致其对俱乐部具有谈判优势，而优质俱乐部运动队，又对一般的非明星运动员有谈判优势。当双方均处于垄断地位时，被称为双边垄断。这种情况如图 7-14 所示。

图 7-14 中，横轴为劳动力的数量 L，纵轴为相关的工资或福利待遇价格 P。明星运动员或运动员协会，希望雇用的运动员数量等于每增加一个运动员时带来的边际收入 MR 与劳动力供给曲线 S 的交点，此时的工资 P_1 通过交点上方对应的劳动力需求曲线 D 来确定，此时的运动员均衡数量为 L_1。而优质的俱乐部认为，招募的最后一个运动员的边际支出 ME 应等于他的边际收入产品 MRP，即 $MRP = D = ME$，此时，工资待遇 P_2 通过交点下方对应的劳动力供给曲线 S 来确定，此时的运动员均衡数量为 L_2。在双方均具备很强谈判力的情形下，球员的工资薪酬水平将处于在图 7-14 中的 P_1 和 P_2 之间，具体的工资价格，取决于双方的谈判实力和其他偶然性因素。当然，有可能处于市场充分竞争时的 P^*，但并不是均衡的工资薪酬价格点。可见，当市场中的招聘一方与被招聘一方均有垄断能力时，运动员的工资在两种极限的垄断工资之间。

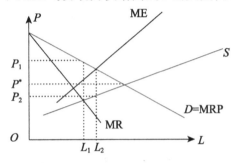

图 7-14　明星运动员与优质俱乐部
双垄断时的均衡

这种谈判可以表示为图 7-15。

图 7-15 中，横轴为运动员希望的薪酬水平，运动员希望薪酬越高越好，而俱乐部或联盟希望压低薪酬。一方往左，一方往右，双方会存在中间状态的合作区域。至于具体的合作区位置，取决于双方的市场议价能力。谁被替代的机会增加，那么它的议价能力就下降，而和解则取决于双方的谈判实力。如果俱乐部运动队有更好的某一运动员替代方案，则未必给予该运动员高工资。当运动员、俱乐部运动队都不知道对方的底线，均过于悲观时，二者很可能让步太多，会达成一个不利的解决方案。当他们均过于乐观时，任何一方都不会在合作区提出解决方案，从而导致冲突的产生。如果俱乐部和运动员双方都清楚地知道

图 7-15　运动员与运动队之间的
合作区域

对方的底线、困难、目标，则通常可以不发生罢工、不发起诉讼，而是达成和解。

这种博弈随时可能发生，一旦俱乐部有大量闲置的运动员，如疫情到来，导致体育竞赛表演处于停滞状态，那么俱乐部就可以更强硬，达成更低的工资协议。相反，如果多个俱乐部抢着招聘运动员，如疫情下电子竞技的运动员需求很旺盛，则可以使电子竞技运动员薪资上升很快。也正是由于体育竞赛表演产品的劳动力供给属性较强，而消费者对其的需求弹性又较大，不同于生产衣食住行等必需品的流水线劳动生产者，运动员与俱乐部招聘者的合同谈判细节较多，甚至可能发生类似罢工一样的罢赛行为。

在实践中，俱乐部与俱乐部之间往往会对运动员的转会形成非正式的承诺，如不竞价对方的球员。只有当一方愿意卖、一方愿意买时，该运动员才可以成为真正的自由身，如果两个俱乐部之间并未达成满意约定，则球员也很难交易，这使得自由转会难以实现。当然，当市场对明星球员需求的竞争增强时，即使俱乐部之间许下了友好的"不互挖墙脚"承诺，也难以实现，因市场利益超过了约定利益，从而使得承诺不可信。

如果无法严格控制，或者俱乐部之间的承诺不可信，则可能采用折中的方式来限制运动员的转会流动，如限制运动员自由转会的时间窗口期和具体流程方式。一般约定一名运动员在俱乐部效力多少年后，可以成为带有一定限制条件的自由身运动员，这被称为"有限自由"。例如在 NBA，第一轮被选中的新秀球员在联盟打了四个赛季后，可以成为有限自由球员。作为有限自由的运动员，尽管可以获得其他俱乐部的报价，但没有签约权。同时，如果一名运动员与另一个俱乐部签下合同，原来的母队有优先签约权，可以通过与另一支球队相同的价格来留住球员。从价格信号看，有限自由的球员是一种测试品，可以测试其对球队的价值。当然，对于没有转会特权，但技术能力突出、身价又较高的运动员，由于其不能自由与其他俱乐部谈判，俱乐部一般向他支付一定的补偿性工资。

对于明星运动员或顶级球星，俱乐部或者联盟还会实施限薪制度，为其"戴"上工资帽。尽管俱乐部或联盟的目的可能是通过控制成本来实现竞争平衡和长远发展，防止过度竞争，如 NBA 联盟认为工资帽制度价值巨大，保持了联盟的长期发展，但明星运动员们一般会认为这种方式降低了自己的工资。当然，工资帽往往也设定了每支运动队的最低工资水平，保护部分球员能够获得一定的底薪，从而可以安心地长期备战和训练。

工资帽相对于具体行政式粗暴限制某个俱乐部运动队或球员的工资而言，具有一定的市场机制性，这使得工资帽可能比其他方法更有效率，既均衡了市场，缓和了运动员劳动力市场的博弈矛盾，又维护了联赛的长期价值。

四、运动员市场的征税

运动员和俱乐部需要为获得的高收入缴纳税收。所缴纳的税收，是政府支持体育发展的来源。根据税收来源的不同，进行重新分配，一般可用于补贴球员福利、投入体育产业基金等。一方面，征税带来了好处；另一方面，税收可能会影响优秀运动员，尤其是顶尖的明星运动员的积极性。

往往是实力较强、影响力较大的运动员收入较高，如果对这一部分运动员征税，需要考虑税率的恰当性。如果税率比例设置不合适，可能破坏顶尖的运动员的竞赛表演动力。图 7-16 反映了税率选择对顶尖明星运动员的重要性。

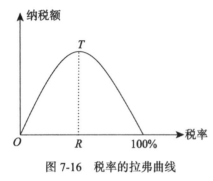

图 7-16 税率的拉弗曲线

如图 7-16 所示，横轴为税率，纵轴为政府获得的纳税额。当对明星运动员或者顶尖俱乐部征税，在税率为 0 时，政府的税收为 0，这时候政府将无法获得体育运动员或俱乐部的税收收入，而当税率为 100%时，运动员和俱乐部的全部收入被征走，则运动员和俱乐部均失去工作动力，不再工作，则政府也没有税收收入。只有将税收的税率设置在中间位置，此时一方面政府可以获得最高额的税收，另一方面还能不破坏运动员的工作积极性，这一曲线被称为税率的拉弗曲线。在图 7-16 中税率 R 的左侧，随着税率从 0 开始上升，政府总税收收入增加，达到税率 R 时，税收额处于最高，如图 7-16 中的 T 点。在税率 R 的右侧，如果税率继续上升，则运动员会减少工作，或者不在本地本国工作，而选择去其他税收管辖地工作。从全球的运动员流动看，部分球员已经离开自己出生所在的政府税收管辖地，选择去外地，就是因为在当地的税收条件下，其工作动力降低。

CBA 工资帽怎么"戴"

CBA 联赛自 2020—2021 赛季开始实施工资帽制度。CBA 联盟运动员发展总裁张弛对这项新规进行了解读。

俱乐部入不敷出投资人推动"限薪"

CBA 工资帽制度的出台，与 CBA 联盟和各俱乐部寻求财务健康和均衡发展有直接关系。有俱乐部高管透露，目前 CBA 俱乐部几乎都入不敷出，每年亏损数千万元的不在少数。与此同时，CBA 各俱乐部的本土球员薪金支出很不均衡。张弛告诉记者，本土球员工资支出最多和最少的俱乐部的薪金总额比在 5∶1 左右，CBA 联盟希望通过工资帽等措施在未来几年让这个比率达到 3∶1 左右的相对合理的区间。

据张弛介绍，在 2017 年 8 月举行的 CBA 公司财务及薪酬委员会会议上，有关限薪和注册转会制度的改革成为重要议题。与会的俱乐部投资人和总经理明确提出，要积极推进设置工资帽、鼓励各俱乐部自主培养年轻球员、推出球员标准合同、增加球员交流方式等工作，并为此成立了工作小组。

标准合同为工资帽做铺垫

张弛告诉记者，在 2020—2021 赛季之前的 3 个赛季，CBA 联盟一直在为工资帽的推出做准备，其中标准合同的使用是重要一环。

"第一个准备就是合同标准化，以前各个俱乐部与球员的权利义务关系不是很统一，我们做了大量的研究，希望用一份合同涵盖目前 CBA 球员与俱乐部之间的工资等各种关系。"张弛说。

2018—2019 赛季，CBA 开始测试标准合同，2019—2020 赛季全面试行。在此基础上，相对成熟的 2020—2021 赛季 CBA 联赛球员注册、报名管理规定得以推出并实施。虽然下赛季还会有微调，但合同标准化的任务已基本完成。

CBA2020 版国内球员标准合同共分为五个类别，分别是新秀合同（又细分为 A1、A2 两种）、保护合同（B 类）、常规合同（C 类）、顶薪合同（D 类）、老将合同（E 类）。其中，俱乐部自行培养球员签 A1 类合同，选秀进入 CBA 的球员签 A2 类合同。值得一提的是，E 类合同（老将合同）是为 34 岁以上或在单个俱乐部累计注册 12 个赛季以上且年满 32 岁的球员所设，每个俱乐部最多只能有两人签署老将合同，其基本工资不计入工资帽上限。

张弛说，球员分级是标准合同的第一大特色，它是根据目前联赛现状，综合了俱乐部投资人的意见后制定的。标准合同的第二个特色是培养费条款，其初衷是鼓励更多俱乐部培养年轻球员，遏止本土球员薪酬过快增长。张弛举例说，李原宇最早是从广东队转会到江苏队，在江苏队期间获得了较多的出场时间，能力和身价都得到了提升。当李原宇从江苏队转会四川队的时候，江苏队有权主张由四川队向其支付一次性的培养费，标准为李原宇在江苏队效力期间的平均年薪。

"设置培养费条款，是希望对球员流出的球队有所补偿，这样可以让球员的流动性更强。"张弛说。

标准合同的第三个特色是增加了对俱乐部、运动员的保障和争议解决的路径，其中包括 CBA 球员合同保障险、合同买断条款等。

累计注册制撬动球员流动性

2020—2021 赛季开始之前的本土球员流动是近年来最活跃的一次，其中涉及可兰白克、范子铭、李慕豪、于德豪、西热力江、高诗岩、俞长栋等热门球员。张弛说，转会市场的火热除了跟工资帽的推出有关之外，也得益于新推出的累计注册制。

"以前是集体注册，一个队伍必须把所有人的材料收齐了才能办理，这给球员流动的操作带来了一些实际困难。从今年（2020年）开始，可以单独注册，而且注册之后还可以继续交易、转会，范子铭就是这种情况，这就给了俱乐部更大的操作空间。"

除了增强注册灵活性之外，2020年CBA联盟还丰富了球员交易的形式和筹码。除了转会之外，可以租借、互换、认领（自由球员）。同时，选秀权、顶薪合同独家签约权、外援优先续约权等都可以用作交易的筹码，这也是2020年转会市场比较活跃的一个原因。

CBA特色工资帽初试莺啼

经过各方面的准备，CBA联盟在2020—2021赛季开始实施工资帽制度。张弛强调，CBA的工资帽与NBA的工资帽在核心理念上有很大区别。NBA工资帽与所有俱乐部的篮球相关收入（BRI）总额直接相关，这个总额乘以一个比例（目前是44.74%）再除以30（30支队伍）就是各队的工资帽。然而，CBA俱乐部的收入来源和构成与NBA有很大不同，篮球相关收入难以准确界定和统计。因此，CBA新赛季工资帽的产生是基于对2019—2020赛季各俱乐部本土球员工资支出的统计数字，算出来平均值是3 200万元人民币。在此基础上，CBA俱乐部的投资人商定上下浮动额均为1 200万元人民币。2020—2021赛季CBA各俱乐部本土球员工资支出的上限为4 400万元，下限为2 000万元，超出或者不足的部分则需要按25%的费率向CBA联盟缴纳调节费。

"CBA有自己的发展现状，没法完全照搬国外做法。我们只能从支出端出发，满足投资人和中国篮协对于限薪的要求。"张弛说。

除了本土球员薪金支出这个"大帽"之外，CBA还同时设立了绩效工资帽、奖金帽和外援工资帽，其中CBA冠军球队的奖金限额为2 000万元。一直以来，针对外援的"军备竞赛"也是推高CBA俱乐部支出的一个重要原因。2020—2021赛季，CBA的外援工资帽为700万美元。不管一个俱乐部与几名外援签约，其包括奖金在内的总支出应不超过这个数字。

张弛表示，未来几个赛季，3 200万元这个基本工资帽数额（A）预计会保持稳定，而上浮（X）和下浮（Y）的数额可能会微调。

根据现行的工资帽制度，CBA联赛中本土球员顶薪的上限为3 200万元乘以25%，即税前800万元人民币。但是，在工资帽推出之前，有些球员与俱乐部签订的薪金数额超出了这个数字。为平稳过渡，采用了"新人新办法、老人老办法"的解决方式。联盟认可还在合同有效期内的老合同，但是新签订的合同必须严格执行对顶薪的限制。

"阴阳合同"能否根除？

张弛说，2020年是CBA工资帽制度的元年，执行效果还有待检验。一方面，像新疆队 2020 年流出的球员较多，上海队将李根交易到北控，都与俱乐部清理薪金空间有一定关系。联赛注册期结束时，只有个别俱乐部的薪金总额超出了 4 400 万元人民币的上限。另一方面，各俱乐部是否会严格执行工资帽制度？可能存在的"阴阳合同"现象是否会消失？现在还难下定论。CBA 俱乐部会接受联盟的抽签核查，如果在赛季结束后被发现有不诚信的行为将接受处罚，轻则警告，重则取消俱乐部注册资格。

"我们目前的工资帽体系与理想状态比还有差距，但我们有信心完成好这件事。"张弛说，"首先，这件事是俱乐部的普遍共识。其次，我们希望通过规范化的薪酬管理，逐步管理好运动员。联赛是一个共生关系，多方利益需要平衡。如果球员在联赛中表现出色，除了工资收入之外，他还能从商业赞助等方面获得收益。我们也希望俱乐部除了靠资金投入之外，也通过俱乐部文化建设、硬软件环境等吸引球员长期效力。"张弛承认，目前的工资帽体系肯定还有需要完善的地方。比如，现在关于俱乐部顶薪合同的界定，只要在本俱乐部工资排在前三位的合同就算是顶薪合同，有可能出现 A 俱乐部的顶薪与 B 俱乐部的顶薪相差甚远的情况，也有球员对此提出了一些意见。CBA联盟将根据各方反馈，在今后进一步调整。

资料来源：人民网。

小　　结

如果球员与知名俱乐部或联盟签署合同，则俱乐部或联盟作为唯一的买家，可以压低卖方要求的价格，球员正是劳动力的卖方。保留条款是垄断权力的主要来源，它将球员约束在一支球队手中，只要球队想要保留他们，他们的合同就一直有效。与保留条款对应的，是自由球员制度。

为了限制劳动力工资高企，可采用包括收入均衡、工资帽、球队税和逆向选秀等制度，提升劳动力市场效率。其中，工资帽在限制球员工资和减少球队工资差异方面使用较多。

可通过设定个人奖励等方式影响工资，体育运动员劳动力市场比其他劳动力市场有更多需要协调的地方。当谈判的一方或双方高估了自己的议价能力或低估了对方的力量时，就有可能无法在合作区域内提出或接受建议，给体育市场造成无谓的损失。

讨论问题

1. 为什么很多职业运动员工资很高？
2. 工资帽对职业体育有好处吗？
3. 对于高薪俱乐部或运动员，政府应如何征税？

即 测 即 练

第八章

体 育 教 育

　　体育带有天然的教育属性，在当下体教融合的形势下，这种属性体现得更加明显。体育是教育的一部分。那么青少年体育、学校体育、大学生运动会等如何发展？以教育为主的体育有什么经济特征？

　　学校体育与职业体育的最大区别在于学校不向运动员支付薪水，当然，如果学生获胜并得到金牌，学生可以获得个人前途方面的无形价值或奖学金。那么，学校的体育部门是否应该发展成学校的独立核算中心？其收入和成本如何？学校体育中的运动员的"劳动力市场"与市场上有什么不同？

一、体育教育对学生的价值

　　运动员的劳动力作为一种特别的生产投入要素，不同于土地、资本、机器等生产要素。其典型的特征是，一个人在天赋和努力下，可以成为一名优秀运动员，其工资依赖于其创造的边际产出价值 MRP。因此，运动员可以通过投资自身的技能来提高边际产出价值 MRP，从而提高工资。一般情况下，这种被训练和投资的技能会在未来产生价值，因此可以将拥有的技能称为人力资本。一个运动员对人力资本进行投资，就像是企业投资实物资本。

　　当一家企业购买一台机器时，它进行的固定资产投资是为了换取长期的收益。同样，运动员也是如此，如一个冰球运动员花了 5 年时间在体校里锻炼自己的技能，一个棋手持续培养自己的能力，花了大量的时间和金钱，都是在为自己的整个职业生涯投入资本。尽管运动员的多数运动技能会随着年龄的增长而逐渐衰退，但也有一些技能，如围棋思维、网球的网前拦截技术，可能不降反升。运动员人力资本和实物资本的一个重要区别是，一个企业通常可以通过出售资产，将实物资本转移到另一个企业。然而，人力资本属于个人，所谓技多不压身，不能把自己的技能卖给另一个人。

　　那么，由此引发一个问题是，当运动员在为运动队工作时，除了收到工资，还可能提高了技能。如果是为了提高技能而训练，运动队应该为运动员的技能提高而付费吗？

　　劳动力需求方的运动队，一般将对运动员的投资分为通用训练和定向训练。通用训练，以足球为例，包括学习比赛规则、如何准确地传球或射门以及如何防守对方球员等。足球运动员越熟练地掌握这些技巧，对他所在的球队的价值就越大。那么，无论这个足球运动员在哪个运动队工作，该运动员单方面技术的提高，不仅会提高个人的生产率，也会提高运动团队的工作效率。

而需要在特定的环境下才能提高 MRP 的训练投入，被称为定向训练。例如，运动队里每个人学习与其他人的战术配合，只有当运动员是该队的一员时，才能获得这种既定的、针对本队每个人的配合价值。这种相互配合的训练，可能只适用于提供训练的俱乐部运动队。离开这个运动队以后，因为队员发生了变化，那么之前的配合训练技能已经无法派上用场。根据"谁受益，谁付费"的原则，运动员接受的训练类型决定了谁为训练付费。当一个运动员接受定向的训练时，相对其他运动员，他对现在的运动队而言具有特别价值，此时必须由运动队付费，因为运动队获得了这些定向训练的回报。因此，如果某种定向技能对球队很重要，则运动队可能需要为拥有该种技能的运动员支付较高的价格，防止该运动员跳槽到其他运动队。

但是，通常的训练既包括了通用技能的培训，也包括了定向技能的提升。如果运动队无法精准区别是提高了运动员的通用技能还是提高了运动员的定向技能，也没有办法限制球员跳槽，则一般运动队就不愿意为运动员的技能提升来付费。例如，假设中超球员为恒大队踢球时，恒大公司通过雇用教练和提供训练设施来辅助球员训练。但这名球员可以在合同到期时离开恒大队去另一支球队，带走了他的人力资本。但恒大队已经为训练他而付出了高昂的成本，却没有从他身上获益。

若运动队没有任何控制球员流动的能力，又意识到运动员离开会让自己的投资损失、成本白费，则运动队可能只给球员支付低工资。由此可以看出，少发工资，实际是运动队在抵消通用的训练费用。可以说，从经济回报上，运动队不太愿意投资运动员的通用训练费用，更不会投资那些将会离开队伍的球员。但若完全不投资，又会导致竞赛表演的质量下降，使球迷消费者的兴趣下降，运动员收入进一步下滑。

现实中，当俱乐部运动队无法挤压球员的工资时，总是对球员跳槽进行限制，设计出劳动力市场中特有的"保留条款"等工具。从劳动力市场原理看，其具有经济上的合理性。

二、体育运动队对学校的价值

（一）学校的运动队

学校体育是一种公共物品，学校成立运动队，给学生一种认同感和归属感。不仅如此，即使学生运动队没有任何盈利动机，但来自学校体育运动的品牌溢出会使学校受益。学校体育为校外的家庭、孩子的家长等提供娱乐、传播正能量。学校体育具有强传播性，体育可以为学校创造较多收益和价值，包括品牌、名气、学校收到的捐赠等，学校可以将体育视为"无形资产"。当然，学校组织体育比赛，如大学生运动会，可以没有利润，但是也不能全部靠财政补贴。如果仅仅靠财政拨款，可能不具备任何市场价值，长期来讲，对于学员、教练和运动队均不利。

既然运动队的学生通过参加比赛提升运动技能，学校是否应该为这种特殊的运动员支付薪酬？从劳动力市场经济学看，如果一所学校给运动员的奖励，少于其边际贡献应得的收入，则学校对运动员的收入贡献索取了租金，即产生了经济租金。例如某个杰出的运动员给学校带来了巨大价值，如获得奥运会金牌，则学校成为学生运动员在劳动力市场的"准雇主"。但学校一般只对学生运动员提供奖学金，如果学生在对外的运动比赛中受伤，学校只会给予一定的保险和补偿。

学生为什么会同意学校这种做法呢？

一方面，学校本身是非营利的，未必像俱乐部一样对外通过竞赛表演收费，并不是正常雇用学生为劳动力，无法向学生支付市场价值的体育工资。同时，学校如果重视传统身体体育类奖项，一旦聚焦过度，学生可能更关注体育而不是普通学习，如果比起文化研究课成绩，一个学校更重视学生的运动技能成绩，可能只能招收文化课成绩较差的传统体育类学生，而为了均衡发展，学校应招收体育能力和学术能力皆强的学生。

另一方面，从人力资本理论看，学生在学校参与体育运动，是人力资本积累的重要组成部分。在青少年时期参加体育运动，对智商开发较大，如对奥赛数学技能、竞赛情商技能、与他人合作和遵守规则的意识提升等都有较大好处。可以说，学生参加学校体育运动可能是一项不错的投资，即使其未来未必直接从事职业体育的工作。研究发现，在学校运动中表现突出的学生，后期的收入一般也会高于其他学生。

（二）学生是志愿者主体

当有重大体育赛事举办时，往往需要较多志愿者，而学校有较多的学生可以提供服务支持。那么，一个赛事如何确定招聘的志愿者数量呢？

赛事招募志愿者，是为了使赛事的服务总产出增加，但随着志愿者招聘数量的上升，可能会出现赛事服务效果先升后降的情形，如图 8-1 所示。

图 8-1 中，横轴为招聘志愿者的人数 L，纵轴为志愿者对赛事服务的效果 P。MP 为志愿者的边际服务效果，AP 为平均服务效果。

随着志愿者数量的上升，边际产量和平均产量均会下降。边际产量下降，是因为边际产量存在递减规律：当边际产量为正值时，总产量增加；边际产量为负值时，总产量降低；边

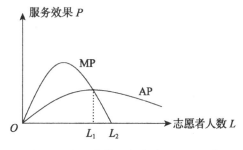

图 8-1　志愿者数量与赛事的服务价值

际产量为零时，总产量最大。同理，边际产量大于平均产量时，会带动平均产量递增；当边际产量开始下降时，平均产量可能仍在上升；当边际产量继续下降时，下降至等于平均产量时，则平均产量达到最大，一旦平均产量达到最大，随着边际产量的下降，平均产量也开始下降。

因此，当一个赛事选择学校的志愿者时，赛事的主办方往往想使志愿服务的总体效果达到最佳，这一目标将使赛事主办方在新增边际志愿者的价值为零时，停止招聘志愿者，这时候的志愿者数量为图 8-1 中的 L_2。雇用志愿者的数量不能超过限度，否则会带来反面效果，使得志愿者的总体服务效果下降，增加的人不但没有什么贡献，反而造成混乱、难以管理，使得赛事的服务质量下降。

但学校作为志愿者的输出方，可能与赛事组织方的目标未必一致，学校希望尽可能让每个志愿者发挥最大的价值，使每个学生得到成长，目标是让人均志愿者的服务效果最佳。当学校确定这一目标时，需要使平均的志愿者效果等于新增志愿者的边际效果，不能雇用到边际新增志愿者价值为零时才停止招募，那么这时候的志愿者输出量为 L_1。由图 8-1 中可见，$L_1<L_2$。当然，不同等级的赛事，不同素质的学生，可能使得志愿者的服务数量不同。例如很多学生愿意担任奥运会、亚运会的志愿者，而不是不知名的小型赛事。

三、对体育教师与教练的激励

不同于一般的用品制造行业，体育作为重要的教育方式，最重要的产出是教练、教师和培训者的工作劳动。在教育中，不管是学校，还是培训机构，如健身房、拓展训练营等，均涉及教授者对被教授者、培训者对被培训者、教练对学员的教育质量。从经济学的角度看，除了要分析教育中涉及的机器设备、存货等资源配置，更重要的是分析教练这种劳动力的效率。教育和培训的劳动中，较为重要的是工资体系的激励。

一般而言，教练固定薪酬时带来的教育培训价值，如图 8-2 所示。

图 8-2 中，横轴为教练的工作投入 L，纵轴为教练创造的教育价值 P，可以是培训的收入或运动员获得奖牌的数量或学生成才数量等。设教育培训机构的总价值 TR 与教练的努力投入成正比。即 8-2 图中的产出价值和教练投入之间呈线性关系。例如，一个目标是通过培训获得收入的健身房，所实现的收入直接取决于学员的认可程度；一个目标是夺冠的运动队，所实现的收入直接取决于冠军数量。这些都依赖教练在工作投入的努力程度，包括讲解授课时的热情和

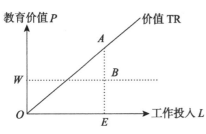

图 8-2　教练固定薪酬时带来的
教育培训价值

对学生成绩的提高时的鼓励等。

假设此时，教育机构给教练支付固定工资 W，教育培训机构要求一个最低的工作投入量 E，但此时教练可能觉得教育培训机构收入很高，而自己的工资很低，二者之间存在差值 AB。但对教育培训机构而言，这部分差值可能只够弥补学校的场地费以及设备耗费支出等。因此，在这种情况下，教育培训机构认为如果让教练拿 W 的收入，教育培训机构拿走 AB 部分的收入，属于一种均衡状态。但这可能面临的问题是，教育培训机构必须确保教练提供了 E 的投入水平。在工资水平 W 上，教练有动机把自己的投入水平降到低于 E。这时候偷懒是划算的，除非偷懒的收益小于偷懒的成本。偷懒的成本可以界定为一种损失，这种损失来自被发现偷懒的概率和因偷懒而被解雇所失去工资的乘积。

监督教练是否努力的成本非常昂贵，教育培训机构可能因此不堪重负。因为教练可以坚持认为产出减少是由于其他因素的影响，而不是由于自己没有付出到 E 水平，那么教育培训机构发现偷懒并给出证据较难。同时，如果 W 在市场中属于较高工资，那么教练可能担心因被发现偷懒而丢失工作。如果这个工资只是平均市场工资水平，则这个工资很难让教练持续投入工作。不仅如此，如果机构希望教练提供超过 E 的投入水平，那么教练对总收入的贡献与教练自己的收入之间的差额 AB 就会增大。此时，教练会觉得自己吃亏，除非认为教育培训机构提供的愿景理念、高尚道德观、训诫教导、最佳评选以及其他荣誉感的非货币活动有价值，才会被激发进行更多的投入。否则，教育培训机构只有自己投入更多的精力招募和雇用教练，以试图发现一些愿意在工资水平 W 上提供超过 E 投入的新教练。

那么，有没有更好的办法激励和管理教练？边际收益和边际成本的定价原则，除了可以用于体育场馆及俱乐部运动队等场景，对于个人而言，该原则也发挥重要作用。

因此可以把教练的工资与投入联系起来，建立绩效工资制度。绩效工资促使教练在工作中主动增加他们的投入，以实现更高的工资和价值，如图 8-3 所示。

图 8-3 中，横轴依然为教练的工作投入 L，纵轴为教练创造的教育价值。将教练的工资薪酬与教育培训的产出价值联系起来，教练赚得的工资是他投入水平的一个函数。如果工资线是 ODB 线，则表示工资可能为零，达到一定产出后才有绩效。如果工资线是 CDB，则说明初始时，教练还需要掏出部分"工资"出来，如自己带运动器材或设备，或者自备培训方案等，甚至如部分承包性收入，C 是先交纳的承包费。此时，教育培训机构不再需要密切关注教练的个性特点，如该人是否容易被训诫教

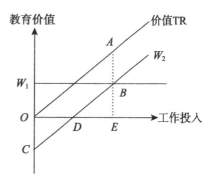

图 8-3 教练实行绩效薪酬制度时带来的教育价值

导、是否具备高尚道德等，教育培训机构也不用承担监控的高成本，因为偷懒会使教练的工资自动下降。一般将固定工资转变为绩效工资，每个教练的投入和产出可能都会增加。同时，由于投入增加，教育培训机构的价值提高，教练的平均收入、价值和荣誉也会提高。教育培训机构内不同教练之间的投入和工资差异也会增加，这种差异反映出教练能力和态度偏好的不同。

可见，此时教练的回报，是偿还了包括教育培训机构正常固定成本之后剩下的收益。这种收益带有一定的风险性，如果教练是风险规避者，那么他们不会被吸引，因为如果教育培训机构的价值受到大的随机冲击的影响，如健身的市场需求不强烈，那么教练一般都将拒绝接受绩效工资体系。因此，教育培训等行业的工资曲线，如图 8-4 所示。

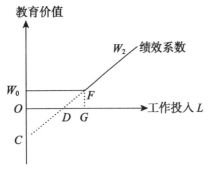

图 8-4   风险规避者的工作投入与工作投入之间的关系

图 8-4 中，横轴依然为教练的工作投入 L，纵轴为教练创造的教育价值。此时，教练的工资曲线为 W_0FW_2，即先有一个基本的工资 W_0。如果教练的产出低于 G 单位，那么教练的工资就等于 W_0，如果产出量高于 G 单位，那么产出和工资之间就会有正向联系。在一个团队内，当其他教练都处在工资曲线的 FW_2 部分时，持续赚取 W_0 的教练就显示出自己不如别人，教育培训机构可能会不提拔他们或裁掉他们。而如果经济形势、政策目标、疫情的影响等迫使所有教练处在工资曲线的 W_0F 部分，那么基本工资 W_0 是一种保护性收入。

当然，体育教育和培训行业与其他行业还有不同，一般无法按照产品数量计件和分配佣金，由于大部分体育教育是服务，其产出或投入很难被客观地衡量，难以直接看到教练的工资和投入之间的关系，简单的绩效工资方式也可能难以获得较佳激励效果。尤其是培育学生、被培训者，是一个慢周期的过程，所谓"十年树木、百年树人"，则衡量教练的绩效可能也需要很长时间。同时，如果多个教练或教师同时为一个学生或学员服务，则可能某个人的产出很难与小组团队的产出区分开，在个人绩效和整个工作集体的绩效之间，有搭便车的动机和其他不确定的因素，在按个人绩效计算报酬和与全体成员产出相联系的那部分奖金相互比较之下，工资可能只会让单个教练有更少的努力动机。如果一个教育培训项目的环节很复杂，则需要对教练建立多重环节的考核和激励，要做到让工资和绩效目标的联系、对教练的付出保持透明和可测算是困难的。

为此，对于难以观察到的环节，培训类公司可以通过让员工拥有股票的期权，把工资与公司的绩效联系起来，使得教练能够被激励去付出更大的投入，确保经营的营利性，增加他们股票的价值。但如果股票价值的提升受到其他非教练因素的影响较大，那么股权措施的激励也会被削弱。对于无法提供股权激励的公立教育机构，则可能需要将教育的价值使命等方面与教练的动力结合起来，公立教育培训机构在招聘时，就需要考察该教练、教师对职业本身的热爱等工资之外的部分因素。

四、教育培训对消费者的诱导

培训教练，如健身教练以及培训机构的教师作为特殊的教育者，学员和学生对他们而言，既是收入的来源者，即学员是客户，又是传授知识技能的被教授者，学员往往会听从教练或教师的要求。师生之间身份的不对称，使得教师或教练有可能利用自己的身份，诱导学员学习更长时间或者购买学习器材，从而来增加他们自己的收入。

学员所期待的培训教育是以科学性为基础的，而教练与学员之间身份存在不对称。那么，教练会根据最有利于学员的方式做培训教育吗？教练的效用最大化意味着教练除了获得收入外，可能还存在其他的利益，如更多空闲时间和对学员进行诱导销售，即教练让学员支出比实际需要更多的费用，这也被称为供给诱导需求，反映了教练利用自身的身份优势获得的额外收益。

可以将教练的效用 U 表示为函数 F，即 $U = F(R, L, Q)$，其中 R 是教练的收入，L 是教练的休息时间，Q 表示诱导的程度。教练可以选择诱导的数量。在这三者关系中，首先考虑收入和空闲时间存在互补和替代关系，如图 8-5 所示。

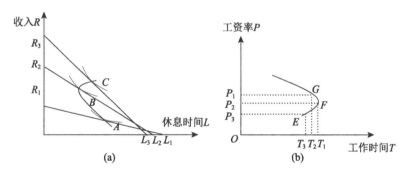

图 8-5　体育教练对工作和休息的取舍

图 8-5（a）中，横轴为教练的休息时间 L，纵轴为教练的收入 R。假设工资率为 P，即图中收入和休息连线 R_1L_1、R_2L_2、R_3L_3 的斜率，该斜率决定了教练工作劳动和休息之间的取舍关系。假设从休息时间的最大处，即图 8-5（a）中的 L_1 点开始，每增加 1 天的工作时间，则减少了 1 天的休息时间，但与此付出相对应的收入也增长了，图中的收入 $R_3 > R_2 > R_1$。当更高的收入水平出现时，教练会根据自身的效用曲线进行选择，分别相切于 A、B、C 点。将切点对应的斜率，即工资率 P，表示图在 8-5（b）。可以发现，图 8-5（b）的横轴为工作时间，即教练的劳动；纵轴为工资率，或者说工资水

平，反映了对工作劳动的需求。但图 8-5（b）中劳动曲线向相反的方向弯曲，从 E 到 F，教练会受到高工资的驱动，以工作代替休息，然而，在 F 到 G 的过程中，教练认为收入较高，不愿意太累，反而减少了工作时间。这说明教练工资的收入效应超过了劳动和休息之间的替代效应。当教练变得足够富有，他们希望有更多的时间享受收入的成果。这说明教练的收入水平很大程度上决定了他们工作的努力程度。图 8-5 中，如果教练在点 G 的工资率下降，那么会沿着曲线回到 F 点，这时候教练有意愿通过更多的工作来弥补收入的损失。

教练的培训教育工作中，除了收入和休息之间有互补和替代关系，收入和诱导学员之间也存在一定的关系。一般情况下，教练不愿意诱导学员，可能会产生心理上的冲突，使得教练的内心的效用降低，只有在诱导后获得的额外收入能够弥补心理效用的损失时，教练才可能进行诱导。如果设教练的收入 R 是诱导的函数，$R = C + bQ$，其中 Q 是诱导程度，b 是诱导能产生的收入系数，C 是不诱导时教练能得到的收入。如图 8-6 所示。

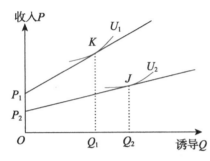

图 8-6　培训中教练可能存在对学员的诱导行为

图 8-6 中，横轴为教练的诱导程度 Q，纵轴为教练的收入 R。可以发现，随着诱导程度的增加，教练的收入增加，诱导曲线向上倾斜，斜率 b>0。没有诱导需求时，教练的收入在 P_1 点，即 $R = C + bQ$ 中的 C，C 与教练的工资收入有关，但并不直接相关相等。教练的收入沿着诱导收入线 P_1 以 b 的比率增长，教练选择的均衡诱导程度，是诱导收入曲线和无差异曲线 U_1 的切点 K，此时教练的诱导程度为 Q_1。

但如果教练的非诱导基础收入 P_2 较低，$P_2 < P_1$，且诱导学员以后，收入率 b 也较低，如图 8-6 中的诱导收入曲线 $P_2 J$。这时，教练会选择新的诱导程度，与效用函数的平衡相切点为 J。这种情况下会导致诱导增长至 Q_2，诱导水平增高。

可以假设大部分教练不追求收入，不会实施对学员的诱导。但如对图 8-6 的分析，当教练的收入不高，或者监管不严时，在一些培训机构中，很可能存在教练对诱导需求的追逐。如研究发现，当教练按学员的人头数量收取费用时，他们提供教育服务得到的报酬不是一个固定的总数，为了缓解经济压力，他们往往会尽最大努力实施诱导。对于市场上那些有利可图的培训教育，当该培训教育机构或教练的收入受到竞争威胁、股东回报压力时，按人头付费体系下的学员可能只能接受到较少的教练服务，服务质量也可能较差。当然，当一些教练有个人收入目标或生活压力，且超过了当前从学员学费得到的收入时，他们会调整自己教育的价格和服务质量，以便得到更多的收入。

在现实中，如果没有清晰的过程监管或明显的消费者感知，很难判断教练是否存在诱导行为。当青少年，尤其是未成年群体，对诱导没有感知，家长又完全盲目相信教练时，容易触发诱导。因此，要么市场提高教练的收入，要么实施严格的体育教育监管，当教练通过提高教学质量来提高收费以对抗收入的下降时，诱导程度会降低，这是更有经济效率的做法。

台湾高中队问鼎耐高巅峰赛，这是对大陆校园篮球最好的启示

台湾篮球令你印象深刻的是什么？也许你会想起 2013 年男篮亚锦赛，中国大陆败于中国台北的场景，又或者是每年夏天大陆高中球队赴台打热身赛少胜多负的各种消息等。大家对于台湾篮球已经形成或多或少的认知，而在 2018 年"五一"假期里，不少球迷在五棵松体育馆近距离感受到了台湾高中篮球的魅力。

2018 年 4 月 30 日晚，来自台湾的高中球队能仁家商以 65∶60 战胜北京的清华附中，成功捧起 2017—2018 年赛季耐克高中篮球巅峰赛冠军奖杯。这一结果是很多人始料未及的，几乎没人能够猜想到球员个头普遍矮小的能仁家商可以战胜球员平均身高逼近 190 厘米的清华附中。从外形条件来说，清华附中占据明显优势，但从比赛进程则来看，能仁家商才是占据主动的一方。尽管清华附中在大比分落后的情况下险些上演绝地反击，但能仁家商还是凭借他们具有压迫性的防守和犀利、老练的进攻战胜对手。

两所学校迥异的打法和顽强的拼劲保证了比赛场面的精彩火爆，实际上，这场比赛所呈现的不单单是双方竞技层面的博弈，同时也折射出大陆和台湾两种篮球文化的对比。其实，这场比赛是一场遭遇战，孰胜孰负赛前完全无法预料，我们也无须对清华附中的失利过分苛责，妄下定论。但值得思考的是，能仁家商背后的台湾高中篮球联赛（HBL）其实应该成为我们在校园篮球人才培养方面借鉴学习的模板。

HBL 在台湾拥有较为深厚的历史，这项赛事创立于 1988 年，2018 年正是赛事的30 周年。HBL 发展演进至今，球队数量已经从最初的 129 支增加至近 300 支。HBL有男女组和甲乙组之分，甲乙组之间没有升降级设置。每年 10 月，HBL 资格赛正式开打，经过预赛、复赛、准决赛，一路打到次年 3 月开始的决赛，赛季跨度长达半年。

目前，HBL 火爆程度超过超级篮球联赛（SBL）已经是不争的事实。不少台湾媒体直接表示，开打多年的 SBL 票房越打越惨，即便是总决赛期间，场馆内的席位都难以坐满。相反的是，HBL 的热度持续走高。HBL 球票并不采取售卖的形式，而是免费发放。每当总决赛开票时，球迷彻夜排队抢票。曾多次承办 HBL 总决赛，能够容纳1.4 万人的台北小巨蛋体育馆经常座无虚席，一些时候连场馆内的通道中都会坐着球迷。有球迷对此调侃道："想要起身去趟卫生间都困难。"

不仅是现场热烈，HBL 的直播收视率也十分可观。以今年 HBL 的比赛为例，数据统计显示，今年 HBL 男女子总决赛共有 75.5 万观众通过电视收看，而整个赛季的收视率也比去年上升了 17%。如此空前盛况已经让 HBL 拥有近似于 NCAA 疯狂三月的架势。这其实也反映出，经过这么多年的发展，台湾球迷对 HBL 已经产生特殊的情感，无论是家庭，还是球队所属的学校，都对于 HBL 拥有较高的认可度、依赖度，养成了看球的习惯，每当比赛开打时，他们总会通过各个渠道来为主队球员们呐喊助威。

实际上，提到台湾高中篮球，选材总会是一个值得我们思考的问题。就像前文所提，能仁家商的球员身高普遍矮小，最高的球员不过是 190 厘米出头。在过去很长一段时间中，身高臂长是大陆选拔人才的重要标准，但这样的观念其实是存在误区的。如果是按照这一观念，能仁家商球队中大多数人未必能够入选，即便是人才也会被错过。

一位篮球圈人士也表示，由于大陆校园篮球发展相对滞后，一方面大陆篮球教练的数量和水平资质不够；另一方面，现有教练对于校园篮球的理解并不到位，这也造成他们在选材上会参照专业队标准，从而将这种观念带到校园篮球中。这其实是值得反思和探讨的问题。

此外，我国台湾的人才培养思路效仿了美国篮球。在 HBL 之外，它们还拥有高中篮球联赛（JHBL）、大专院校篮球运动联赛（UBA）以及职业联赛 SBL，SBL 的俱乐部没有设置青年队和二队。这样的体系有利于球员按照阶段和层级来训练自己的基本功，打下坚实的基础。此外，体教合一的路线也能够帮助培养更多基层教练，很多在 HBL 打过比赛的球员会在大学后返回到基层联赛，反哺母队。

一位业内人士表示，目前大陆家长更希望孩子走进大学，获得一份文凭。而专业队的成率较低，家长更不愿意在孩子身上"冒险"，他们将孩子送进专业梯队的比率在不断下降，因此校园篮球未来势必将是大陆篮球发展的重要通道。在这样的情况下，我们更需要将校园篮球的体系架构搭好。

此外，作为校园篮球的重要输出窗口和平台，像 HBL 这样的联赛也需要讲好故事，让更多人能够容易接触到它，参与到其中，从中获得激励。只有这样，才能促使更多人投入校园篮球之中。

在 HBL 联赛中，作为赞助商的耐克就利用商业营销思路来包装球星和球队，为他们拍摄宣传片，为球队推出周边队服，塑造出青春热血、气势磅礴的形象。如今耐克中国高中篮球联赛同样如此，在五棵松现场，你能发现应援 T 恤、球队资料宣传册，比赛前声光效果，将整个球场当成大屏幕的 3D 投影技术，还能看到易建联、丁彦雨航等明星前来助阵。这些在高中比赛中略显豪华的配置将原本普通的高中生包装为同龄人中的明星偶像，让更多人看到了可能。同时这也提升了球迷观赛体验和联赛的整体形象。在品牌的助推下，校园篮球会越来越精彩。

未来，希望有更多这样的校园篮球赛事出现。

资料来源：体育大生意。

小 结

相比俱乐部这样盈利最大化或效用最大化的机构，在学校这样的公共性机构里，即使学生运动员在重大赛事中取胜，为学校增添荣誉，学校也不会为其支付薪水，而往往会采取提供奖学金、奖状等其他奖励措施。

大型活动或者赛事的志愿者大多是来自高校的学生，但不同主体的目标不一样，需求也会不同。比如，赛事主办方希望志愿服务效果最大化，而学校希望学生能通过志愿活动学习成长，两者目标不同，对志愿者的数量需求会产生差异。

体育教育市场激励方面，不同的工资绩效设计会激发员工不同程度的工作动机。本章介绍了固定薪酬、绩效薪酬，以及基本薪酬和绩效薪酬结合这三种不同激励形式下，体育教练、体育教师投入和产出价值的关系。

培训教练，如健身教练、培训机构的教师，是特殊的教育者，学员和学生对他们而言，既是收入的来源者，即学员是客户，又是知识技能的接收者，学员往往会听从教练或教师的要求。师生之间身份的不对称，使得教师或教练有可能利用自己的身份，诱导学员学习更长时间或者购买学习器材，从而增加收入。

讨论问题

1. 你所在学校的体育运动队获奖了，会得到什么奖励？

2. 举例介绍你所了解到的某体育培训企业的员工激励机制，并从经济学角度对其分析。

3. 在体育培训行业中，为什么会出现消费者诱导的行为？

第九章

体 育 彩 票

体育的发展离不开体育彩票的支持。中国的体育彩票是指为筹集体育事业发展资金而发行的，印有号码、图形或文字，供人们自愿购买并按照特定规则获取中奖权利的书面凭证。你了解国外体育彩票是如何运作的吗？跟我国有哪些不同呢？体育彩票有什么作用？它的供给和需求如何？

一、体育彩票概论

（一）体育彩票的价值

彩票是参与者通过抽签、随机数列等方式，为获得比支付款项更高收益的可能性或者期望而付款的一种商品，体育彩票也不例外。当今世界大多数国家和地区已发行体育彩票，体育彩票产业的规模仍在发展扩大，以体育彩票为代表的抽奖游戏历史悠久，其可以被用来为大学筹集建设资金，也可以被用来为还债而筹集资金。根据世界彩票协会（WLA）2019 年发布的《全球彩票数据纲要》和《拉弗》（*La Fleur*）的《La Fleur's 2019 世界彩票年鉴》，在 2018 年总销量排名前十的彩票机构中，中国体育彩票位于第一名。

对于各国政府来说，体育彩票具有较高的体育经济价值。政府发行体育彩票获得销售收入，并从中提取一定比例作为体育彩票公益金，用于体育设施、体育教育等社会公益事业。从这一过程来看，体育彩票补充了国家财政支出，从而能够较好地解决政府的税源问题。同时，相比于其他的社会公益事业募捐方式，体育彩票以公民自愿参与的方式实现，相当于体育彩票参与者自愿纳"税"，体育彩票也被称为"微笑纳税"。作为一种体育消费的延伸和机会游戏，体育彩票能够满足人们的体育兴趣和财富期望，如果上一轮没有人中大奖，它会积累到下一次，因而奖金数额可能非常巨大。中得巨额奖金的可能性成为人们对彩票产生巨大兴趣并大量购买彩票的主要驱动力量。相比于一般的社会捐赠工具，体育彩票的这种内在激励性使得捐赠行为能够持续下去。

对家庭（个人）而言，多种类型的体育彩票为人们提供了休闲娱乐的方式。例如，确认与预先公布的中奖号码或图形是否一致的即开型体育彩票、根据游戏规则进行投注的视频型体育彩票、根据号码的排列组合确定中奖者的乐透型体育彩票以及专门针对体育赛事开发的竞猜型体育彩票等。在对竞猜型体育彩票的研究中，参与者还能进一步习得体育赛事的经验知识。由于人人均有追求财富的渴望，在购买体育彩票后，对奖金的期待还能够带来积极的心理效用。对于理性的投资者而言，竞猜型体育彩票由于与体育赛事密切相关，随机性较低，因而可以视为一种投资工具。可以说，体育彩票这一形式的商品，具有较为稳定的市场需求基础。

从供给的角度来看，世界上大部分国家的体育彩票发行和销售均由政府直接或间接负责，是政府的财税工具。从财政支付看，体育彩票是一种转移机制，政府通过此机制将大部分人的资金转移至少数幸运者手中，同时获取部分资金以支持公益事业，具有特许性，这部分资金成为财政收入的替代性供给。体育彩票收入除去返奖和发行费用外，基本用于体育即社会公益事业，公益金的比例约为发行收入的30%，部分国家如日本达到40%。体育彩票公益金的使用范围非常广泛，不只是体育，可能还涉及教育、医疗、艺术、环境保护等方方面面。可以说，体育彩票是吸收民众财力有效的社会集资途径，可以缓解政府资源有限的局面，赋予了政府征收的合理性，缓解了由于捐赠导致的道德压力。政府对购买者征收了"隐形税收"，体育彩票获得的收入也被称为"隐含税"。相比于普通的税收这一强制、无偿获取社会财富分配的形式，人们往往更乐意选择体育彩票。因为体育彩票对人们来说，有"买与不买"和"买多少"的选择权，并且有机会通过体育彩票获得财富。

体育彩票这种正向反馈机制，使得其比慈善捐款更具有持续性，公益金由政府统一征收和调度，受助者不会产生任何道德的责任或义务，这在一定程度上缓解了直接捐赠中，资助者与受助者因相互知晓而导致受助者产生的心理压力，从心理压力层面来说，体育彩票是更优的捐赠工具。

从体育彩票的需求看，体育彩票规则简单，价格低廉却有机会获得巨额奖金，这一"以小博大"的博彩机制，是刺激体育彩票需求的重要原因。巨额奖金使人们对改善现状充满希望，参与风险性的活动就有机会获得巨额奖金，为购买房子等大宗商品提供了可能，从而提高消费者效用。奖金越多，尤其是头等奖金越高，预期的收益越大，对人们的吸引力越大。购买体育彩票后等待开奖的激动心情，与朋友的讨论，进一步给人们带来心理愉悦。体育彩票可能是"雪中送炭"，也可能是"锦上添花"。可以说，它能够满足大多数消费者的社会心理需求，这种直接效用是构成体育彩票需求的基本动力。

体育彩票业的特征也使得其表现出一种特殊的价格。以中国体育彩票为例，单注的价格一直为2元，并未随通货膨胀而上涨。体育彩票的价格，可能与体育彩票门槛相关，人人都有梦想的权利，体育彩票总是保持天然的公平性低门槛。从这一点看，高档体育彩票场所与低档体育彩票场所之间，没有价差。传统边际效用决定需求价格，边际成本决定供应价格，需求价格与供应价格的交点，形成市场（均衡）价格。从这一点而言，体育彩票价格理论是对一般商品价格理论的补充。

同时，体育彩票价格的波动较小，通常不随体育彩票市场上需求量变动，也不随供应量如投注站的数量变动。

（二）体育彩票的特征

福利彩票的收入弹性一般较低，收入效应为负，体现出劣等品性质。因为随着人们收入的增加，对福利彩票的需求下降，如即开型福利彩票的收入弹性小于1。但是，体育彩票的收入弹性较高，属于正常商品。不同收入水平的消费者，对不同类型的体育彩票有不同的需求，是人们生活中的重要消费品。

购买体育彩票，能带来最基础的社会心理效用。尽管一般彩票作为一种低成本的娱乐消遣方式，可以满足低收入者消费需要，而高收入人群的预算更高，对健康、休闲、时尚、潮流的消费更为关注。但随着收入增加和消费需求升级，体育彩票产品作为满足人们发展型需求的载体，也会受到高收入人群更多的关注。

随着体育赛事的发展，与体育赛事高度关联的体育彩票，为人们更深层次地了解体育、参与体育提供了机会，因而体育彩票的消费需求也随之扩大。体育彩票，尤其是竞猜型，作为体育赛事的衍生品，与赛事的发展相互促进。体彩的发展使人们更加关注赛事，可以提高赛事的出勤率，促进赛事产业的发展。同时，竞猜型彩票，其基于体育赛事的交流讨论，可以增加消费群体联系的广度和深度，有效提升消费者人际社会资本。基于知识和技能的设计，竞猜型体育彩票能够满足人们的学习动机，相对于随机性较强的乐透、即开型福利彩票，更是一种消费升级工具，能够满足消费者差异化的需求。

此外，体育彩票还可以作为投资品，投资者消费体育彩票，期待从中获益。在满足娱乐休闲需要的同时，还可能中奖，满足财富梦想。消费体育彩票是一种投资，确定性的购买费用是投资的支出，不确定的奖金是投资的收益。当奖金足够高，以至于能覆盖购买所有号码组合的支出，则每次投资都能获得收益。从金融工程角度，可以认为体育彩票是一种期权游戏，低成本的支出能够获得高额中奖的可能。例如足球体育彩票，和一般的乐透福利彩票不同，人们不断提升对足球的了解会提高获奖的可能性。基于竞猜型的体育彩票投资，往往需要实时采集比赛信息数据，使用模块计算赛事的概率，原因就是竞猜型体育彩票收益的随机性更低。

彩票具有一定的负面特征。尽管彩票公益金可以作为补充财政支出的可行方式，政府会发行更多的彩票来筹集资金，但这可能导致彩票公益金"替代"或"挤出"原本财政对于公共事业的预算，导致公共事业财政支出的效率损失。同时，彩票的发展过程中还伴随着资金供给的累退性，累退性即人们的购彩支出占收入的比重与个人收入呈反向变动，随着人们收入的增加，购彩支出并不同步增加。彩票发展规模越大，政府发行彩票获得的公益金中，来自低收入阶层所占的比重就越大，受益者却涵盖社会各个阶层，因而出现"劫贫济富"的不合理现象，表现为"对穷人征税"，从而限制彩票的公益目的。彩票的资金供给具有累退性就意味着，低收入阶层对彩票的需求更高，是彩票公益金的主要来源。这种阶层的集中导致了彩票筹资来源的集中，加剧了这些阶层的福利损失，却增进了高收入阶层的社会福利，导致体育彩票收入的社会福利为负。

尽管低收入群体能够从政府彩票收入的转移支付中获益，但是研究发现，美国低收入阶层和黑人群体更沉迷于彩票游戏，而彩票收入主要用于公立学校的教育经费，购买彩票越多家庭的孩子进入公立学校就读的机会越小，教育投入的受益者并未特别偏向购彩者家庭，低收入家庭购买彩票的净福利小于高收入家庭，这被称为"反罗宾汉效应"。此外，对于彩票参与者来说，如果过度痴迷设想中的奖金和财富，就会导致"问题购彩"，无法自控对彩票的兴趣，产生焦躁不安、易怒等情绪，导致精神状态紊乱和行为失控，从而影响身心健康。根据沉没成本理论，当一个人投入的成本越多，越不愿意放弃，即使持续投入已经违背了理性原则。也就是说，当对彩票的沉迷已经超过了对财富的理性希望或合理的娱乐休闲追求时，尽管你有赢的机会，但这个机会是如此小，以至于你可能在中大奖以前就破产了，彩票的价值效用将为负值，并危害到事业、家庭，破坏累积的社会人际资源，不利于个人的发展。如果彩票的参与群体年轻化，还可能会引起青少年社会心理问题，从而诱发犯罪。

但体育彩票有不同于福利彩票的特征，累退性不明显。因为体育购彩者并不主要集中于社会低收入阶层，反而会有很大的比例来源于高收入群体，体育彩票这一筹资机制发挥了调节收入分配、促进社会公平的作用，表现为累进性。整体看，体育彩票购买者均衡分布于社会各个阶层，体育彩票实现了其"取之于民，用之于民"的初衷。

随着生活水平的提高和消费的转型升级，人们的消费预算更高，也更关注满足精神需要的发展型消费，会更关注体育消费。体育彩票中的竞猜型越来越能够满足人们对体育赛事的关注和探索。例如，我国目前的竞猜型体育彩票以足球和篮球为主，随着消费升级和内部群体分化，人们对体育赛事的关注也更加多元，未来预计将包括赛马等新方向。

由于体育彩票与体育赛事紧密相关，专业度高，不只是随机性的概率抽奖，趣味性和中奖机制较好，难以让消费者过度沉迷，发展成"问题购彩"，即因投入过多的时间和金钱而影响正常生活的情况较少。尽管如此，仍需构建前期预防和发现以及后期康复的应对体系，在开发设计新产品时，应考虑避免诱发消费者上瘾的因素，同时销售网点应避免过度宣传，通过促进电子信息产业实现购买监督。

二、体育彩票公益金

从财税工具的角度看，体育彩票公益金的使用，一般是增加了政府对社会公益事业的整体投入，对政府财政存在"补充效应"。当然，体育彩票的公益金也可能作为政府财政赤字的救济品，替代原本财政预算中对公益事业的支出。例如体育彩票公益金支出用在体育教育上时，可能对政府原本的教育支出产生"挤出效应"，教育总支出并没有增加。也就是说，可能会存在政府利用体育彩票收入"拆东墙补西墙"的情况，导致政府财政支出的"替代效应"，即体育彩票公益金替代政府的财政支出，而政府对社会公益事业的总体投入并没有增加。

当体育彩票公益金对财政支出的"替代效应"和"补充效应"同时存在时，尽管政府发行体育彩票的目的是为社会公益事业筹集资金，但在具体运用时，可能出现不同程度的效率损失。如果资金使用效率不足，不仅会影响社会福利的提升，还可能打击人们购买体育彩票的积极性，从而影响体育彩票的可持续发展。由于体育彩票公益金的使用范围较广，既包括为降低贫困群体的生产生活交易成本而推进的扶贫项目，也包括提供专门的体育设施和体育活动。体育活动是一种公共产品，当体育彩票专用于提供这种公共物品时，社会福利增加。以支出用于体育教育为例，如果事先指定了体育彩票资金专用于教育，有助于缓解替代性。

实施体育彩票公益金专款专用的信息公开制度，提高捐赠动力，可以提高彩票公益金的效率。从公益金使用流程来看，如果体育彩票公益金的公益项目申报、评审、下达等管理监督制度不完善，资金使用透明度不高，则会限制体育彩票的社会公益效果。因此，体育彩票公益金已明确规定专款专用，专项用于体育事业、社会福利。同时，将体育彩票公益金的所有项目和分配使用情况整理成财务报告，提高体育彩票公益金信息质量，提高管理透明度，接受财政、审计和社会公众的监督，减少信息不对称。

三、中国体育彩票市场结构

中国体育彩票（以下简称体彩）和福利彩票（以下简称福彩）共同被发行，即中国彩票市场特有的结构是包含两个彩票发行机构。如果把彩票看作一种产品，它们的质量是完全相同的，尤其是体彩中的乐透型和福彩中的乐透型。为同一个市场提供彩票，则存在竞争。可以发现，体彩和福彩发行的彩票价格相同，均为 2 元。设定 2 元的价格是 P，设 $D = F(P)$ 是彩票总销售量，D_1 是体彩的销售量，D_2 是福彩的销售量，那么 $D_1 + D_2 = D$。如果忽略生产成本，两个发行机构的收入分别是 $P \cdot D_1$ 和 $P \cdot D_2$，并且它们各自独立的目标，均是寻求收入最大化。假设双方并没有"勾结"，没有签署协议来实现各自最大可能的收入。

由于彩票价格被管制，两个发行者仅仅根据这个价格来调整产量，每一个发行者都会估计这种产品的总需求，并且在对手发行不变的假设下确定自己的产出量和销售量。每个发行者都通过逐步调整产量达到稳定的均衡，最终在均衡点上，两个发行者销售相同数量产品，价格高于竞争价格而低于垄断价格。

体彩与福彩，作为两个竞争者，共同为市场提供产品。如果市场的总需求量是一定的，那么二者之间存在竞争关系，可以表示为图 9-1。

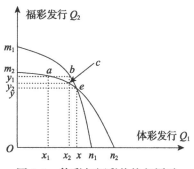

图 9-1　体彩与福彩价格相同时的竞争经营

如图 9-1 所示，横轴代表体彩发行者的销售量 Q_1，纵轴代表福彩发行的销售量 Q_2，曲线 m_1n_1 和 m_2n_2 分别代表体彩发行机构和福彩发行机构的价值最大化曲线。具体而言，曲线 m_2n_2 表示，在给定体彩发行机构发行量的情况下，福彩发行机构为了使自己价值最大化的各具体产量水平。曲线 m_2n_2 上的点 a 说明，如果体育彩票发行机构销售 x_1 单位的彩票，则福利彩票发行机构发现后，将会销售 y_1 单位的彩票，可以实现价值最大化。同时，曲线 m_1n_1 表示，在给定福利彩票发行机构各种产量水平的情况下，体育彩票发行机构使自己价值最大化的产量水平。例如，该曲线上的 b 点说明，如果福利彩票发行机构提供 y_1 的销售，那么体育彩票发行机构将会选择产量 x_2 以最大化其价值。可见，这些曲线上的点即一个彩票发行机构根据另一个彩票发行机构的发行水平而作出反应的发行量，这被称为反应曲线。

这里可以看出，在一个彩票发行机构发行量或销售量保持不变的情况下，另一个彩票发行机构将选择最大化价值时的发行量。不相等的发行量水平，如 a 点、b 点、c 点所代表的发行量，均不能持续。例如，在 a 点，福利彩票发行机构会发行 y_1 的产量，但是体育彩票发行机构会作出反应，将发行量从 x_1 扩大到 x_2，即点 b。于是，福利彩票发行机构会对体彩票发行机构 x_2 的发行量作出进一步反应，将产量从 y_1 减少到 y_2，即点 c。这些反应，会使销售产生连续的变化，直到达到均衡点 e。在 e 点上，两个发行机构的发行量相等，调整发行量的情况不再发生。这表明，福彩发行机构反应曲线上的点 a 对应的产量，和体育彩票发行机构反应曲线上点 b 对应的发行量，不可持续。

如果体彩中心发行 x_1 单位，则福彩中心会发行 y_1 单位。体彩发行机构将会怎样作出反应？它的反应是发行 x_2，即点 b。因为当福彩发行机构的发行量是 y_1 单位时，那一点将使它的价值最大化。一旦体彩发行机构提供 x_2 单位，那么福彩发行机构的反应就是提供 y_2 单位，即点 c。这个试错过程会一直持续直到达到均衡点。即如果任何一个发行者由于某种原因而暂时离开这一点，它还会通过一系列反应，重新回到这一点。

四、体育彩票的金融性

（一）彩票消费的风险偏好

由于彩票有"以小博大"的机制，投入很小却有机会获得巨额奖金，这反映了消

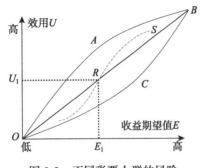

图 9-2　不同彩票人群的风险
偏好效用曲线

费者在一个固定支出金额下，损失该投入的 100%和获得巨额奖金之间的取舍。众多保守的人群，不会参加体育彩票的购买，部分人偶尔参与，还有部分人长期参与。不同的人群的参与态度和程度，与各自的风险偏好不同。一个体育彩票参与者是属于什么风险偏好类别，可以采用风险效用曲线方法进行确认，如图 9-2 所示。

图 9-2 中，纵轴为效用 U，是对彩票的风险偏好效用值，横轴为彩票消费者及投资者的期望值 E。横轴和纵轴表示随着收益期望的变化，彩票消费者的效用认知变化。如果随着收益期望值的增大，效用并不同比例提高，则表明为风险规避，属于保守型，如图 9-2 中曲线 OAB 所示；如果随着收益期望值的增大，效用同比例提高，则表明为风险中性，如图 9-2 中曲线 OB 所示；如果随着收益期望值的增大，效用快速提高，则表明为风险追逐，属于激进型，如图 9-2 中曲线 OCB 所示。当然，也有部分人群，对收益期望值在一个阈值以下，属于风险追逐，但在风险阈值点以上时，则变为风险规避，如图 9-2 中 R 点。这个转折点 R 被称为风险的效用满足点，满足之前和满足之后，该彩票投资者会采用不同的决策方式。例如，彩票投资者期望的收益额为 1 000 元，则在 1 000 元以前，可以用于购买风险较高的彩票，如乐透型，如果容忍度超过 1 000 元，则可能买入更有判断依据的竞猜型彩票，甚至不购买彩票。

设彩票投资者面临两种可选方案。方案 1 表示他可以无风险地得到一笔金额 X_2。方案 2 表示他可能以概率 P 获得金额 X_1 或以概率（$1-P$）损失金额 X_3，且 $X_1>X_2>X_3$。设 U（X_1）、U（X_2）、U（X_3）表示金额 X_1、X_2、X_3 的效用值。若彩票投资者认为方案 1 和方案 2 等价，则可表示为

$$P \cdot U(X_1) + (1 - P) \cdot U(X_3) = U(X_2)$$

彩票投资者认为 X_2 的效用值等价于 X_1 和 X_3 的效用期望值。若每次取 $P=0.5$，固定 X_1 和 X_3，利用 $0.5U(X_1) + 0.5U(X_3) = U(X_2)$，改变若干次 X_2，即可绘出彩票投资者的效用曲线，这条曲线表示了彩票投资者对待风险的态度。

实际中发现，参与彩票投资，并不意味着风险偏好属于风险追逐，因为很多体育彩票投资者，都购买了保险。一边买彩票，一边买保险，表示体育彩票投资者更可能是局部风险偏好，也即在现期财富水平以下可能是凹风险函数，而在其之上是凸风险函数，如图 9-2 中 S 曲线所示。

（二）体育彩票的赔率

体育彩票中常使用的词是赔率，从公平的期望补偿而言，赔率 = 1/事件发生概率。

从定义看，赔率即下注赢了时，发行方向体育彩票者的赔付率，如把 2 元钱押在 10 个数字中的 "1" 时，如果可能性是 1/10，即 10%，这就是赢的可能性，相反，输的可能性是 90%。当数字是 "1" 时，发行方必须赔钱，如果 3 倍下注，则赔率为 3。又如一场球赛如果只分为输和赢两种可能性：各自的概率都是 50%，那么对于 50%概率损失全部本金的公平补偿就应该是有 50%的概率能够获得等额本金收益，即公平的赔率是 2。因此，一般说 1 赔 3，表示获胜的概率是 1/3，如 X 赔 Y，表示获胜概率为 $1/(Y/X) = X/Y$。当然，体育彩票存在征税及销售费等交易费用，通常是购彩金额的一个固定的百分比 t，这会降低赔率。从赔率和胜率之间的关系可以看出，风险越高收益越大。一般而言，赔率和下注人群占比之间的关系如图 9-3 所示。

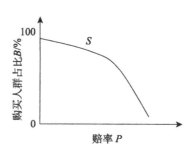

图 9-3　不同赔率下的体育彩票人群占比

图 9-3 中，横轴为体育彩票的赔率 P，纵轴为体育彩票的购买人群占比 B。可以发现，随着赔率的增加，购买的人群占比降低。也就是说，并非赔率越高，购买的人就越多。而且，这种反向关系，也不一定是线性成比例变化。当彩票消费者认为即使赔率很高，但也难以拿到奖金时，可能选择主动放弃。一般在赔率为 3~5 时，购买彩票的人会高达 80%左右。虽然人们喜欢有一定的投机性，但是除了考虑回报额，也会考虑回报的概率大小。在体育彩票中，市场的赔率是获胜概率较好的估计。体育彩票往往会出现弱随机性，主要就是因为类似赛马的体育投注者，实际是相当专业的。这说明，体育彩票市场的投注者，是高度职业化的。这也是我们区分体育彩票购彩者和福利彩票购彩者的方式。

（三）体育彩票的金融特征

体育彩票是一种 "免费搭便车" 式的投资工具，彩票发行机构利用一场体育比赛的结果，作为体育彩票的 "输赢" 底层因素。投注者每一次下注都具有预期收益，这反映出体育彩票业是一种特殊的金融业，或者说具有一定的金融属性。从资金运作模式看，体育彩票业的资金运行是直接用钱赚钱，发行方在经营中，也被监管当局要求准备类似于银行存款准备金的 "赔付准备金"，使得其与银行有类似之处。同时，体育彩票企业具有融资的功能，而融资是金融产业的本质功能。在历史上，彩票一开始就是为了实现融资而创造。香港的马会也是为福利性融资而建。如上所述，体育彩票业有时被称为 "第二财政部"，体育彩票公司往往必须承担较多公共工程与公共事务。同时，体育彩票也往往与 "抵押贷款" 紧密相关，允许发行方向投注者借款，这使得金融的杠杆性增强。在金融市场中，有被称为彩票型的股票，就是因为该类股票价格较低，波动性较大，收益分布与彩票非常相似。同时，很多国家的"反洗钱法"中，把发行体育彩票的一方定义为"类金融机构"。投注者的微观动机是承担风险，获得投资回报。从这些特点看，体育彩票业是金融业的一个"特殊"分支。

一种体育彩票，有售卖点、下注规则、输赢概率、赔率和交易费用等多个要素。一个典型的足球体育彩票公司，可能开出供投注者下注的方式，包括押单场胜负、上半场胜负、入球单双数、全场入球总数、上/下半场入球数比较、球队入球数、最先入球球队、首名入球队员等，如同金融市场种类繁多的交易策略。对于体育彩票输赢概率，如同投资的胜率。体育彩票输赢概率可以根据简单的点对点下注进行计算。首先求出赔率，然后计算费用和奖池等。例如对不同赛马投注的相对数量之比，可以用来计算获胜的概率。除了点对点计算外，往往还会采用连号计算的方式。例如赛马，一般要求下注者必须确定获得前几名赛马的顺序，即正序连号。选对正序连号才能赢的投注方式，计算更加复杂。设 q_i 是赛马 i 获胜的概率，那么假定赛马 i 获得第一并且赛马 j 获得第二的概率是联合获胜概率和不获胜概率之比，可以表示为：$q_i \cdot q_j/(1-q_i)$。类似地，如果有三匹赛马，则赛马 i 第一、赛马 j 第二、赛马 k 第三的概率，是如上递归的计算方式，即 $q_i \cdot q_j \cdot q_k /[(1-q_i)(1-q_iq_j)]$。可以看出，当数字较多，顺序又连在一起才能获奖，这一概率极低。可以说彩票消费者购买彩票，其中有一大部分是购买梦想，偏向娱乐休闲，比金融中权益投资的风险更大。

从费用看，体育彩票的交易费用远超过金融投资的费用。若一只体育彩票在销售之前定下的返彩率是70%，那么它的交易费用就是30%，在这只彩票从开始销售到兑奖完成的生命周期中，全部彩票销售额中30%会被发行方等其他方获得。因此，可以把体育彩票业看作是休闲娱乐服务业，那么，发行方的交易费用，或者类似佣金，是销售一定体育彩票服务时，向投注者的收费，或者说是投注者为购买一定量的下注权而向发行方的付费。体育彩票这种过高的交易费率，可能会影响投资的赔率。

表 9-1　体育彩票的交易费率影响其赔率

类型	投注额/元	赔率
买赢	10	1 赔 2.7
买平	12	1 赔 2.25
买输	8	1 赔 3.375
合计	30	
净兑奖额	27	

如表 9-1 所示，体育彩票的下注类型可以分为买赢、买平、买输三类，交易费率 t 为 10%。如果设投注额为 a，买赢的金额为 10 元，买平为 12 元，买输为 8 元，则合计为 30 元，设合计为 A。可以发现，扣除税金、组织费等交易费（10%）以后，得到净兑奖额 B，$B = A(1-t) = 30 \times (1-10\%) = 27$ 元。赔率 $C=B/A$，则可以得到投注 10 元买赢时赔率为 10/27，即 1 赔 2.7。同理，可以得到买平和买输的赔率，分别为 1 赔 2.25 和 1 赔 3.375。

投资体育彩票，与投资其他波动性很大金融资产一样，"结果不可预知"。不仅如此，与其他多数随机博彩游戏不同的是，体育比赛不但每场具体的输赢不可预知，其输赢的可能性概率也不可知。例如，如果是随机博彩，当一个投注者把一笔钱押到号码"6"，而数字6只占整个数字个数的1/10时，尽管他不知道这一注他能不能赢，但他知道他赢的可能性是10%，而在体育比赛中，当一个投注者押一个球队赢时，他不但不知道这个球队是否真的会赢，而且也不知道这个球队赢的概率。不但投注者不知道球赛的输赢概率，彩票发行者也不知道。

可以说，投资体育彩票，取决于"非随机的体育事件"。竞赛的预期结果，无法用概率论的数学工具来计算，因为运动员不是骰子，即使赛马，也是有生命的。运动员每天都在发生变化，昨天可能状态好，明天可能状态不好。因此，对其明天可能的表现，可以根据各种运动信息进行分析预测，不能完全用概率进行计算。

正因为如此，可能投注者在买体育彩票之时，不知道最终赔率会是多少，而投注其他博彩时，赔率已经事先公布。在国际体育彩票中，常有一个特定术语，叫"开盘"，发行者对体育比赛双方的技术实力、竞技状态、内外环境等诸多因素进行分析，是开盘的基础。正因为发行方要进行技术分析，体育彩票对于发行者而言的风险和成本变大。相反，从投注者的角度看，体育彩票的"技术性"，也给了体育技术水准高的投注者更大的获利机会，从而使体育彩票成为博彩业分支中最有可能诞生职业投注者的领域。

五、体育彩票产业与税收

体育彩票作为一个特殊产业，具有一定的道德争议。但体育彩票产业并不是一种有道德硬伤的产业，如前所述，其是政府的一种隐性税收工具。当然，在经营特征与经济性质上，经营体育彩票的销售机构产业与一般性的服务产业也有较大不同。可以说，体育彩票业是一个介于娱乐服务业与金融业之间的产业部门。按照经济统计学和其他社会科学的分类，体育彩票业应属于休闲服务业，因为体育彩票是投注者花钱买希望、幸福、娱乐的消费行为，发行方在为投注者提供休闲娱乐的服务。其中的发行提成或收费的交易成本，可以看作是发行方向投注者提供娱乐服务所收取的费用。

从税收经济学的角度看，体育彩票税的性质与其他一般产业部门的税并无大的不同，也是纳税人为购买公共服务而支付的价格，但其在经营中可能产生社会外部性成本。这种外部性成本，使体育彩票可能是一种具有致瘾性的消费，其社会成本可能包括犯罪，如因偿还赌债而从事非法活动。与此同时，政府为整治犯罪，又在抓捕、审判、教化等方面付出成本，也可能造成社会工作时间缩短、失业率升高、劳动效率损失等。同时，滥赌可能带来疾病。从边际效用看，当1元钱由输钱者流动到赢钱者时，这1元钱的效用可能下降了，从而使社会总效用下降。从心理价值函数看，一个人因为赢了100万元而产生的快感可能小于一个人输了100万元而产生的痛苦。防止滥赌，是防范赌博社会成本问题的有效做法。

因此，体育彩票税收可以看成由购买社会公共产品的价格和外部性费用两部分构成。这也是为什么体育彩票税率大大高于一般的产业部门。

收税，是任何一个政府合法开放体育彩票经营的主要目的之一。对体育彩票经营机构的征税，基本上可以分为三类：体育彩票收入税、体育彩票设备税和特许经营费。按发行额征税的税种，反映了体育彩票经营机构所享用的社会公共服务的多少，也反映了体育彩票经营机构在经营过程中所带来的社会成本高低。除了体育彩票收入税这个主税种之外，还可以对体育彩票设备征收一定的税费和按年征收特许经营费。

体育彩票业承受着比几乎其他任何产业都要严厉的监管，像一般产业一样，体育彩票业的生存基础是社会对它的产品的需求，但体育彩票毕竟不是非消费不可。各国体育彩票监管部门都把防止问题购彩与病态赌博作为重要任务，因此，彩票市场属于受到强管制市场。而税收，是体育彩票监管的核心内容。

财政部公布 2019 年彩票公益金筹集分配使用情况

2019 年，各级财政部门认真贯彻落实党中央、国务院决策部署，与民政、体育等部门密切配合，开拓进取，推动我国彩票事业持续健康发展，彩票公益金筹集分配使用工作进展顺利。现将 2019 年彩票公益金筹集分配情况和中央集中彩票公益金安排使用情况公告如下：

一、2019 年全国彩票公益金筹集情况

2019 年，全国发行销售彩票 4 220.53 亿元。分机构看，福利彩票机构发行销售彩票 1 912.38 亿元，体育彩票机构发行销售彩票 2 308.15 亿元。分类型看，发行销售乐透数字型彩票 2 273.37 亿元，竞猜型彩票 1 219.42 亿元，视频型彩票 440.85 亿元，即开型彩票 285.22 亿元，基诺型彩票 1.67 亿元，占彩票销售总量的比重分别为 53.8%、28.9%、10.4%、6.8% 和 0.1%。

根据现行彩票管理规定，彩票公益金来源于彩票发行销售收入和逾期未兑奖的奖金。彩票发行销售收入中，根据不同彩票品种，彩票公益金提取比例有所不同，主要有以下 5 种类型：一是以双色球、超级大乐透等为主的全国性乐透数字型彩票，彩票公益金提取比例约为 36%，彩票奖金和彩票发行费提取比例约为 51% 和 13%；以快速开奖等为主的地方性乐透数字型彩票，大部分彩票游戏的彩票公益金提取比例为 29%，彩票奖金和彩票发行费提取比例为 58% 和 13%。2019 年乐透数字型彩票筹集彩票公益金 743.12 亿元。二是以竞彩为主的竞猜型彩票，大部分彩票游戏的彩票公益金提取比例为 20%，彩票奖金和彩票发行费提取比例为 71% 和 9%，2019 年竞猜型彩票筹集彩票公益金 242.93 亿元。三是以中福在线为主的视频型彩票，彩票公益金提取比例为 22%，彩票奖金和彩票发行费提取比例为 65% 和 13%，2019 年视频型彩票筹集彩票公益金 96.99 亿元。四是即开型彩票，大部分彩票游戏的彩票公益金提取比例为 20%，彩票奖金和彩票发行费提取比例为 65% 和 15%，2019 年即开型彩票筹集彩票公益金 57.04 亿元。五是以快乐 8 为主的基诺型彩票，彩票公益金提取比例为 37%，彩票奖金和彩票发行费提取比例为 50% 和 13%，2019 年基诺型彩票筹集彩票公益金 0.62 亿元。2019 年逾期未兑奖奖金 18.11 亿元。综上，2019 年共筹集彩票公益金 1 158.81 亿元。

二、2019 年全国彩票公益金分配情况

根据国务院批准的彩票公益金分配政策，彩票公益金在中央和地方之间按 50∶50 的比例分配，专项用于社会福利、体育等社会公益事业，按政府性基金管理办法纳入预算，实行财政收支两条线管理，专款专用，结余结转下年继续使用。地方留成彩票公益金，由省级财政部门商民政、体育等有关部门研究确定分配原则。中央集中彩票公益金在全国社会保障基金、中央专项彩票公益金、民政部和体育总局之间分别按 60%、30%、5% 和 5% 的比例分配。

2019 年中央财政当年收缴入库彩票公益金 570.72 亿元，加上 2018 年度结转收入 150.69 亿元，共 721.41 亿元。经全国人大审议批准，2019 年中央财政安排彩票公益金支出 717.58 亿元。考虑收回结余资金等因素，收支相抵，期末余额 3.99 亿元。按上述分配政策，分配给全国社会保障基金理事会 464.28 亿元，用于补充全国社会保障基金；分配给中央专项彩票公益金 175.92 亿元，用于国务院批准的社会公益事业项目，经由彩票公益金的使用部门或单位向财政部提出申请，财政部审核报国务院批准后组织实施；分配给民政部 38.69 亿元，按照"扶老、助残、救孤、济困、赈灾"的宗旨，安排用于资助为老年人、残疾人、孤儿、有特殊困难等人群服务的社会福利设施建设等项目；分配给国家体育总局 38.69 亿元，支持群众体育和竞技体育发展项目。

三、2019 年中央专项彩票公益金安排使用情况

2019 年，中央专项彩票公益金 175.92 亿元的具体支出安排如下：

1. 未成年人校外教育 9.2 亿元。该项目由教育部组织实施，主要用于支持全国中小学生研学实践教育基地和全国中小学生研学实践教育营地等。

2. 乡村学校少年宫建设 7.39 亿元。该项目由中央文明办组织实施，主要用于支持新建乡村学校少年宫，以及已建成的乡村学校少年宫开展活动及更新设备。

3. 教育助学 10 亿元。该项目由中国教育发展基金会组织实施，主要用于奖励普通高中品学兼优的家庭经济困难学生，资助家庭经济特别困难的教师，资助家庭经济困难的大学新生入学交通费和短期生活费，并救助遭遇突发灾害的学校。

4. 大学生创新创业 0.5 亿元。该项目由教育部组织实施，主要用于支持创新创业教育优质课程建设、教师创新创业教育教学能力培训、"青年红色筑梦之旅"等活动开展。

5. 医疗救助 18 亿元。该项目由国家医疗保障局组织实施，主要用于资助困难群众参加城乡居民基本医疗保险，并对其难以负担的基本医疗自付费用给予补助。

6. 养老公共服务 10 亿元。该项目由民政部组织实施，主要用于支持地方开展居家和社区养老服务改革试点。

7. 扶贫事业 26.4 亿元。该项目由国务院扶贫办组织实施，主要用于支持贫困革命老区县的贫困村村内小型生产性公益设施建设。

8. 文化公益事业 8 亿元。该项目由国家艺术基金管理中心组织实施，主要用于支持艺术创作生产、传播交流推广和人才培养等项目。

9. 残疾人事业 21.99 亿元。该项目由中国残疾人联合会组织实施，主要用于残疾人体育，盲人读物出版、盲人公共文化服务，以及残疾儿童康复救助、贫困智力精神和重度残疾人残疾评定补贴、助学、贫困重度残疾人家庭无障碍改造、残疾人康复和托养机构设备补贴、残疾人文化等方面支出。

10. 红十字事业 4.37 亿元。该项目由中国红十字会总会组织实施，主要用于贫困大病儿童救助、中国造血干细胞捐献者资料库、红十字会人道救助救援、红十字生命健康安全教育、失能老人养老服务、人体器官捐献等项目。

11. 法律援助 1.4 亿元。该项目由中国法律援助基金会组织实施，主要用于资助开展针对困难群众的法律援助工作。

12. 农村贫困母亲"两癌"救助 3.02 亿元。该项目由中国妇女发展基金会等组织实施，主要用于救助患有乳腺癌和宫颈癌的农村贫困妇女。

13. 留守儿童快乐家园 0.15 亿元。该项目由中国儿童少年基金会组织实施，主要用于为农村留守儿童校外活动场所配置设施并开展关爱服务。

14. 出生缺陷干预救助 1.5 亿元。该项目由中国出生缺陷干预救助基金会组织实施，主要用于出生缺陷救助、出生缺陷防治宣传和健康教育等工作。

15. 足球公益事业 4 亿元。该项目由体育总局委托中国足球发展基金会组织实施，主要用于支持有关青少年足球人才培养和社会足球公益活动。

16. 支持地方社会公益事业 50 亿元。该项目主要由中西部等地区结合实际情况统筹使用，重点用于养老、扶贫、基本公共文化等社会公益事业发展薄弱环节和领域，改善其落后现状，以促进全国各地社会公益事业的协调发展。

资料来源：中国体彩网。

小　结

体育彩票可以作为一种投资工具。发行机构利用体育比赛结果作为"输赢"的底层因素，从投注者每一次下注都有预期收益可以看出，体育彩票产业具有金融属性。

投资体育彩票，取决于"非随机的体育事件"。因为竞赛的预期结果，可以根据各种运动信息进行分析预测，不能完全用概率进行计算。

对于政府而言，体育彩票是一种集资途径，能把收集到的资金分配到发展不均衡或比较落后的体育项目，甚至分配到发展不均衡的产业，可以缓解政府资源有限的局面。体育彩票经营机构的征税和收费，基本上可以分为三类：体育彩票收入税、体育彩票设备税和特许经营费。

尽管政府发行体育彩票是为了社会公益事业筹集资金，但在实际分配上可能会出现效率损失。因此应实施体育彩票公益金专款专用的信息公开制度，将体育彩票公益金的所有项目和分配使用情况整理成财务报告，提高体育彩票公益金信息质量，提高管理透明度，接受财政、审计和社会公众的监督，减少信息不对称。

体育彩票购买者和福利彩票购买者的最大区别在于，体育彩票市场的投注者大部分是高度职业化的。

消费者适当购买能促进彩票事业发展，但如果消费者过度沉迷会发展成"问题购彩"。因此在设计体育彩票产品时，应避免诱发消费者上瘾，同时督促和监管销售网点，防止过度宣传。

讨论问题

1. 出售体育彩票所得资金都被拿去做什么了呢？
2. 从经济学角度分析发行体育彩票的利弊。
3. 体育彩票和福利彩票有什么区别？

自学自测　　　扫描此码

第 十 章

国 际 体 育

体育的国际经济方面，不仅包括赛事，更包括跨国球员等劳动力市场内容。例如英超联赛已经招募了大量的外国球员。甚至出现某场比赛的其中一家俱乐部中，居然只有外国球员，没有本国球员的情况。俱乐部招募外籍球员和本国球员在支付薪酬上有差异吗？如果俱乐部运动队要经常跨国参加国际赛事，汇率会如何影响俱乐部成本呢？

一、跨国运动员

（一）跨国运动员的招募差异

不同国籍运动员之间存在差异。那么，外国足球运动员的报酬是否比中国同等水平运动员的工资要低？跨国运动员的流动，可能对应的经济问题是，俱乐部是否仅根据生产效率不同，对不同的运动员进行激励奖励，还是在这之外也考虑了其他因素？在劳动力市场中，有的俱乐部避免招聘外籍球员，而有个别俱乐部或联盟，必须保留一定的外籍球员在队伍中，那么俱乐部运动队的管理层，可能给不同国籍的球员较高的或较低的工资。

俱乐部作为招聘者，区分不同运动员工资的依据是什么？可能是招聘者的成本和收益。俱乐部作为雇主，因为某种招聘偏好或政策要求，基于效用最大化，而不是短期的简单利润最大化目标，可能愿意牺牲利润，以避免或减少某些国家的球员成为自己的队员。

为简化起见，假设有两个运动员，即本国运动员 I 和外籍运动员 X。假设这两个运动员的生产效率都一样。在是否区分国籍的情况下，俱乐部对这两个运动员的需求是不相等的，如图 10-1 所示。

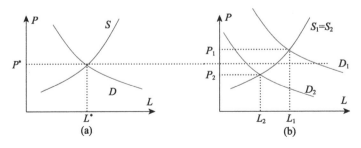

图 10-1　区分运动员国籍时的招募差异

图 10-1 中，横轴为劳动力的需求量 L，纵轴为运动员的工资市场价格 P。不区分国籍时，如图 10-1（a）所示，供给曲线为 S，同时需求曲线为 D。此时，不考虑国籍差异，在市场上按照球员的劳动生产率进行聘用，得出的运动员劳动力雇佣数量为 L^*，所有球员的工资薪酬为 P^*。

外籍球员的供给为 S_2，本国运动员的供给为 S_1，假设两个国籍运动员的供给相同，即 $S_1 = S_2$，$S = S_1 + S_2$，同理，对两类运动员的需求总和 D 也可以拆分成两个需求，对本国运动员的需求 D_1 和对外籍运动员的需求 D_2，则有 $D = D_1 + D_2$。如果俱乐部运动队考虑一旦招募外籍运动员，除了支付该类运动员的工资外，还需要付出政策成本、意识形态成本、情感成本、心理成本、宗教成本等，则多付出的成本反映了厌恶程度，如果该成本系数为 C，成本大于零，$C > 0$。如果对所有本国运动员，给出的工资是 P，而对于所有外籍运动员，则相当于给出的工资是（$1 + C$）P，说明如果俱乐部招募外籍球员，则提高了自身的成本。如果俱乐部保持这种国籍区分，那么更愿雇用本国运动员而不是外籍球员，则对本国运动员 D_1 的需求要大于对外籍运动员 D_2 的需求，如图 10-1（b）所示。图中外籍运动员的招聘量降低为 L_2，薪酬待遇降低为 P_2。可见，因为区分了国籍，对外籍球员的需求降低，导致俱乐部雇主雇用更少的外籍运动员，并支付给他们较低的薪水。当本国运动员的供应充分或外籍球员不适宜招聘时，俱乐部运动队将不会雇用外籍球员。

假设两名球员分别来自国内和国外，他们在每种技能测试中的表现均相同，担任相同的职位，并具有相同的比赛经验。从生产率的角度来看，他们是完全的替代品。每个球员都将签下一份合同，每个赛季的工资薪酬额是 50 万元。但是，俱乐部运动队因为区分国籍，会将球员分成外国球员和本国球员。一旦俱乐部运动队不想招聘国外运动员，则厌恶程度增加，区分系数 C 为正，如为 0.3，那么，俱乐部觉得自己付给本国运动员 50 万元时，相当于付给了外籍运动员 65 万元，因为 50 万 ×（1 + 0.3）= 65 万元。而实际上，并没有支付额外的 15 万元，只是俱乐部不想与外籍球员合作的一种心理成本，使他们感到自己好像在支付额外的费用。

区分运动员国籍且不招聘外籍运动员时，对本国运动员的需求增加，那么俱乐部运动队可能因此产生了额外的支付费用。如果过度考虑这一事项，可能会使俱乐部运动队的经营恶化。只要在心理上认为外籍球员的成本会变高，那么就不会雇用任何外籍球员。比起支付一般性的竞争价格 P^*，俱乐部运动队更愿意支付 P_1 来从心理上获得认可度。采用本国运动员的成本，取决于本国运动员的供求弹性，如果本国运动员的供应是完全有弹性的，即一条水平线，那么俱乐部运动队就不必提高薪酬至 P_1，来雇用更多的本国运动员。上述例子中，心理成本 C 为 0.3 时，意味着俱乐部运动队认为自己要支付外籍运动员的成本超出了 30%。如果外籍运动员愿意比本国运动员在工资上低 30%，则俱乐部运动队才可能愿意雇用他们。只有在外籍运动员主动降薪这种情况下，俱乐部运动队可能才认为外籍运动员是值得招聘的，可以与本国运动员同工同酬。

但运动员往往素质和技能是不同的，在生产效率上有差异。假设外籍运动员 X 和本国运动员 I 都是优质运动员，标记为 X_g 和 I_g，也可以是素质较差的劣质运动员，标记为 X_b 和 I_b。如果本国优质运动员 I_g 相对稀缺，则俱乐部运动队可能会先选择优质的本国运动员 I_g，然后再在劳动生产效率较低的本国运动员 I_b 和生产效率较高的外籍运动员 X_g 之间选择。在这种情况下，俱乐部运动队才雇用一些外籍优质运动员 X_g 来最大化自己的效用。可见，一旦区分国籍，不能按照球员自身的劳动生产效率被选聘，会使外籍运动员 X 的就业情况更糟。只要俱乐部运动队认为它们支付给外籍球员的薪水比支付给本国球员的薪水高，那么他们就不会招聘外籍。即使招聘了，给外籍球员的薪水，也要比给生产力相同本国球员的薪水低。在有国籍区分时，本国运动员 I 的就业状况更好，因为他们被选聘的机会和薪酬都会增加。俱乐部运动队为了避免与外籍球员 X 产生关联，宁愿以减少利润的方式为本国运动员付费。可见，在有国籍区分或歧视的情况下，俱乐部运动队未实现效用最大化，是以降低俱乐部自身的利润为代价的。

对不同国籍的运动员，人们往往会有不同的印象。例如体育消费者通常认为外籍球员比本国球员更具有进攻能力，只要是外籍球员，就是得分能力很强的球员。这种印象的根源可能在于，平均情况是这样。这掩盖了组内的个体差异，忽视每个球员本身的实力业绩，根据运动员所属整体俱乐部运动队的战绩来评判一个球员，使用组平均值水平来替代个人生产率水平的做法，可能是一种统计误差。统计误差，对俱乐部运动队的聘用可能会产生很大的影响。例如，一个俱乐部运动队，它们认为一个本土球员因为技术能力不强，那么只有 40% 的成功率帮助俱乐部取得比赛胜利，而一个外国球员则有 60% 的成功率帮助球队获胜。那么，俱乐部运动队将不会认为外籍球员和本国球员是平等的，其认为任何一个外籍球员都比任何一个本国球员能令比赛获胜，所以该俱乐部将优先雇用外国球员，直到本国运动员和外国运动员的薪水差距逐步变大到该俱乐部运动队难以承受的地步为止。

而且，国籍区分作为一种事先的人为假设，总是假设某一方的实力不行，如果赛事的结果印证了假设，则会自我强化，成为一种自我实现的预言。例如总是认为外籍足球球员适合担当进攻性的前锋，本国的足球球员更适合担当防御性的后卫，那么随着时间的推移，赛事的真实统计数据，将反映出外籍球员具有进攻性，适合担当前锋。因为事先设定了国籍观念，没有给外籍球员和本国球员平等的考察机会，先入为主的理念使得统计结果看起来很科学，但实质是存在误差的。

（二）跨国运动员的薪酬差异

由前述可知，从国籍区分中受益的，是心理上先被预设"不良"的那些运动员。那么，两类国籍运动员的薪酬差异有多大？

假设所有球员的生产率都相同，运动员是同质的，如果不加区分，可能大约占比 $C\%$ 的运动员将是外籍球员。设劳动力市场的供应曲线 S 是一条水平线，如图 10-2 所示。

图 10-2 中，横轴为运动员的劳动力需求量 L，纵轴为运动员的薪酬价格 P。初始的球员在供给为 S、需求为 D 时可以获得的市场工资 P^*，市场的招聘量为 L^*。但在区分国籍的情况下，随着劳动力需求的加大，会推动市场的工资不再是 P^* 的水平，而

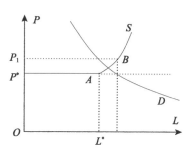

图 10-2 区分运动员国籍时的薪酬差异

是处于 P_1 的水平，$P_1 = [P^*/(1-C)]$。因为根据 $[P^* \times L^*] = [P_1 \times L^*(1-C)]$，可得 P_1。由于俱乐部运动队针对不同国家的运动员保持区分，假设本国运动员和外籍运动员的能力差异很大，外籍运动员的能力和技术较高，但因为某些原因，俱乐部不愿意雇用外籍球员，使得雇用的本国球员要比不区分国籍时雇用得多。在这种情况下，具有一般能力的本国普通型球员，将从这种国籍区分中受益。因为即使低技能的本国球员的劳动的边际收益产品较少，但只要少于工资的超出部分，即 $[P^*/(1-C)-P^*]$，则俱乐部运动队仍会雇用本国球员。只有当外籍球员在联赛中越来越不足，导致竞赛业绩下滑严重时，才可能消除国籍的区分性政策。

国籍不同的运动员在一起组成一个队伍，当俱乐部对国籍不同的队员进行区分时，往往队员之间也会"画线"区分，如一个带有国籍区分或歧视性的球员，可能将外籍运动员的市场工资 P^* 认定为 $(1-E)P$，其中 E 代表区分系数。带有固有的区分或歧视性的本土运动员可能表明不要与外籍的球员一起组队参赛。

对于比赛，尤其是国际比赛的公正性而言，往往裁判的国籍也重要。例如 A 国和 B 国比赛，裁判员不能来自 A 国或 B 国，应当来自 C 国，否则可能由于偏袒，对双方判出不同的犯规次数，从而改变获胜的概率。

（三）激烈竞争削减国籍区分

如果一个国家或地区，可以牺牲比赛获胜的最大化目标，未必要在国际上寻找性价比高的运动员，则区分国籍的动机就越强。研究也发现，区分国籍对获胜没有直接影响，但如果因为存在国籍偏见、融合度较差，这样的运动队相比融合程度较高的运动队，赢得比赛的概率更低。

区分的背后，从市场结构看，对应着垄断，也即说明运动员劳动力市场存在着竞争的不充分。看重国籍的俱乐部或联盟，认为支付给这些国籍球员的工资 P^* 相当于支付了 $P^* = P(1+C)$。这种心理之所以能够发生作用，是因为该国籍的运动员处于前来求职的申请状态，俱乐部雇主处于买方市场。俱乐部不担心其他运动队招募了这些运动员后，会呈现生产力更高、成本更低的优质赛事结果，从而削弱它们的垄断地位。

因此，其本质是具有垄断能力，所以在审视该国籍的球员时，认为高额支付"不划算"，因此采取了区分性行动和歧视态度。当俱乐部的垄断力量不存在时，对国籍的"挑挑拣拣"也随之消失。

如果全球的运动员可以无国界随意流动，在能力上具有充分的替代性，且全球的劳动力市场具有竞争性，那么被区分国籍的球员，可能会拒绝加入他不认可的球队，因为他可能觉得自己只得到 $P^*/(1-C)$ 的薪水，会要求将薪水增加至 $P^*/(1-C)$。但是，当在工资为 P^* 的情况下，运动员又是完全弹性的供应曲线时，全球运动员劳动力市场不存在 $P^*/(1-C)$ 的报价。

不区分国籍的俱乐部，比严格区分球员国籍的运动队，更容易获得竞赛的市场收益。例如，假设区分国籍的运动队只愿意为外籍运动员每月支付 30 万元，因为国籍而愿为本国运动员支付 40 万元。而不区分国籍的运动队，由于 $C=0$，会认为本国球员价格偏高，外国球员价格合理，于是减少使用本国球员，选择雇用外籍运动员。那么那些继续向本地球员支付更高工资的运动队，由于对运动员的支出成本较高，将没有竞争力。长此以往，只有那些向本国球员与外籍球员支付相同工资的运动队，才能在劳动力的竞争市场中存活下来。

可以说，如果不同国籍的球员、教练等，均是彼此的替代者，那么根据国籍进行区分，而不以业绩进行区分的人，长期来看会放弃区分性的想法。因为俱乐部的竞赛成绩下降，不能获奖的压力会让俱乐部觉得区分国籍没有那么重要，俱乐部从比赛结果的经济收益中获得的效用，要比从区分和歧视中获得的效用大得多，以至于那些喜欢按国籍进行区分的人，无法发挥作用，即会让具有区分性或歧视性的教练和球员消除"成见"。因此，即使拒绝与外籍球员一起成为团队搭档的本国球员，也将被那些愿意和外籍球员一起成为团队搭档的本国其他球员取代，因为这些球员不需要工资溢价补偿。当运动员劳动力市场缺乏竞争力，或者运动员具有不同的比赛能力，没有同等素质的球员替代品时，俱乐部运动队才可能愿意支付具有区分性的差异工资。只要存在球员凭借实力赢得竞赛成绩的强大压力，就会导致试图区分国籍的想法无法实施。

（四）对球员国籍的区分博弈

有国籍区分的俱乐部运动队可能会在"有歧视但心里舒服"与"不歧视但可能更实惠"之间权衡。在大多数情况下，竞赛获胜和获利的诱惑太大，各国俱乐部运动队往往会越过国籍，进入理性定价。这一过程，类似走出囚徒困境，如表 10-1 所示。

表 10-1　运动队区分国籍与否的博弈

上海队	北京队	
	区分国籍	不区分国籍
区分国籍	（1，1）	（8，-1）
不区分国籍	（-1，8）	（4，4）

表 10-1 中，假设有两支球队，分别为上海队和北京队，假设两个运动队在挑选队员去参加锦标赛时，各自有两种策略，即自己的球队是否区分国籍，是否保留外籍球员。两个球队的收益矩阵中，括号中左侧数字为上海队的收益值，右侧数字为北京队的收益值。(1，1)表示上海队和北京队均区分国籍，不招募外籍球员时，因为精彩度下降或国际性变差，传播力不足等原因，双方获得竞赛收益同为 1；相反，如果北京队和上海队均全球招募外籍球员，收益可以达到（4，4）。同时，如果北京队和上海队任意一方招募了外籍球员，又能获胜，则获胜一方的收益为 8，失败一方为–1。从表 10-1 中可以看出，当北京队区分国籍时，上海队选择区分国籍比不区分，收益更高，因为 1>－1，同样，当北京队不区分国籍时，上海队也会选择区分国籍，即使上海队占优势的策略。同理，可以发现，当上海队区分国籍或不区分时，北京队的占优势策略也是区分国籍，这就会导致双方均在有足够的动力去获得金牌时，双方的策略均是区分国籍。

但如果双方的目的不是获胜，或者说获胜后的收益不够高，则如表 10-2 所示。

表 10-2　运动队区分国籍与否的博弈

上海队	北京队	
	区分国籍	不区分国籍
区分国籍	（1，1）	（3，–1）
不区分国籍	（–1，3）	（4，4）

从表 10-2 中可见，括号中左侧数字为上海队的收益值，右侧数字是北京队的收益值。此时，双方获得金牌后，由于奖金等收益值不高，它们陷入区分或不区分国籍均有可能的情形，要么获得（1，1）的收益，要么获得（4，4）的收益，没有一致的占优策略。

可见，如果双方为了获得收益，会选择是否聘用外籍球员。而获得收益的来源，主要还是来自体育消费者。如果消费者不想从某些球员那里得到服务，不喜欢某个俱乐部运动队有外籍球员，那么俱乐部运动队可能为了迎合消费者，不招聘这类球员。如果引入外籍球员，会冒犯本国观众，那么不招募外籍球员，就属于一种商业选择。当然，如果喜欢有外籍的球员，则会反过来，如消费的定价不同，只有本国球员参加的比赛，价值为 P，而包括了外籍球员的比赛机制则可以为（$1+C$）P。可以说，国籍区分很大程度上是体育消费者的认同和区分，如果消费者喜欢区分出某个特定群体，而俱乐部运动队为了最大限度获利，即使是自身对国籍没有歧视，也不会雇用被消费者分类对待的那些运动员。

二、汇率影响俱乐部成本

在一个俱乐部运动队或联盟中，如果存在国际球员，则因不同国籍运动员的工资是不同的货币种类，俱乐部运动队可能遭遇汇率变动的冲击。工资薪酬是俱乐部的成

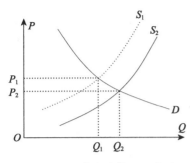

图 10-3 汇率变动使国际球员
运动队成本变动

本，因而国际汇率的变动会影响运动队的成本。为了显示汇率的影响，我们可以做一个简化的分析，即假设非本国籍球员以美元支付工资。由于球队收入都是人民币，所以球队必须在货币市场上购买美元，然后才能支付给球员。如图 10-3 所示，显示了美元与人民币的交易市场。

图 10-3 中，横轴为货币的数量，如美元的数量 Q；纵轴为美元的价格，即美元兑人民币的汇率 P。

中国人民币采用直接标价法，美元的"价格"是购买 1 美元所需要的人民币数，这个价格被称为汇率，即用多少元人民币才能得到 1 美元。2020 年 9 月，需要 6.9 元人民币才能购买 1 美元，但到了 2021 年初，只需要 6.4 元人民币即可兑换 1 美元，说明人民币升值了。按照这个汇率，中国的俱乐部给中超联赛中的外籍球员支付固定的美元薪酬时，人民币升值使得球队支付的人民币资金变少，球队的成本降低，当然，对外籍球员而言，如果把美元工资寄回本国，可能不会感到自己工资下降，但如果外籍球员拿着美元再在中国使用，可能会发现汇率升值造成了自己的工资收入变相下降。美元贬值，说明在外汇市场的美元需求曲线减弱，对人民币的需求增强，或者说人们愿意拿出美元换成人民币，导致美元的供给增加，这使美元的供应曲线向右移动，如图 10-3 所示，从供给曲线 S_1 移动至 S_2，美元的数量从 Q_1 增加至 Q_2，汇率从 P_1 变低为 P_2，人民币实现了升值。如果不是汇率升值，是汇率贬值，将会造成球队的"汇率赤字"，如高达数百万元人民币的亏损。

三、税率影响跨国球员工资

跨国球员，如果在国外获得收入，往往需要在国外缴纳个人所得税。也就是说，面临在外国被征税之后，回国再被征税的情形。

如果双重征税，可能导致球员流动性较低。例如，美国对自己国家的球员在海外踢球的收入 R 征税，设 t^* 是中国政府的税率，t 是美国政府的税率。那么，该美国球员将收入从中国转回美国，将承担 $(t + t^*)$ 的税率，则税后收入是 $R(1 - t - t^*)$。

那么，这样将会削弱本土球员去往国外工作的动力。当然，一个可行的办法是，以向外国政府纳税后剩余的部分，即 $R(1 - t^*)$ 作为基数，这样税后利润是 $R(1 - t)(1 - t^*)$，这种政策比前述政策好一点，因为纳税较少。

当然，各个国家可能邀请球员加入本国，以避免双重征税，则形成跨地域的劳动经济外部性。因此，为争夺国际球员的市场，竞争变得较为激烈。

一般情况下，当跨国或跨地区的球员较多时，国际汇兑增加。因为大多数跨国或跨地区球员工作在外国，但家庭和消费却在本国，他们会将自己的收入汇回本国。但如果因为税率，他们将赛事的大部分工资不再汇回自己的国家，而是在工作地消费，那么这些运动员会对所在国政府贡献经济上的乘数效应。当然，由于球员薪酬结构分布不均，超过 80% 的一般球员，收入总和只占全部球员的 20%，收入可能占据 80% 的明星球员是国际工资汇兑的主要来源。

欧洲五大联赛球员招募策略

本报告以 2016 年 10 月五大联赛俱乐部实际阵容为准，将对五大联赛俱乐部球员招募策略进行分析。报告显示，最有实力的几家俱乐部会以球员质量作为制定转会策略的重要参考。这些俱乐部会关注潜力巨大的青年球员的转会身价，以及持续关注那些具有长远发展的球员。另外，一些富有经济实力的球队会更具备全球眼光，与一般的球队相比，它们更倾向于从世界各地招募球员。

球员供应来源

为了发展球队阵容，俱乐部一般会采取两种方式：从青年梯队提拔人才（内部提拔）以及从其他球队收购（外部收购）。对后者来说，又有三种收购方式：短期租借、永久有偿转会、永久自由转会。五大联赛的球员招募方式通常是永久有偿转会（图 10-4）。

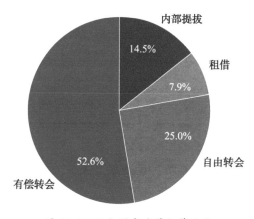

图 10-4 五大联赛球员招募方式

联赛不同，招募球员的方式也存在很大的区别。尽管有偿转会是最主流的招募方式，但仍存在有偿转会在英超中占比 71.2% 和在西甲中占比 35.6% 这样巨大的差距。

内部提拔与外部收购这两种方式在不同联赛所占的比重也全然不同。法甲 23.8% 的球员来自俱乐部自身的青训学院，而英超仅为 8.5%。英超球员中仅有 3.7% 为租借球员，而西甲为 14.1%。自由球员方面，英超占比 16.6%，法甲占比 31.8%。

如果将俱乐部的竞技水平和经济实力考虑在内的话，不同联赛中不同俱乐部的招募方式差别极大。为了分出层级，研究人员以 2016—2017 赛季俱乐部转会支出程度为标准划分了四档。第四档：低于 2 500 万欧元；第三档：2 500 万～5 000 万欧元；第二档：5 000 万～2 亿欧元；第一档：高于 2 亿欧元。

在内部提拔方面，球队之间差距较小，而在外部租借方面，最富俱乐部中租借球员只占 2%，而相对贫困的其他俱乐部可占到 13.3%。同样地，在自由球员转会方面，前者的自由球员只占 7.7%，而后者可达到 42.8%。而在有偿转会方面，情况则完全相反。最富俱乐部中 74.5% 的球员是购买而来，而其他俱乐部只占 28.6%。

效力时长

效力时长是指俱乐部当前阵容中的球员在该俱乐部中所效力的时间长短。从青训学院被提拔至一线队的球员不纳入分析。截至 2016 年 10 月底，五大联赛球员在主队的平均效力时长为 1.9 年。

从联赛和俱乐部层级的视角分析，结果又会略有不同。从英国球队引进的球员比从其他联赛引进的球员效力时长略长，平均为 2.3 年。

这一结果与英国俱乐部的经济实力密切相关。英超俱乐部确实有能力招募那些最受瞩目的球员，此外，它们能够毫不犹豫地让那些表现不尽如人意的球员打包走人，以此来保持球队长期良好的表现。

以上结论同样适用于按经济实力划分的情况。大体来说，经济实力较强的球队拥有更稳定的阵容，也会给他们带来更强有力的竞争优势。俱乐部的成绩就很好地反映了这种形势。

许多经济实力较强且表现稳定的俱乐部通常在本国联赛中战绩优异，这些俱乐部所签约的球员通常能够为主队效力很久。与之相对的是，目前除了里昂，凡是球员平均效力时长较短的球队，在本国联赛中都难以拥有很强的竞争力。

球员地域流动

足球劳动力的国际流动早在 20 世纪 90 年代初就已经突破了法律的限制。尽管相关条款仍然存在，但远比过去宽松。据统计，截至 2016 年 10 月，五大联赛俱乐部球员的 41.2% 来自主队所在国以外的其他国家。

英超联赛拥有最为国际化的阵容，46.8% 的球员来自国外。尽管意大利拥有的外籍球员水平与英格兰旗鼓相当，但在球员招募方面，前者外籍球员人数低于后者 10 百分点（图 10-5）。

在转会市场上投入多的俱乐部，会比其他俱乐部拥有更多的外籍球员。按照前文对俱乐部的分档第一档俱乐部的球员超过半数是来自该俱乐部所在国以外的国家（55.4%）。第四档俱乐部（投入不超过 2 500 万欧元）仅有 28.3% 的外籍球员（图 10-6）。

顶级俱乐部拥有雄厚的经济实力，可在全球范围内搜寻潜力无限的青年才俊。当然，这些顶级俱乐部也不会贸然行动。它们通常会招募那些已经在诸如欧冠、葡超、荷甲这样的大舞台上崭露头角的明日之星。

有个特例是西甲球队毕尔巴鄂竞技，这支球队的阵容全部为本土球员。萨索洛和切沃也都立足于本土。与之相反的是，佛罗伦萨和切尔西 81% 的球员为外籍球员。除了切尔西，巴黎圣日耳曼、曼城和皇马这几支顶级巨富球队也拥有超高的外籍球员占比。

英超	46.8%
西甲	41.9%
法甲	40.0%
德甲	39.1%
意甲	37.7%
均值	41.2%

层级 1	55.4%
层级 2	42.6%
层级 3	44.8%
层级 4	28.3%

图 10-5　外籍球员占比（按联赛划分）　　图 10-6　外籍球员占比（按俱乐部经济实力划分）

资料来源：体育商业评论微信公众号。

小　　结

一般来说，体育运动在全世界均保持相同的规则，这是一个有利于出口和进口、容易国际化的产业和事业。同时，不管是在世界哪里，在一个国家观看另一个国家的体育比赛时，并没有必要了解对方国家的语言、宗教和文化，这使得体育成为高度国际化的行业。

在劳动力市场中，有的俱乐部避免招聘外籍球员，但也有个别俱乐部或联盟必须保留一定的外籍球员在队伍中，那么俱乐部运动队可能给不同国籍的球员较高的或更低的工资。研究发现，区分运动员国籍对获胜没有直接影响，但如果因为存在国籍偏见、融合度较差，这样的运动队比融合程度较高的运动队，赢得比赛的概率更低。

国籍区分很大程度上来源于体育消费者的认同和区分，如果消费者喜欢区分出某个特定群体，而俱乐部运动队为了最大限度获利，即使自身对国籍没有歧视，也不会雇用被消费者分类歧视的那些运动员。

在一个俱乐部运动队或联盟中，如果存在国际球员或俱乐部运动队跨越国界，汇率的变动会给位于货币贬值国家的俱乐部经营造成问题。

讨论问题

1. 如果人民币持续升值，对来华体育运动员有什么影响？
2. 如果你是某家体育俱乐部的管理层，如何把汇率对俱乐部成本的影响降到最小？
3. 我国的中超联赛和 CBA 对外籍球员有哪些区分性对待的管理规定？

即测即练

自学自测　　扫描此码

参 考 文 献

[1]   李刚. 对当前我国体育彩票业社会福利效应的评价[J]. 体育科学，2008(10): 32-40.

[2]   张瑞林. 体育彩票的经济学特征及管理策略[J]. 体育学刊，2012, 19 (6): 70-73.

[3]   MIXON F G, et al. The rise (or fall) of lottery adoption within the logic of collective action: some empirical evidence[J]. Journal of economics & finance, 1997, 21 (1): 43-49.

[4]   BELL E, WEHDE W, STUCKY M. Supplement or supplant? Estimating the impact of state lottery earmarks on higher education funding[J]. Education finance & policy, 2018, 15 (1): 136-163.

[5]   田雨普. 关于体育彩票的思考[J]. 哈尔滨体育学院学报，1985(3): 39-44.

[6]   孙亚男，陈珂. 基于 CVM 法的民众生态彩票购买意愿研究[J]. 东南学术，2018(3): 141-148.

[7]   刘瑞波. 试论高等教育筹资市场化的基本方式[J]. 教育科学，2004(1): 46-51.

[8]   李星云. 我国发行教育彩票之可行性研究与管理建议[J]. 南京财经大学学报，2006(4): 53-56.

[9]   李康化，周凤. 艺术彩票作为赞助：旧传统与新形态[J]. 山东大学学报（哲学社会科学版），2018(5): 45-53.

[10] KWANG N Y. Why do people buy lottery tickets? Choices involving risk and the indivisibility of expenditure[J]. Journal of political economy, 1965, 73 (5): 530-535.

[11] PEREZ L, HUMPHREYS B. The "Who and Why" of lottery: empirical highlights from the seminal economic literature[J]. Journal of economic surveys, 2013, 27(5): 915-940.

[12] CONLISK J. The utility of gambling[J]. Journal of risk and uncertainty，1993(6): 255-275.

[13] HEFFETZ O. A test of conspicuous consumption: visibility and income elasticities[J]. The review of economics and statistics, 2011, 93 (4): 1101-1117.

[14] FUNK D C，et al. The impact of the national sports lottery and the FIFA World Cup on attendance，spectator motives and J. League marketing strategies[J]. International journal of sports marketing and sponsorship, 2006, 7(3): 115-133.

[15] 边燕杰. 社会资本与大众体育[J]. 上海体育学院学报，2020, 44(4): 1-11.

[16] VALLERAND R J, et al. The academic motivation scale: a measure of intrinsic, extrinsic, and amotivation in education[J]. Educational & psychological measurement, 1992, 52 (4): 1003-1017.

[17] CHANTAL Y, VALLERAND R J, VALLIÈRES E F. Motivation and gambling involvement[J]. Journal of social psychology, 1995, 135(6): 755-763.

[18] HANSEN A. The tax incidence of the Colorado State Lottery Instant Game[J]. Public finance quarterly, 1995, 23 (3): 385-398.

[19] PRICE D I, NOVAK E S. The income redistribution effects of Texas State Lottery Games[J]. Public finance review, 2000, 28 (1): 82-92.

[20] THALER R H, ZIEMBA W T. Anomalies：Parimutuel Betting Markets：racetracks and lotteries[J]. Journal of economic perspectives, 1988, 2(2): 161-174.

[21] MATHESON V A，GROTE K R. Lotto fever: do lottery players act rationally around large jackpots[J]. Economics letters, 2004, 83(2): 233-237.

[22] FORREST D, PÉREZ L. Just like the lottery? Player behaviour and anomalies in the market for football pools[J]. Journal of gambling behavior, 2015, 31(2): 471-482.

[23] BORG M O，MASON P M. The budgetary incidence of a lottery to support education[J]. National tax journal, 1988, 41(1): 75-85.

[24] RUBENSTEIN R, SCAFIDI B. Who pays and who benefits? Examining the distributional consequences of the Georgia Lottery for Education[J]. National tax journal, 2002, 55(2): 223-238.

[25] SPINDLER C J. The lottery and education: robbing Peter to pay Paul[J]. Public budgeting & finance, 1995, 15(3): 54-62.

[26] GARRETT T A. Earmarked lottery revenues for education: a new test of fungibility[J]. Journal of education finance, 2001, 26(3): 219-238.

[27] LAUTH T P, ROBBINS M D. The georgia lottery and state appropriations for education: substitution or additional funding[J]. Public budgeting & finance, 2002, 22(3): 89-100.

[28] STRANAHAN H A, BORG M O. Some futures are brighter than others: the net benefits received by Florida Bright Futures Scholarship recipients[J]. Public finance review, 2004, 32(1): 105-126.

[29] MOIR R. Multiple public goods and lottery fund raising[J]. Research in experimental economics, 2006, 11 (11): 121-142.

[30] 殷浩栋, 汪三贵, 曾小溪. 交易成本视角下小型基础设施减贫机制——基于彩票公益金扶贫项目的分析[J]. 贵州社会科学, 2018 (2): 139-147.

[31] 曾小溪, 崔嵩, 汪三贵. 彩票公益金扶贫项目实施效果——基于山东、湖北、四川省的调查与思考[J]. 农村经济, 2015 (7): 60-65.

[32] 张磊, 简小鹰, 滕明雨, 等. 农业产业发展扶贫的效益及影响因素分析——以我国彩票公益金整村推进项目为例[J]. 改革与战略, 2016, 32(2): 60-63.

[33] LAURA L. Current trends in current and pathological gambling[C]// Presentation at Bridging the Gap Conference. New York Council on Problem Gambling, 2000.

[34] 张增帆, 郁菁, 孙波. 跨界融合背景下我国彩票业销售渠道精准服务研究[J]. 社会福利(理论版), 2020(3): 58-63.

[35] SMITH G J. Sucker bet or sure thing: a critical analysis of sports lotteries[J]. Journal of gambling studies, 1992, 8(4): 331-349.

[36] BLASZCZYNSKI A, et al. Responsible gambling: general principles and minimal requirements[J]. Journal of gambling studies, 2011, 27(4): 565-573.

[37] ROTTENBERG S. The baseball players' labor market[J]. Journal of political economy, 1956, 64(3): 242-258.

[38] NEALE W C. The peculiar economics of professional sports a contribution to the theory of the firm in sporting competition and in market competition[J]. The quarterly journal of economics, 1964, 78(1): 1-14.

[39] 李元兴. 关于体育经济学几个问题的初步探讨[J]. 福建体育科技, 1982(1): 32-35, 31.

[40] 郑国华, 何平香. 我国体育社会科学研究范式存在的问题与反思[J]. 北京体育大学学报, 2017, 40(6): 1-11.

[41] NOLL R G. Sports economics at fifty[R]. Stanford Institute for Economic Policy Research Discussion Papers 06-011, 2006.

[42] BRYSON A, BERND F, ROB S. Sports economics: it may be fun but what's the point?[J]. National institute economic review, 2015(232): R1-R3.

[43] ALLMEN P V. Teaching the economics of sports[J]. Journal of sports economics, 2005, 6(3): 325-330.

[44] POTTS J, STUART T. Toward a new (evolutionary) economics of sports.[J]. Sport, business and management: an international journal, 2018, 8(1): 82-96.

[45] LEEDS M A. Quantile regression for sports economics[J].International journal of sport finance,

2014, 9(4): 346-359.

[46]   HUMPHREYS B R, JOEL M. The role of sport economics in the sport management curriculum[J].
        Sport management review, 2007, 10(2): 177-189.

[47]   韩官准，黄捷荣，张悦华. 体育经济学初探[J]. 沈阳体育学院学报，1982(1): 12-20.

[48]   党小兰，刘水林，吴振民. 论体育经济学的研究对象[J]. 湖北体育科技，1997(3): 1-3.

[49]   陈勇军，胡乐泳. 论体育经济学的研究对象[J]. 南京体育学院学报，2000, 14(2): 127-129.

[50]   张岩. 体育经济学的经济理论基础[J]. 成都体院学报，1984(2): 1-7.

[51]   陈梦周. 论社会主义体育经济学研究对象和任务[J]. 天津体育学院学报，1992(2): 5.

[52]   丛湖平. 体育经济学[M]. 北京：高等教育出版社，2015.

[53]   王子朴. 体育经济学的学科属性问题刍议[J]. 天津体育学院学报，2006(1): 53-55.

[54]   DEUTSCHER C. The payoff to leadership in teams[J]. Journal of sports economics, 2009, 10(4):
        429-438.

[55]   ERICSON T. The Bosman case effects of the abolition of the transfer fee[J]. Journal of sports
        economics, 2000, 1(3): 203-218.

[56]   FEESS E, GERD M. The impact of transfer fees on professional sports: an analysis of the new
        transfer system for European football[J]. Journal of sports economics,2003,105(1): 139-154.

[57]   BERRI D J, Martin B S. On the road with the NBA's superstar externality[J]. Jouranl of sports
        economics, 2006, 7(4): 347-358.

[58]   BRANDES L, EGON F, STEPHAN N. Local heroes and superstars an empirical analysis of star
        attraction in German soccer[J]. Journal of sports economics, 2008, 9(3): 266-286.

[59]   SLOANE P J. The economics of professional football: the football club as a utility maximiser[J].
        Scottish journal of political economy, 1971, 18(2): 121-146.

[60]   FERGUSEN D G, KENNETH G S, JONES J C H, et al. The pricing of sports events: do teams
        maximize profit[J]. Journal of industrial economics, 1991, 39(3): 297-310.

[61]   MADDEN P. Fan welfare maximization as a club objective in a professional sports league[J].
        European economic review, 2012, 56(3): 560-578.

[62]   KESENNE S. Revenue sharing and competitive balance in professional team sports[J]. Journal of
        sports economics, 2000, 1(1): 56-65.

[63]   DREWES M. Competition and efficiency in professional sports leagues[J]. European sport
        management quarterly, 2003, 3(4): 240-252.

[64]   BREUNIG B, BRONWYN G, MATHIEU J, et al. Wage dispersion and team performance: a
        theoretical model and evidence from baseball[J]. Applied economics, 2013, 46(3): 271-281.

[65]   BALDUCK ANNE-LINE, PRINZIE A, BUELENS M. The effectiveness of coach turnover and the
        effect on home team advantage, team quality and team ranking[J]. Journal of applied statistics, 2010,
        37(4): 679-689.

[66]   ROACH M A. Testing labor market efficiency across position groups in the NFL[J]. Journal of
        sports economics, 2018, (19)8: 1093-1121.

[67]   BRAGA B, DIOGO G. Working under pressure: evidence from the impacts of soccer fans on players'
        performance[J]. Economics letters, 2012, 114(2): 212-215.

[68]   BOUDREAUX C J, SHANE D S, BHAVNEET W. A natural experiment to determine the crowd
        effect upon home court advantage[J]. Journal of sports economics, 2015, 18(7): 737-749.

[69]   SCHMIDT M B, DAVID J B. The impact of labor strikes on consumer demand: an application to

professional sports[J]. American economic review, 2004, 94(1): 344-357.

[70] SCHREYER D, SASCHA L S, BENNO T. Game outcome uncertainty and the demand for international football games: evidence from the German TV market[J]. Journal of media economics, 2017, 30(1): 31-45.

[71] 曹可强，俞琳. 论体育公共服务供给主体的多元化[J]. 体育学刊，2010(10): 22-25.

[72] 沈克印，吕万刚. 体育产业供给侧改革：投入要素、行动逻辑与实施路径——基于社会主要矛盾转化研究视角[J]. 中国体育科技，2020, 56(4): 44-51.

[73] 任波，黄海燕. 我国体育产业结构性失衡与供给侧破解路径[J]. 体育学研究，2020, 34(1): 49-58.

[74] 任波，黄海燕. 中国数字经济与体育产业融合的动力、机制与模式[J]. 体育学研究，2020, 34(5): 55-66.

[75] 韩松，王莉. 我国体育产业与养老产业融合关系检视及模式识别[J]. 沈阳体育学院学报，2020, 39(3): 93-99.

[76] 许嘉禾. 体育产业产融结合：生成逻辑、模式抉择与对策研瞻[J]. 体育科学，2020, 40(1): 26-41.

[77] 鲍芳，袁园媛，张靖弦，等. 马拉松消费者行为研究：特征、挑战与趋势[J]. 武汉体育学院学报，2020, 54(6): 10-18.

[78] 高琦，夏成前. "她经济" 视域下女性体育消费主要问题及对策[J]. 体育文化导刊，2020(1): 87-92.

[79] 张若. 体育需求与消费的经济学模型及实证检验[J]. 体育科学，2014, 34(8): 13-21.

[80] 黄海燕，张林，陈元欣，等. "十三五" 我国体育产业战略目标与实施路径[J]. 上海体育学院学报，2016, 40(2): 13-18.

[81] 任波，戴俊，徐磊. 我国体育产业结构优化研究——基于中美比较的借鉴与启示[J]. 沈阳体育学院学报，2017, 36(3): 34-38, 54.

[82] 刘辛丹，孙科. 中外体育经济学研究热点分析的镜鉴与反思[J]. 北京体育大学学报，2019, 42(10): 91-101.

[83] 江小涓. 中国体育产业：发展趋势及支柱地位[J]. 管理世界，2018(5): 1-9.

[84] 埃克伦德，赫伯特. 经济理论和方法史[M]. 北京：中国人民大学出版社，2017.

[85] 布鲁，格兰特. 经济思想史[M]. 北京：北京大学出版社，2014.

[86] 泰勒. 赢者的诅咒：经济生活中的悖论与反常现象[M]. 陈宇峰，译. 北京：中国人民大学出版社，2007.

[87] 海克拉克. 劳动经济学[M]. 北京：中国人民大学出版社，2016.

教师服务

感谢您选用清华大学出版社的教材！为了更好地服务教学，我们为授课教师提供本书的教学辅助资源，以及本学科重点教材信息。请您扫码获取。

≫ 教辅获取

本书教辅资源，授课教师扫码获取

≫ 样书赠送

经济学类重点教材，教师扫码获取样书

 清华大学出版社

E-mail: tupfuwu@163.com
电话：010-83470332 / 83470142
地址：北京市海淀区双清路学研大厦 B 座 509

网址：https://www.tup.com.cn/
传真：8610-83470107
邮编：100084